Pedro Berruguete, Federico da Montefeltro mit seinem Sohn Guidobaldo in der Bibliothek des Palasts von Urbino, 1477, Urbino, Galleria Nazionale delle Marche

Dante Alighieri
La Divina Commedia

Das Exemplar für Federico da Montefeltro aus Urbino

Cod. Urb. 365 der Bibliotheca Apostolica Vaticana

Kommentar von Henrik Engel
und Eberhard König

Anton Pfeiler jun.

Simbach am Inn, 2008

Satz und Layout:
Hubert Graml, Judith Groth
(Berlin)

ISBN 978-3-9810655-6-5
ISBN 3-98-10655-6-5

Inhalt

Vorwort   7
Eberhard König

Von Dantes Jenseitsreise zum Commedia-Kodex aus Urbino   10
Henrik Engel

Urbino unter Federico da Montefeltro   31
Henrik Engel

**Federico da Montefeltro und die Rolle seiner Vorfahren
in Dantes Divina Commedia**   43
Henrik Engel

Der Schreiber Matteo de' Contugi   51
Eberhard König

Die stilistische Spannweite im Dante aus Urbino   65
Eberhard König

**Die Maler der ersten beiden Frontispizien
und die Arbeitsverteilung**   79
Eberhard König

Die Bilder zum Paradiso und ihr Entwerfer   89
Eberhard König

**Momente des Übergangs zwischen Frührenaissance
und Manierismus im Dante aus Urbino**   104
Eberhard König

Textgliederung und Bebilderung im Dante aus Urbino   113
Eberhard König

Höllenlandschaften   187
Henrik Engel

**Miniaturen des Dante aus Urbino
und Vergleichsabbildungen**   205

Zusammenfassung in der Art eines Katalogeintrags   231

Bibliographie   234

Vorwort

Der *Dante aus Urbino*, Federico da Montefeltros Exemplar, für Bibliothekare *Cod. Urb. lat 365* der Biblioteca Apostolica Vaticana, ist die schönste Bilderhandschrift der *Divina Commedia* aus der Renaissance. Das gilt für ihren Schreiber Matteo de' Contugi aus Volterra, dessen unübertroffenes Hauptwerk sie ist, ebenso wie für den Buchmaler Guglielmo Giraldi aus Ferrara. Die Tatsache, dass man mit der Ausmalung des sekundären Buchschmucks nicht ganz fertig geworden ist, die Bebilderung aber gegen Ende des *Purgatorio* abbrechen mußte, mindert den Rang dieses Werkes keineswegs. Für die Bilder zum Übergang vom Läuterungsberg in den Himmel war es geradezu ein glücklicher Zufall, daß sie erst in einer Spätphase des Manierismus, an der Schwelle zum Barock zustande kamen.

Vor mehr als einer Olympiade hat der Verleger und Antiquar dieses Bandes eine Erläuterung dieser Bilderhandschrift in deutscher Sprache versprochen. Zunächst war daraus nur ein Interimskommentar geworden. Der war mit der Hoffnung erschienen, der eigentliche Kommentar werde im Jahr darauf folgen. Doch dazu ist es nicht gekommen; und ich bedaure das sehr. Ich habe die Aufgabe unterschätzt; dazu kam, daß der Weg nach Rom zwar nicht weit, die Bibliothek aber seit langem geschlossen ist.

Nun erscheint der Band zu einer Zeit, da man in Urbino gerade eine Ausstellung eröffnet hat, die alles Wichtige präsentiert, was 1658/59 von dort in die Ewige Stadt geschafft wurde; darunter nimmt der Dante schon durch seine majestätische Größe eine Sonderstellung ein. Der Katalog, der hier nicht mehr eingearbeitet werden konnte, wird der Literatur neue Facetten hinzufügen. Sie ist ohnehin überwältigend reich, verstreut und irritierend widersprüchlich; jährlich nimmt sie zu; und umso schwieriger wird jede Synthese. Zugleich geht das, was man so gern die Forschung nennt, extrem getrennte Wege, zumal nicht mehr jeder alles überblicken kann.

Der Einzelne kann sein Heil nur darin suchen, den eigenen Blickpunkt zu verfolgen, der allein eine Perspektive auf Erkenntnis verspricht. In einer Zeit, in der das fachübergreifende Gespräch in aller Munde ist, heißt das für mich, daß Kunsthistoriker nicht versuchen sollten, Literaturwissenschaftler zu sein, sondern sich den Standort derer zu eigen zu machen, für die sie zuständig sind; das aber sind die bildenden Künstler.

Buchmaler - wie die Meister der Frührenaissance der Zeit um 1480 ebenso wie die letzten Vertreter einer aussterbenden Kunst um 1610, die den *Urbinaten* bebilderten - lasen sicher auch die Texte, die sie mit ihren Miniaturen schmückten. Sie beherrschten ihren *Dante* besonders gut, weil der in ihrer Muttersprache verfaßt war; mit ihm vertraut sein mußten selbstverständlich auch in Italien heimisch gewordene Fremde wie der Kroate Giulio Clovio um 1550, der in diesem Buch überraschend doch noch ins Spiel kommt. Bildende Künstler sind aber immer zwischen zwei Wahrheiten hin und her gerissen: der des Textes und der ihrer eigenen Kunst.

Der *Dante aus Urbino*, dessen Bebilderung bis 1482 vor dem Ende des *Purgatorio* abgebrochen wurde, hätte auf ehrwürdige Überlieferungen zurückgreifen können. Doch ältere Bildtraditionen scheinen mit seiner fortschrittlichen Renaissance-Illuminierung geradezu verworfen zu sein; deshalb fehlt unser Kodex zu Recht im zweibändigen Standardwerk von Peter Brieger, Millard Meiss und Charles Southward Singleton, *Illuminated Manuscripts of the Divine Comedy*, das 1969 in Princeton erschienen ist. Der radikale Bruch mit dem Älteren erlaubt jedoch der modernen Analyse, die Bilder ohne älteren Ballast wie frische Erzeugnisse einer neuen Lektüre zu lesen.

Der Zauber einer solchen Handschrift, die mit epochalem Sinn zu zwei verschiedenen Zeiten - um 1480 und um 1610 - bebildert wurde, liegt schließlich darin, daß sie durch die Miniaturen ein Verständnis der Dichtung bezeugt, das weder der Zeit des Dichters, noch unserer angehört. Dieses Begreifen ist fernab von kanonischer Richtigkeit, bezeugt den Heutigen aber einen kreativen Prozess, in dem die Künste des Wortes und des Bildes aufeinander trafen. Beschreibung ist das, was beide Künste verbindet; sie gehört zwar ins Reich der Sprache, ist aber zunächst den

Bildern verpflichtet und dann erst der Dichtung. Deshalb will eine auf Beschreibung gründende Handschriftenkunde alles Wichtige über die Miniaturen sagen, sich aber nicht für die Fülle des unergründlich reichen Textes verantwortlich machen lassen. Das alles ließe sich in schöner Theorie fassen; doch die bleibt grau angesichts der vielen kleinen und großen Fragen, die ein Kodex wie der *Dante aus Urbino* stellt.

Am meisten verdankt das, was nun hier steht, den Erläuterungen, die Ferdinand Barth zusammen mit der Übersetzung von Walter Naumann im Jahre 2003 in der Wissenschaftlichen Buchgesellschaft vorgelegt hat. Henrik Engel hat nach seiner Promotion über Dantes *Inferno* nun zu diesem Kommentar nicht nur mit Rat und Tat beigetragen, sondern Aufsätze geschrieben, die unsere Leser mit mehr vertraut machen als nur dem Höllengebäude; denn hier zeigt ein junger Wissenschaftler, was alles um ein solches Buch herum spannend ist. Gabriele Bartz und Caroline Smout haben in der Anfangsphase der Arbeit lebendigen Anteil genommen; Marie-Thérèse Gousset und Gemmaro Toscano, Dieter Röschel und Diethelm Gresch verdankt der Autor manch guten Hinweis; Henrik Engel und Dieter Röschel haben unermüdlich Korrektur gelesen. Joris Corin Heyder hat vor allem zur Bibliographie beigetragen. Hubert Graml hatte den Interimskommentar entworfen und zum Druck gebracht; Judith Groth hat nun den umfangreicheren Band gestaltet. Elisabeth Antoine und Sebastian haben die letzten Kämpfe mit Geduld ertragen. Ihnen allen sei herzlich gedankt, am herzlichsten aber Toni Pfeiler und seinen Bücherfreunden, die, ob sie wollten oder nicht, die Geduld aufbrachten und bei denen ich mich herzlich entschuldige.

Berlin, am 15. April 2008

Eberhard König

Von Dantes Jenseitsreise zum Commedia-Kodex aus Urbino

Ein kurzer Streifzug durch die ersten zwei Jahrhunderte der Commedia-Illustration

Henrik Engel

Am Morgen des 8. April 1300, am Karfreitag des von Papst Bonifaz VIII. ausgerufenen Heiligen Jahres, tritt Dante als Ich-Erzähler der *Göttlichen Komödie* seine visionär-fiktive Reise durch die drei Jenseitsreiche Hölle, Fegefeuer und Paradies an – so das Gros der *Commedia*-Exegeten vom 14. Jahrhundert bis heute. Grundlage für derartig genau rekonstruierte Daten sind in der Regel die zahlreichen astronomischen und die daraus abzuleitenden zeitlichen Angaben in Dantes Epos. Doch wenigstens das Jahr lassen die Verse Inf. XXI, 112-114, erschließen: Am zweiten Tag der Wanderung durch die Unterwelt – im fünften Graben des achten Höllenkreises – berichtet der Teufel Malacoda über eine der während des Erdbebens beim Tode Christi eingestürzten Brücken, die den Graben überspannen:

„'Es waren gestern, nur fünf Stunden später,
Tausendzweihundertsechsundsechzig Jahre
Genau vergangen, seit der Fels geborsten.'"[1]

Da Christus nach der zu Dantes Zeiten gängigen Ansicht im Alter von 34 Jahren am Kreuz gestorben sei, muß dieser Angabe zufolge der Reisebeginn auf den Karfreitag des Jahres 1300 fallen.[2]

---

1 „Ier, più oltre cinque'ore che quest'otta, / mille dugento con sessanta sei / anni compié che qui la via fu rotta."
2 Siehe hierzu im einzelnen (d. h. auch zur Kritik und zu alternativen Datierungs-

Abgekommen vom „rechten Wege", verirrt sich Dante in einem finsteren Wald – Sinnbild für die Verlockungen und Fallstricke eines sündigen Lebenswandels. Als er versucht, einen in der Morgensonne erstrahlenden Berg zu erklimmen, um der bedrohlichen Wildnis zu entfliehen und auf den Pfad der Tugend zurückzugelangen, versperren ihm, wie das Frontispiz zur Hölle im Kodex aus Urbino zeigt (fol. 1r), drei gefährliche Tiere den Weg: ein Leopard, ein Löwe und eine Wölfin. Im Moment der größten Not und Hoffnungslosigkeit erscheint jedoch die Seele des römischen Dichters Vergil und bietet ihm an, ihn auf einer Läuterungsreise durchs Jenseits zu führen und zu beschützen. Angespornt von der Aussicht, im Paradies die selige Beatrice, seine bereits in der *Vita nuova* verherrlichte Jugendliebe, wiederzusehen, betritt Dante zu Beginn des dritten Inferno-Gesangs mit Vergil die Unterwelt.

Durch die Vorhölle und über den Acheron gelangen sie an den oberen Rand des in vielen *Commedia*-Kommentaren mit einem unterirdischen Amphitheater verglichenen Höllentrichters, steigen von Kreis zu Kreis hinab, werden immer wieder in Gespräche mit den verdammten Seelen verwickelt und erreichen schließlich den tiefsten Höllenbereich in der Nähe des Erdkerns. Am Fell des im ewigen Eis des neunten Kreises steckenden Luzifer klettern sie weiter nach unten, durchqueren das Zentrum der Gravitation, drehen sich um 180 Grad und steigen durch einen langen, tunnelartigen Gang hinauf zur südlichen Erdhalbkugel. Dort – weit entfernt von der damals bekannten Welt – betreten sie die Insel des gigantischen Läuterungs- oder Fegefeuerberges. Als sie am Ende des zweiten Teils ihrer beschwerlichen Reise auf dem Gipfel des Berges das irdische Paradies erreichen, wird Vergil, der als Ungetaufter keinen Zutritt zum dritten Jenseitsreich erhält, von Beatrice abgelöst. Diese Frau, der Dantes ganze verklärte Liebe galt, übernimmt nun die Führung und

vorschlägen) Pecoraro 1987, insbesondere S. 53 ff. Vgl. darüber hinaus die entsprechenden Anmerkungen in nahezu jeder kommentierten Ausgabe der *Göttlichen Komödie*.

begleitet den Dichter durch die Sphären des himmlischen Paradieses bis zur Vision Gottes.

Dante selbst bezeichnet sein Epos als „questa comedìa" (Inf. XVI, 28) und „la mia comedìa" (Inf. XXI, 2), darüber hinaus jedoch auch als „sacrato poema" (Par. XXIII, 62) und „poema sacro" (Par. XXV, 1). Bereits Giovanni Boccaccio verwendet in seinem zu Beginn der 1350er Jahre verfaßten *Trattatello in lode di Dante* den Zusatz „divina", der erstmals in der von Ludovico Dolce herausgegebenen venezianischen Edition von 1555 als Teil des Buchtitels *La Divina Commedia* erscheint.

Ein Urtext der nach heutigem Kenntnisstand zwischen 1304 oder 1307 und 1321 im Exil in Oberitalien verfaßten *Göttlichen Komödie* bzw. eine von Dante Alighieris eigener Hand stammende Abschrift ist ebenso wenig bekannt wie Autographen seiner übrigen Werke (*La vita nuova*, *Il convivio*, *Monarchia* usw.). Zu Lebzeiten des Verfassers kursierten jedoch bereits Kopien der beiden ersten Teile (Inferno und Purgatorio), und schon bald nach seinem Tod entstanden überall in Italien nicht nur zahlreiche Abschriften der insgesamt 100 Gesänge umfassenden neuen Dichtung, sondern auch die ersten Kommentare und Illustrationen. Frühe Zentren der Vervielfältigung und Verbreitung waren die Emilia-Romagna (und hier in erster Linie Bologna), Venezien, die Lombardei sowie die Marken bzw. Urbino und vor allem die Toskana, insbesondere Dantes Geburtsstadt Florenz.[3]

Die Codices wurden in professionellen Schreiberwerkstätten wie auch in Klöstern angefertigt, ungewöhnlich viele Abschriften stammen jedoch auch von Notaren, und in einigen Fällen haben sich sogar Kaufleute und Handwerker nachweislich als Kopisten betätigt. Diese haben of-

---

3 Zu den frühen *Commedia*-Kommentaren vgl. Sandkühler 1967 u. Bellomo 2004. Zur frühen *Commedia*-Illustration vgl. Volkmann 1897; Schubring 1931; Elwert 1967; Brieger, Meiss u. Singleton 1969; Schewski 2000; Malke 2003. Zur vorzeitigen Verbreitung des Inferno- und Purgatorio-Textes und zur regionalen Zuordnung der Handschriften des 14. und 15. Jahrhunderts vgl. Roddewig 1984, S. XXV ff. u. S. LIX ff.

fenbar für den eigenen Bedarf geschrieben, was darauf hindeutet, welcher besonderen Popularität sich die *Göttliche Komödie* nicht nur auf der gesamten Apenninenhalbinsel, sondern auch in den unterschiedlichsten sozialen Schichten erfreute.

Knapp 500 vollständige oder beinahe vollständige *Commedia*-Handschriften sind heute noch bekannt. Hinzu kommen rund 100 Manuskripte, die nur einen oder zwei der drei Teile des Werkes enthalten, wobei das Inferno deutlich überwiegt. Ferner existieren noch etwa 200 Fragmente, Exzerpte und Zitate.[4] Vieles von dem, was sich über die zu gut drei Vierteln in italienischen Bibliotheken aufbewahrten *Commedia*-Codices des 14. und 15. Jahrhunderts allgemein sagen läßt, gilt freilich auch für zahlreiche andere handgeschriebene Bücher des ausgehenden Mittelalters und der frühen Renaissance. Je nach Region und Mode, Anspruch und Geldbeutel der jeweiligen Auftraggeber bzw. Käufer sowie nicht zuletzt abhängig von den Gepflogenheiten und Fähigkeiten der Kopisten und Miniatoren gibt es sowohl Pergament- als auch Papier-Codices; neben Bänden, die allein den *Commedia*-Text überliefern, finden sich Exemplare mit kurzen Glossen oder auch mit ausführlichen Kommentaren. Die Handschriften mögen ein- oder zweispaltig eingerichtet sein und verwenden verschiedene Schriftarten. Es gibt sie in unterschiedlichen italienischen Dialekten; manche sind mit großer Sorgfalt kopiert, andere äußerst flüchtig, voller Fehler und Lücken. Die Exemplare mögen schließlich sehr schlicht gehalten oder besonders prachtvoll ausgestattet, aufwendig gebunden und mit kostbaren Miniaturen geschmückt sein wie jenes aus dem Besitz des Herzogs von Urbino. Dabei sind nur etwa fünf Prozent der erhaltenen *Commedia*-Handschriften überhaupt illustriert worden.

Als älteste vollständige, anhand des Explicits sicher datierbare und auch regional zweifelsfrei einzuordnende *Commedia*-Handschrift gilt der

---

4 Vgl. Roddewig 1984, S. XXXIX ff.

im Jahre 1336 für den Genueser Bürgermeister Beccario de' Beccaria kopierte, heute in Piacenza in der Emilia-Romagna aufbewahrte *Codex Landiano*. Das ist auch das erste von nur wenigen Manuskripten, die den Lesern zur Orientierung einen einleitenden Überblick über die komplexe räumliche Struktur des Dantischen Infernos bieten. In Form von vergleichsweise simplen, grundrißartigen Aufsichten bzw. Einblicken in den Höllenkrater dienen die dem Text stets vorangestellten schematischen Gesamtansichten des Infernos mit ihren ringförmig angelegten und insofern bedingt bildhaften Auflistungen der neun Höllenkreise als Gedächtnisstützen, auf die man während der *Commedia*-Lektüre immer wieder zurückgreifen kann, um sich die Reihenfolge der konzentrisch in die Tiefe führenden einzelnen Abteilungen der Unterwelt und der dort bestraften Seelen in Erinnerung zu rufen.[5] Von Illustrationen im Sinne figürlich-szenischer Bilder kann hier also noch keine Rede sein.

Miniaturen solcher Art finden sich jedoch bereits im Mailänder *Codex Trivulziano 1080*, der 1337 – nur ein Jahr nach dem *Codex Landiano* – in Florenz angefertigt wurde und damit zu den ältesten illuminierten *Commedia*-Manuskripten gehört.[6] Wie in vielen späteren Handschriften auch, beschränkt sich der Bilderschmuck allerdings auf die Eingangsseiten der drei Hauptteile des Werkes. So zeigt das von zahlreichen Engeln in Vierpaßrahmen eingefaßte erste Blatt des Paradiso-Textes in der großen L-Initiale („La gloria di colui che tutto move [...]") eine von weiteren, musizierenden Engeln umgebene *Marienkrönung* (Abb. 1). Am unteren Rand der Seite ist Dante selbst zu erkennen. Zwischen zwei Felsmassiven, mit denen zweifellos die beiden Gipfel des Parnaß gemeint sind, empfängt der Dichter aus den Himmelssphären einen Lorbeerkranz, wobei meines Erachtens nicht eindeutig zu bestimmen ist, ob es sich bei der zu ihm herabschwebenden Gestalt um den Musengott Apoll oder

---

5 Hierzu ausführlich Engel 2006, S. 35-46.
6 Brieger, Meiss u. Singleton 1969, Bd. 1, S. 280 f. u. Bd. 2, Farbtafel 1; Roddewig 1984, S. 189 f.

aber um Beatrice handelt. Dessen ungeachtet ist jedoch weder die Marien- noch die Dichterkrönung Bestandteil der von Dante beschriebenen ‚konkreten' Handlung. Zwar wird dem Dichter in den beiden letzten Paradiso-Gesängen der Anblick der Himmelskönigin zuteil, Zeuge ihrer Krönung wird er aber nicht. Ähnliches gilt für seine im Randbild dargestellte Auszeichnung mit dem „geliebten Holz" des Lorbeerbaums. Zwar wird Apoll – wie bereits die Musen zu Beginn von Purg. I – von Dante um Beistand bei der nunmehr bevorstehenden Schilderung des letzten Teils seiner Reise angefleht; auch äußert der Autor die Hoffnung, sich für sein Epos eines Tages mit dem Dichterlorbeer („der Daphne Blätter") schmücken zu dürfen (Par. I, 13-33); die Erfüllung dieser Hoffnung gehört jedoch nicht zu den in der Dichtung beschriebenen ‚äußeren Ereignissen'.

Andere *Commedia*-Codices zeigen an dieser Stelle meist Dante und Beatrice, wie sie entweder vom irdischen Paradies aus die Sterne betrachten oder bereits in Richtung Mondhimmel entschweben.[7] Die Miniaturen der Mailänder Handschrift gehören also zu denen, die über einzelne Momente der Handlung hinaus (oder statt dessen) die vom Dichter geäußerten Gedanken, seine Wünsche und Ängste oder auch die während der Gespräche mit den Jenseitsbewohnern behandelten Themen sowie die dabei verwendeten Vergleiche und Metaphern illustrieren und somit ‚wörtlich nehmen'. Insbesondere beim dritten Teil des Werkes war eine solche Vorgehensweise durchaus naheliegend, denn die konkrete Handlung beschränkt sich im Paradiso vielfach auf den blitzschnellen Übergang von einer Planetensphäre zur nächst höheren. Anstatt immer wieder aufs Neue ausschließlich Dante und Beatrice im Gespräch miteinander zu zeigen, bot es sich an, den Inhalt ihrer überwiegend theologisch-philosophischen Erörterungen zu visualisieren. In der relativen ‚Eintönigkeit' der äußeren Ereignisse im Paradies mag man

---

[7] Zahlreiche Abbildungen bei Brieger, Meiss u. Singleton 1969, Bd. 2., S. 425 ff.

denn auch eine der Ursachen dafür sehen, daß viele *Commedia*-Handschriften – selbst solche mit vollständigem Text – allein Illustrationen zu den beiden ersten Teilen oder sogar nur zum Inferno enthalten. Daß auch der Prachtkodex aus Urbino zunächst nur bis zum Ende des Purgatoriums mit Miniaturen ausgeschmückt wurde und die Bilder zum Paradiso erst im frühen 17. Jahrhundert hinzukamen, widersprach allerdings der Planung; denn Räume für die Miniaturen hat man ja frei gelassen, nur ist es nach Federico da Montefeltros Tod erst einmal nicht zur Ausmalung gekommen.

Gleichwohl haben sich manche Künstler auch bei der Bebilderung des dritten Jenseitsreiches mit geradezu stoischer Konsequenz und zugleich großem Einfühlungsvermögen streng an den von Dante beschriebenen Gang der Handlung gehalten. Dies gilt in besonderem Maße für die *Commedia*-Zeichnungen Sandro Botticellis (1444/45-1510) im Berliner Kupferstichkabinett und in der Vatikanischen Bibliothek, die vermutlich während der beiden letzten Jahrzehnte des Quattrocento entstanden sind. Da man nach wie vor ihren ursprünglichen Verwendungszweck nicht sicher bestimmen kann, bleiben sie aber ohnehin ein Sonderfall in der Geschichte der Dante-Ikonographie.[8] Von wenigen Blättern abgesehen, zeigt Botticelli tatsächlich nicht mehr als die stets von einem Kreis – d. h. von der jeweiligen Himmelssphäre – umgebenen Protagonisten Dante und Beatrice, jedoch mit überaus feinem Gespür für verschiedenste Gemütslagen vor allem von Dante: Das macht den beachtlichen Variantenreichtum aus. Mal sehen wir ihn zuversichtlich in die Höhe blicken, mal mit demütig gesenktem Kopf, mal seiner Führerin Beatrice innig zugewandt, dann jedoch wieder beschämt sich abwendend.

Doch auch für die Hölle und den Läuterungsberg haben sich schon früh diverse Formen von Illustrationen herausgebildet. Neben einer formalen Unterteilung in ganzseitige, mit oder ohne Rahmen in die Text-

---

8 Vgl. zuletzt ausführlich Schulze Altcappenberg 2000; zu Botticellis Miniatur des Höllentrichters vgl. auch Engel 2006, S. 110 ff.

spalten eingepaßte oder aber marginale, d.h. für gewöhnlich am unteren Seitenrand stehende, den jeweiligen Gesang eröffnende oder abschließende Illustrationen, in Federzeichnungen oder farbige Miniaturen usw., lassen sich grundsätzlich zwei Arten der bildlichen Ausschmückung unterscheiden. Besonders in den Codices, die nur eine einzige Illustration pro Canto enthalten, findet sich häufig der Simultantyp: Nach dem auch aus der zeitgenössischen Tafelmalerei vertrauten Prinzip der Gleichzeitigkeit des eigentlich Ungleichzeitigen werden mehrere Momente eines längeren und komplexen Geschehens in einem Bild zusammengefaßt oder – in beinahe kinematographischer Abfolge, meist von links nach rechts – nebeneinander aufgereiht.[9] Auch dafür ließe sich Botticelli als Beispiel anführen, denn während er sich in seinen Paradiso-Zeichnungen – wie erwähnt – stets auf eine einzige Szene beschränkt, sind Dante und Vergil auf den Blättern zur Hölle und zum Läuterungsberg häufig drei- oder viermal, zuweilen sogar bis zu achtmal auszumachen.

In einer neapolitanischen Bilderhandschrift der *Commedia* aus dem letzten Drittel des 14. Jahrhunderts läßt die Marginalminiatur zum siebten Inferno-Gesang drei Szenen, die sich Dantes Schilderung zufolge sowohl räumlich als auch zeitlich relativ weit voneinander entfernt abspielen, unvermittelt ineinander übergehen (Abb. 2).[10] Auf der linken Seite ist die Begegnung der beiden Jenseitswanderer mit dem Ungeheuer Pluto am Rande des Abgrundes zwischen dem dritten und dem vierten Höllenkreis zu sehen. Eingeschüchtert von Vergils strengen Worten hat sich der kurz zuvor noch aufbegehrende Höllenwächter zu Boden geworfen und läßt die beiden Dichter passieren. Den steilen Abgrund und damit auch den langen Abstieg hat der unbekannte Künstler jedoch unterschlagen, denn unmittelbar neben dieser ersten Teilszene treffen

---

9 Zu den verschiedenen Strategien der Bilderzählung in der italienischen Tafelmalerei des 14. und frühen 15. Jahrhunderts vgl. z.B. Weppelmann 2005, S. 11 ff.
10 London, British Library, *Codex Additional 19587*, Fol. 11r. Vgl. Brieger, Meiss u. Singleton 1969, Bd. 1, S. 258 ff.; Roddewig 1984, S. 160.

die zwei schon auf die Seelen der Geizigen und Verschwender, die im vierten Höllenkreis schwere Felsbrocken umherwälzen müssen. Ebenso nahtlos ist der Übergang zur letzten Szene am rechten Blattrand gestaltet. Direkt hinter den Verdammten sind Dante und Vergil ein drittes Mal zu erkennen, und zwar in dem Moment, in dem sie sich bereits den Jähzornigen im stygischen Sumpf des fünften Kreises zuwenden. Auf eine auch nur andeutungsweise Darstellung des hier zu erwartenden nächsten Abgrundes wurde also wiederum verzichtet. Dies läßt sich – wie bei vielen vergleichbaren Illustrationen anderer *Commedia*-Codices auch – wohl in erster Linie damit erklären, daß der Dichter den tiefen Höllenabgründen und den entsprechend beschwerlichen Kletterpartien in der Regel nicht mehr als einen oder zwei Verse widmet.

Bilder dieses Typs sind auch noch in einigen *Commedia*-Handschriften aus dem 15. Jahrhundert zu finden, das ohnedies nur wenige besonders reich ausgestattete Exemplare hervorgebracht hat, so z.B. in *Yates Thompson 36* der Londoner British Library. Dieser Kodex wurde in den 1440er Jahren für König Alfons I. von Neapel (1416-1458) geschrieben und von den sienesischen Künstlern Priamo della Quercia (Inferno u. Purgatorio) und Giovanni di Paolo (Paradiso) mit insgesamt 112 gerahmten Randbildern unter dem Text vollständig ausgeschmückt.[11] In der Illustration zu Inf. XXXIII sind dort ebenfalls mehrere Szenen simultan wiedergegeben, wobei man verschiedene Erzählebenen miteinander verwoben hat (Abb. 3). Die äußere Handlung setzt – wie üblich – am linken Bildrand ein. Im neunten Höllenkreis steckt der bereits im Zusammenhang mit den Vorfahren des Herzogs von Urbino erwähnte Graf Ugolino della Gherardesca im ewigen Eis. Von hinten packt er den dort ebenfalls festgefrorenen, nicht zuletzt an seiner Tonsur erkennbaren Erzbischof Ruggieri Ubaldini, der im Kampf gegen die Pisaner Ghibel-

---

11 Vgl. Pope-Hennessy 1947; Meiss 1964; Brieger, Meiss u. Singleton 1969, Bd. 1, S. 269 ff.; Roddewig 1984, S. 169 f.; De Benedictis 1997.

linen zunächst für Ugolino Partei ergriffen und ihn an die Macht gebracht, aber schon bald darauf verraten hatte. In Dantes Inferno rächt sich Ugolino, indem er sich im Hinterkopf des intriganten Bischofs verbeißt. Die Miniatur zeigt jenen Moment, in dem Ugolino von Dante angesprochen wird, von seinem Widersacher abläßt und schließlich die Geschichte seines grausamen Endes im Hungerturm erzählt (Inf. XXXIII, 4-75). Während rechts daneben der zusammen mit seinen vier Söhnen und Enkeln eingesperrte Ugolino bereits mit dem Hungertod ringt – dargestellt in zwei Etappen –, sind im Hintergrund vier nackte Gestalten zu erkennen, die auf der Flucht vor zwei Hunden einen Berg hinauflaufen. Diese Nebenszene mag auf den ersten Blick eigentümlich bzw. deplaziert anmuten, denn man könnte zunächst annehmen, es seien die von schwarzen Hunden verfolgten Verschwender-Seelen im Wald des siebten Höllenkreises gemeint. Die überaus komprimierte Miniatur zeugt jedoch vielmehr davon, daß der Buchmaler Priamo della Quercia bzw. der königliche Auftraggeber oder auch sein Berater offensichtlich nicht nur mit jedem Detail des *Commedia*-Textes vertraut waren, sondern daß auch möglichst viele dieser Details in Bilder umgesetzt werden sollten, denn mit der Hundehetzjagd in der felsigen Landschaft wird Ugolinos Traum während der Gefangenschaft illustriert (Inf. XXXIII, 22-33):

„'Es hat ein kleiner Spalt in jenem Turme,
Der nach mir nur der Hungerturm wird heißen
Und der noch viele andre wird verschließen,
Durch seine Öffnung mich erkennen lassen
Mehr Monde schon, als mir der Traum gekommen,
Der mir der Zukunft Schleier aufgerissen.
Der hier erschien mir als der Herr und Meister;
Er jagte Wolf und Wölflein zu dem Berge,
Der den Pisanern Luccas Anblick hindert,

Mit magern Hunden, wilden und durchtriebnen,
Gualandi und Sismondi und Lanfranchi
Hat er vor seiner Jagd einhergetrieben."[12]

Der Traum offenbart dem eingekerkerten Ugolino, wer an der Intrige des Pisaner Erzbischofs („der Herr und Meister") noch beteiligt war, nämlich die „magern Hunde", d. h. die im folgenden Vers genannten drei Familien. Dabei stehen „Wolf und Wölflein" für Ugolino selbst sowie für seine vier mit ihm inhaftierten Söhne und Enkel. Zwar sind diese nicht als Wölfe wiedergegeben worden, andererseits aber hat der Buchmaler sogar das durch ein kleines Fenster in den Hungerturm eindringende, beinahe an die Strahlen des Heiligen Geistes in zeitgenössischen Verkündigungs-Darstellungen erinnernde Mondlicht berücksichtigt.

Am rechten Rand der Miniatur ist schließlich Dantes und Vergils Begegnung mit Fra Alberigo dei Manfredi aus Faenza und somit ein weiterer Moment des ‚konkreten Geschehens' zu sehen (Inf. XXXIII, 91 ff.). Insgesamt sind hier also ganze fünf Szenen aus dem 33. Höllengesang zusammenfassend illustriert worden: zwei betreffen den äußeren Handlungsverlauf, zwei die Erzählung des Grafen Ugolino (im Inneren des Hungerturms) und eine weitere die ‚Geschichte in der Geschichte in der Geschichte', also den Inhalt des von Ugolino während der Gefangenschaft geträumten Traums.

Neben mehrschichtigen Simultan-Illustrationen dieser Art stehen – als zweiter Typ – jene Bilder, die nur jeweils eine einzige ausgewählte Szene wiedergeben. Abgesehen von Sandro Botticellis Paradiso-Zeichnungen ist dies vorwiegend in solchen Codices zu beobachten, die – wie auch der Dante-Kodex aus

---

12 „Breve pertugio dentro da la muda / la qual per me ha il titol de la fame, / e 'n che conviene ancor ch'altrui si chiuda, / m'avea mostrato per lo suo forame / più lune già, quand'io feci 'l mal sonno / che del futuro mi squarciò il velame. / Questi pareva a me maestro e donno, / cacciando il lupo e i lupicini al monte / per che i Pisan veder Lucca non ponno, / con cagne magre, studiose e conte: / Gualandi con Sismondi e con Lanfranchi / s'avea messi dinanzi da la fronte."

Urbino – nicht nur eine, sondern zwei oder drei Miniaturen pro Gesang enthalten. Dabei ist der heute ebenfalls in London aufbewahrte, wahrscheinlich schon in den 1330er Jahren für einen unbekannten Auftraggeber in Bologna angefertigte *Codex Egerton 943* mit insgesamt 244 farbigen Illustrationen die am umfangreichsten bebilderte *Commedia*-Handschrift überhaupt.[13]

Von den drei Miniaturen zum dritten Inferno-Gesang zeigt die erste, wie die beiden Dichter vor dem Höllenportal stehen, dessen unheilverkündende Inschrift mit dem längst sprichwörtlichen Vers endet: „Lasciate ogni speranza, voi ch'entrate." („Laßt jede Hoffnung, wenn ihr eingetreten.") In der zweiten Miniatur geht es bereits um die Begegnung mit den Seelen der Opportunisten in der Vorhölle, während im dritten und letzten Bild der erste Höllenfluß Acheron zu sehen ist (Abb. 4). Links im Vordergrund hat sich eine Schar von Verdammten versammelt, die – ähnlich wie die beiden Jenseitsreisenden – eben erst in die Unterwelt geraten sind und nun darauf warten, vom gerade anlegenden Fährmann Charon zum anderen Flußufer gefahren und schließlich auf die ihnen zugewiesenen Höllenkreise verteilt zu werden.

Der unbekannte Bologneser Buchmaler hat sich mit dieser Miniatur genau an den in der Mitte des dritten Inferno-Gesangs geschilderten Ereignissen orientiert. Dies verdient insofern besondere Erwähnung, als das Ende des Gesangs zu den enigmatischsten *Commedia*-Passagen gehört und einige andere Künstler an dieser Stelle Vorgänge zeigen, von denen im Text gar keine Rede ist.[14] Bevor Charon die verdammten Seelen in sein Boot treibt, wendet er sich an Dante, den er als Lebenden erkennt, und ruft ihm zu (Inf. III, 88-96):

„'Und du, die du dort stehst, lebendige Seele,
Heb dich hinweg von denen, die gestorben.'

---

13 Zum *Codex Egerton 943* der British Library vgl. Brieger, Meiss u. Singleton 1969, Bd. 1, S. 262 ff.; Roddewig 1984, S. 163 f.; vor allem aber Stolte 1998.
14 Siehe hierzu ausführlich Engel 2006, S. 26 ff. u. S. 113 ff.

Doch als er sah, daß ich mich nicht entfernte,
Sprach er: ‚Auf andrem Weg, durch andre Häfen
Kommst du zum Strand, nicht hier mit diesem Kahne.
Ein leichtres Schifflein wird dich tragen müssen.'
Da sprach zu ihm der Führer [d. h. Vergil]: ‚Ruhig, Charon!
So will man es dort oben, wo das Können
Dem Wollen folgt, mehr sollst du jetzt nicht fragen.'"[15]

Unter den *Commedia*-Kommentatoren vom 14. Jahrhundert bis heute herrscht weitgehende Einigkeit darüber, daß die von Charon genannten „andren Häfen", der „andre Weg", der „Strand" sowie das „leichtre Schifflein" als Hinweise auf das von der Tibermündung zur Insel des Läuterungsberges fahrende, von einem Engel mit der Kraft seiner Flügel angetriebene Boot zu verstehen seien – und somit auch als Anspielungen auf Dantes Hoffnung hinsichtlich des Schicksals seiner eigenen Seele nach dem Tod.[16]

Zwar verweigert Charon dem unerwarteten ‚Höllengast' die Überfahrt. Allerdings mag der *Commedia*-Leser angesichts der souverän ermahnenden Worte Vergils zunächst erwarten oder zumindest die Möglichkeit in Betracht ziehen, daß sich der Höllenfährmann – ähnlich wie der oben bereits erwähnte Pluto – unterwerfen und Dante schließlich doch in seinem Kahn mitnehmen könnte. Der Dichter äußert sich hierzu jedoch mit keinem Wort. Wir erfahren nicht, wie die beiden Jenseitsreisenden das andere Ufer des Acherons und damit den oberen Rand des gewaltigen Höllenkraters erreichen, denn am Ende des Gesangs läßt plötzlich ein heftiges Beben das unterirdische Höllengebäude erzittern,

---

15 „'E tu che se' costì, anima viva, / partiti da cotesti che son morti.' / Ma poi che vide ch'io non mi pariva, / disse: ‚Per altra via, per altri porti / verrai a piaggia, non qui, per passare: / più lieve legno convien che ti porti.' / E 'l duca lui: ‚Caron, non ti crucciare: / vuolsi così colà dove si puote / ciò che si vuole, e più non dimandare.'"

16 Vgl. Purg. II, 13-51.

ein greller Blitz durchzuckt die Finsternis, und Dante fällt vor Schreck in Ohnmacht. Als ihn zu Beginn des vierten Gesangs der auf den Blitz folgende laute Donner wieder erwachen läßt, befindet er sich bereits jenseits des Flusses und scheint selbst nicht zu wissen, wie er dorthin gelangt ist. Er scheint sich aber auch nicht sonderlich darüber zu wundern, denn seine Schilderung bezieht sich allein darauf, wie er wieder zu sich kommt, wie er versucht, sich in der Dunkelheit zu orientieren und schließlich – als sei das ganz selbstverständlich – seinem Führer Vergil hinab in den ersten Höllenkreis folgt.

Die Erläuterungen der frühen *Commedia*-Exegeten, die sich zum Rätsel der Flußüberquerung geäußert haben, laufen allesamt darauf hinaus, daß Dante per „trasportamento spirituale"[17] oder mit Hilfe einer überirdischen, göttlichen Macht von einem Ufer zum anderen gelangt sein müsse, was – nebenbei bemerkt – kein einziger Künstler zu illustrieren versucht hat. So versichert der Pisaner Francesco da Buti in seinem gegen Ende des 14. Jahrhunderts verfaßten Kommentar, ein Engel habe den ohnmächtigen Dante schneller als in Windeseile, nämlich innerhalb der kurzen Zeitspanne zwischen Blitz und Donner, über den Acheron getragen.[18]

Während sich der Miniator des *Codex Egerton 943* auf die Darstellung der ausdrücklich beschriebenen Ankunft des Fährmanns am Ufer der Vorhölle beschränkt hat und somit auf der ‚sicheren Seite' geblieben ist, sind einige andere Buchmaler zu Lösungen gelangt, die nicht nur im Widerspruch zu den aus dieser Zeit überlieferten Kommentaren stehen, sondern unser Augenmerk auf eine weitere Kategorie von *Commedia*-Illustrationen lenken (Abb. 5 u. 6). Über die bereits genannten Klassifizierungskriterien hinaus haben wir es hier mit Miniaturen zu tun, die die *Göttliche Komödie* nicht ‚eins zu eins' bebildern, sondern sehr indivi-

---

17 So in Giovanni Boccaccios *Esposizioni sopra la Comedia* aus den Jahren 1473-74. Vgl. Boccaccio 1994, Bd. 1, S. 169.
18 Francesco da Buti 1858, Bd. 1, S. 105 f.

duell auslegen und damit auch kommentieren.[19] So hat der unbekannte Künstler eines um 1345 in Pisa illuminierten Inferno-Kodex' die Szene am Ende des dritten Höllengesangs offenkundig dahingehend aufgefaßt, daß sich Charon – wie oben angedeutet – von Vergil einschüchtern lassen und die beiden Jenseitsreisenden entgegen seiner anfänglichen Weigerung schließlich doch zur anderen Seite des Flusses übersetzen könnte: neben zwölf verdammten Seelen und dem rudernden Charon selbst sitzen auch Dante und Vergil in seinem Boot.[20] Auch der schon erwähnte Priamo della Quercia aus Siena hat die an Dante gerichteten Worte des Fährmanns augenscheinlich nicht mit dem zur Insel des Läuterungsberges fahrenden „Schifflein" in Verbindung bringen wollen. Er hat statt dessen eine zwar ebenfalls den älteren Kommentatoren widersprechende, gleichwohl jedoch ebenso naheliegende wie plausible Erklärung gefunden. Seine Miniatur im Londoner *Yates Thompson 36* zeigt – wiederum simultan – drei Boote. Während eines gerade am Vorhöllenufer anlegt und aus dem zweiten auf der anderen Seite des Flusses die Seelen bereits wieder an Land gehen, ist das im Vordergrund zu erkennende dritte Boot allein den beiden Dichtern vorbehalten.[21]

---

19 Vgl. hierzu das Kapitel *Pictorial Commentaries to the Comedy* in: Brieger, Meiss u. Singleton 1969, Bd. 1, S. 81 ff.
20 Chantilly, Musée Condé, *Codex 597*, Fol. 50r. Vgl. Brieger, Meiss u. Singleton 1969, Bd. 1, S. 216 ff.; Roddewig 1984, S. 31 f.
21 London, British Library, *Codex Yates Thompson 36*, Fol. 6r.

Commedia-Motive in der italienischen Wandmalerei

Neben den hier nur in einer kleinen Auswahl exemplarisch vorgestellten Handschriften der *Commedia* mit ihren verschiedenen Typen von Illustrationen zeugen auch einige Wandbilder des 14. und 15. Jahrhunderts von Dantes großer Popularität und der inspirierenden Wirkung seines „poema sacro".[22] Dies gilt jedoch in erster Linie für das Inferno, denn ein Freskenzyklus, mit dem auch das Purgatorium sowie das Paradies und damit das gesamte Epos in großformatige Bilder umgesetzt worden wären, ist aus dieser Zeit nicht bekannt. Allein für Botticellis *Commedia*-Zeichnungen wurde – neben diversen anderen Vorschlägen – die zwar überaus kühne und spekulative, aber nichtsdestoweniger reizvolle These aufgestellt, sie seien ursprünglich Entwürfe für ein großangelegtes, in den 1470er Jahren ersonnenes Projekt zur Ausschmückung der Vierung des Florentiner Doms mit Szenen aus Dantes Epos gewesen und daher um einiges früher als üblich zu datieren.[23] Zwar habe bereits der Architekt der imposanten Kuppel, der laut Giorgio Vasari mit der *Divina Commedia* bestens vertraute Filippo Brunelleschi (1377-1446), mit einem solchen Gedanken gespielt. Doch erst drei Jahrzehnte nach dessen Tod habe sein Biograph, der Florentiner Mathematiker, Architekt und Dante-Kenner Antonio di Tuccio Manetti (1423-1497), die Idee wieder aufgegriffen und Botticelli zu seinen Entwurfszeichnungen angeregt. Nachdem man das Projekt jedoch um 1478 wieder aufgegeben habe, seien die Blätter zuerst als Vorlagen für Baccio Baldinis Kupferstiche in der ersten in Florenz gedruckten *Commedia*-Edition von 1481 verwendet und schließlich zu dem von Lorenzo di Pierfrancesco de'Medici (1463-1503) bestellten Prachtkodex umgearbeitet und damit ihrer letzten Bestimmung zugeführt worden.

Dessenungeachtet waren es zunächst in der Tat ausschließlich sakrale Räume, in die Dantes Höllenvision Einzug gehalten hat. Von *Comme-*

---

22 Vgl. zuletzt den kurzen Überblick bei Malke 2003, S. 123 ff.
23 Parronchi 1985.

dia-Illustrationen im engeren Sinne kann dabei allerdings keine Rede sein, denn in der Regel sind nur einzelne figürliche Motive oder auch Textzitate für Darstellungen des Jüngsten Gerichts aus dem Epos versatzstückhaft übernommen und mit biblischen, patristischen sowie heidnisch-antiken und volkstümlichen Jenseitsvorstellungen amalgamiert worden. So finden sich Dantische Inferno-Motive – wie z.B. der dreigesichtige Luzifer – in der Kapelle des Florentiner Bargello und in Buonamico Buffalmaccos Camposanto-Fresken in Pisa, ferner in einem heute nur noch fragmentarisch erhaltenen Fresko von Andrea Orcagna aus der Florentiner Franziskanerkirche Santa Croce, in der Collegiata in San Gimignano oder auch in der erst zu Beginn des 16. Jahrhunderts von Luca Signorelli (um 1445-1523) vollständig ausgemalten Cappella di San Brizio im Dom zu Orvieto im südlichen Umbrien.[24] Hier sind in den unteren Wandfeldern auch einige kleine Grisaillemalerein mit ausgewählten Purgatoriums-Szenen zu finden. Vor allem jedoch sind auf der rechten Seite der Altarwand – unterhalb des Gewölbes mit dem von Fra Angelico bereits ein halbes Jahrhundert zuvor gemalten Weltenrichter – die von Dantes *Commedia* inspirierte Vorhölle sowie der Höllenfluß Acheron und der Fährmann Charon zu sehen. Die auf der linken Seite dargestellten Erwählten beim Aufstieg zum Paradies lassen sich dagegen nicht mit der *Göttlichen Komödie* in Verbindung bringen.

Unter den von Dante beeinflußten Wandbildern des Trecento verdient insbesondere das monumentale Höllen-Fresko in der Florentiner Dominikanerkirche Santa Maria Novella Beachtung, da die *Commedia*-Bezüge hier zweifellos am größten sind (Abb. 7).[25] Das in der Strozzi-Kapelle um 1357 von Nardo di Cione (nachweisbar 1346/48-1365) auf einer Fläche von rund 110 m² geschaffene Höllenpanorama zeigt neben dem Dantischen Luzifer auch die meisten der in der *Göttlichen Komödie* er-

---

24 Vgl. Riess 1995.
25 Gronau 1937; Offner 1960, S. 52 ff.; Giles 1977; Pitts 1982; Opitz 1998, S. 69 ff. u. S. 113ff.; Poeschke 2003, S. 338 ff.; Engel 2006, S. 73 f.

wähnten und ihrerseits aus der antiken Mythologie entlehnten Höllenkreiswächter und Fährmänner (Minos, Zerberus, Pluto, Charon, Phlegias usw.). Ferner sind neben dem Kastell der antiken Geistesgrößen im ersten Höllenkreis (Inf. IV) auch die den fünften und sechsten Kreis voneinander trennende Mauer der Höllenstadt Dis (Inf. VIII-IX) sowie einer der über die Gräben des achten Kreises („Malebolge") führenden Brückenstränge aufgegriffen worden. Darüber hinaus hat Nardo di Cione alle neun Dantischen Höllenkreise sowie deren Unterabteilungen – wenn auch nicht in der vom Dichter beschriebenen räumlichen Anordnung – berücksichtigt. Gleichwohl handelt es sich auch bei diesem Wandbild genau genommen nicht um eine *Commedia*-Illustration, denn die beiden Protagonisten, Dante selbst und sein Begleiter Vergil, sind nicht dargestellt worden.

Der vielleicht größte Reiz dieses Freskos liegt jedoch darin, daß es seinerseits als Vorbild für die neben Botticellis Trichterminiatur (Abb. 9) einzige vollständig figürlich illustrierte Gesamtansicht des Dantischen Höllengebäudes innerhalb des hier behandelten Zeitraums gedient hat (Abb. 8).[26] Das heute in der Pariser Bibliothèque Nationale aufbewahrte *Inferno-Manuskript it. 74*, dessen Text noch aus dem späten Trecento stammt, wurde wahrscheinlich im Jahre 1430 im Auftrag des Florentiner Notars Piero Bonaccorsi (1410-1477), der das Buch von seinem Vater geerbt hatte, von Bartolomeo di Fruosino (1366-1441) und Mitarbeitern seiner Werkstatt mit 35 Miniaturen ausgeschmückt.[27] Auf dem Verso des ersten Blattes zeigt dieser Pergamentband eine ganzseitige Querschnittansicht des Höllenkraters, die – ungeachtet einiger offensichtlicher, insbesondere format- und gattungsbedingter Differenzen – unter dem direkten Eindruck des gut siebzig Jahre älteren Freskos entstanden sein muß. Das von der *Commedia* inspirierte Wandbild ist sozusagen ‚korrigiert' und in eine *Commedia*-Illustration ‚übersetzt' bzw. ‚rückübersetzt'

---

26 Siehe hierzu ausführlich: Engel 2006, S. 55-74.
27 Vgl. auch Brieger, Meiss u. Singleton 1969, Bd. 1, S. 314 ff.; Roddewig 1984, S. 235 f.

worden, in der nun auch die beiden Jenseitswanderer mehrere Male zu erkennen sind (Dante in Rot, Vergil in Blau gekleidet).

Was die Gemeinsamkeiten und Unterschiede zwischen den beiden Werken betrifft, sind vor allem die Anordnung der einzelnen Höllenbereiche sowie die Gestaltung der Übergänge von Kreis zu Kreis hervorzuheben, denn Bartolomeo di Fruosino hat das Vorbild keineswegs unreflektiert übernommen. Während die oberen Höllenregionen im Fresko jeweils paarweise nebeneinander gesetzt worden sind, hat sie der Buchmaler deutlicher voneinander geschieden, indem er – getreu dem Text der *Göttlichen Komödie* – jedem der ersten sechs Kreise eine eigene horizontale Ebene zugewiesen hat. Dagegen sind die Malebolge-Gräben hier wie dort in Form von unregelmäßig geschnittenen Feldern – und eben nicht als konzentrische Gräben – ohne erkennbare Reihenfolge rund um den Gigantenbrunnen verteilt worden.

Entgegen dem eingangs erwähnten, bereits im 14. Jahrhundert von wenigstens einem Kommentator nachweislich verwendeten und bis heute gängigen Vergleich des Höllentrichters mit einem gigantischen unterirdischen Amphitheater[28] haben sich Nardo di Cione und Bartolomeo di Fruosino offenbar an einer anderen, zumindest in einem entscheidenden Punkt abweichenden Theorie zur Höllenarchitektur bzw. zur Gestalt der einzelnen Kreise orientiert. Dabei mag Nardo selbst mit seinem Fresko zur Entstehung und zur Verbreitung dieser Theorie beigetragen haben. So heißt es bereits in Giovanni Boccaccios *Commedia*-Kommentar von 1373/74, daß man sich die Dantischen Höllenkreise wie höhlenartige Gänge oder Galerien vorzustellen habe, die im Inneren des Kraters entlang der Wände verlaufen und somit nicht den Stufen oder Sitzreihen eines Amphitheaters entsprechen.[29] In sehr ähnlicher Weise äußert sich der Auftraggeber der Miniaturen der Pariser Handschrift, der Florentiner Notar Bonaccorsi. In einem in mehreren Abschriften überlieferten

---

28 Engel 2006, S. 23-25.
29 Boccaccio 1994, Bd. 1, S. 15.

Brief an einen gewissen Frate Romulo de'Medici im Konvent von Santa Croce charakterisiert er die neun Höllenkreise als „nove volte fondate l'una sopra l'altra", d.h. als neun übereinander liegende Gewölbe.

Beide Beschreibungen, die letztlich auf dasselbe hinauslaufen, kommen sowohl im Fresko als auch in der Miniatur zum Ausdruck. Im Unterschied zu Botticellis berühmtem Höllenbild, in dem die einzelnen Stufen des ‚Amphitheaters' sowie die sich dazwischen erstreckenden Wände bzw. Abgründe unmißverständlich als solche zu erkennen sind, liegen die Kreise hier auf übereinander geschichteten Felsplatten. Deren vordere Abbruchkanten scheinen die um der Darstellbarkeit willen extrem gestauchten Abgründe wiederzugeben. Dies würde bedeuten, daß die Kreise selbst hinter diese Abgründe zurücktreten und somit den von Boccaccio und Bonaccorsi beschriebenen überwölbten Höhlen entsprechen. Es sieht also so aus, als habe der von Nardos Fresko oder auch von Boccaccios Kommentar inspirierte Florentiner Notar den Buchmaler Bartolomeo ganz gezielt mit einer in manchen Details abgewandelten und im Format extrem reduzierten Kopie des Wandbildes für seine alte *Commedia*-Handschrift beauftragt.

Eine solche Überblicksansicht des gesamten Höllengebäudes oder der beiden anderen Jenseitsreiche ist im Prachtband aus dem Besitz des Herzogs Federico da Montefeltro nicht enthalten, wobei derartige Bilder in den *Commedia*-Handschriften ohnehin selten sind. Möglicherweise hätte man auch den Dante aus Urbino mit einer der Orientierung dienenden Höllenübersicht ausgestattet, wenn die erste in Florenz gedruckte *Commedia*-Ausgabe von 1481 schon einige Jahre früher erschienen wäre. Angesichts des regen kulturellen Austausches zwischen den beiden Städten wäre man in einem solchen Fall wohl auch in Urbino auf den in dieser Edition abgedruckten, vom bereits erwähnten Antonio di Tuccio Manetti inspirierten Traktat zur Höllengestalt (*Sito, forma et misura dellonferno et statura de giganti et di Lucifero*) von Cristoforo Landino (1424-1498) aufmerksam geworden und hätte sich vielleicht zu einem Gesamtbild der Hölle anregen lassen. Dies ist jedoch reine Spekulation.

Mit Gutenbergs Erfindung des Buchdrucks mit beweglichen Lettern (um 1450), dessen rascher Verbreitung auch in Italien und den seit 1472 überall auf der Apenninenhalbinsel erschienenen Ausgaben der *Göttliche Komödie* ging die Zeit des handschriftlich vervielfältigten und individuell illustrierten Buches langsam ihrem Ende entgegen.[30] Insofern gehören illuminierte *Commedia*-Handschriften dieser Jahre – wie jene des Herzogs von Urbino – zu den besonderen Preziosen der Kunstgeschichte. Ähnliches gilt im übrigen auch für zwar gedruckte, aber in einzelnen Fällen anstelle von Holzschnitten oder Kupferstichen nach wie vor mit Miniaturen ausgeschmückte Bücher, wie z.B. das vor einigen Jahren aus der Casa di Dante in Rom gestohlene (und meines Wissens bislang noch nicht wieder aufgetauchte) Exemplar einer 1491 bei Pietro Cremonese in Venedig publizierten *Commedia*.

---

30 Zur Verbreitung der *Divina Commedia* im ausgehenden 15. und im 16. Jahrhundert und den frühen Drucken siehe z.B. Dionisotti 1965; Rusconi 1988, S. 129-151.

Urbino unter Federico da Montefeltro

Henrik Engel

So viel wie man heute über Federico da Montefeltros Politik und seine Feldzüge auf der einen und seine Rolle als Liebhaber und Förderer der Künste auf der anderen Seite weiß, so ungesichert sind die Nachrichten über seine Geburt und genaue Herkunft.

Zu Beginn des 15. Jahrhunderts regierte im mittlerweile zwar territorial erweiterten, jedoch nach wie vor vergleichsweise kleinen und dem Patrimonium Petri unterstehenden Staat Urbino als achter Graf – oder juristisch gesehen: als apostolischer Vikar, also Statthalter – Guidantonio da Montefeltro (1378-1443).[1] Unter den zahlreichen und einander widersprechenden Quellen werden von der neueren Forschung jene als die glaubwürdigsten angesehen, die besagen, daß Federico – entgegen den zweifellos geglätteten Berichten seiner Hofbiografen – nicht Guidantonios natürlicher Sohn, sondern vielmehr sein Enkel gewesen sei.[2] Demnach hatte Guidantonio während seiner ersten, offenkundig aus diplomatischen Erwägungen eingegangenen und kinderlos gebliebenen Ehe mit Renegarda Malatesta eine illegitime Tochter Namens Aura gezeugt, diese später vom Papst legitimieren und schließlich mit seinem treuesten Truppenführer, Bernardo degli Ubaldini aus Gubbio, vermählen lassen. Aus dieser Verbindung ging dann vermutlich der am 7. Juni 1422 geborene Federico hervor. Nur wenige Monate nach Renegarda Malatestas Tod im Herbst 1423 heiratete Guidantonio mit Caterina Colonna eine Nichte des seit 1417 amtierenden Papstes Martin V., der zuvor lange Jahre Bischof

---

[1] Vgl. Franceschini 1970, S. 365-409.
[2] Vgl. hierzu auch Lauts und Herzner 2001, S. 36 ff.; Roeck und Tönnesmann 2005, S. 23 ff.

von Urbino gewesen und dem Hause Montefeltro freundschaftlich verbunden war.

Als sich während des ersten Ehejahres immer noch kein rechtmäßiger Nachwuchs ankündigte, adoptierte der nunmehr 46jährige, um die Erbfolge besorgte Guidantonio – wie vermutlich schon während Auras Schwangerschaft vereinbart – seinen Enkel Federico und ließ ihn von Martin V. als erbberechtigten Sohn legitimieren, für den Fall, daß ihm auch seine zweite Frau Caterina keinen männlichen Nachkommen schenken sollte. Es kam aber anders: Als 1427 mit Oddantonio doch noch der erhoffte ‚offizielle' Thronerbe das Licht der Welt erblickte, mußte der erst fünfjährige und nun an zweiter Stelle stehende Federico den Hof von Urbino verlassen. Er wuchs jedoch wohlbehütet im nahegelegenen Sant' Angelo in Vado auf, wo er – wiederum aus machtpolitisch-taktischen Motiven – bereits mit seiner zukünftigen Frau Gentile Brancaleoni (1417-1457) verlobt wurde.

Zu Beginn des darauffolgenden Jahrzehnts kam es zu einer aus heutiger Sicht zwar eigentümlich anmutenden, in jener Zeit jedoch keineswegs unüblichen politischen Geiselhaft des mittlerweile elfjährigen Federico.[3] Ähnlich wie dieser selbst in seinen späteren Jahren hatte sein Vater Guidantonio einen überaus schwierigen diplomatischen Spagat zu meistern. Im Krieg zwischen Mailand und der Republik Venedig stand er im Dienste der Visconti, während der Nachfolger Martins V., der aus Venedig stammende Papst Eugen IV., für die Seite der Serenissima eintrat, was Guidantonio da Montefeltro – Vikar des Heiligen Stuhls! – zwangsläufig in einen Loyalitätskonflikt trieb. Sein Versuch, in diesem langjährigen Krieg schließlich als Vermittler und Friedensstifter aufzutreten und somit Herr seiner eigenen vertrackten Lage zu werden, konnte den mißtrauischen Pontifex natürlich kaum überzeugen. So kam es, daß der junge Federico nach dem im April 1433 vorläufig errungenen

---

3 Vgl. Lauts und Herzner 2001, S. 42 f.; Roeck und Tönnesmann 2005, S. 27 f.

Frieden als Bürge für die Neutralität des Vaters oder eben als ‚politische Geisel' in die Lagunenstadt geschickt wurde.

Als ein gutes Jahr später in Venedig wieder einmal die Pest grassierte, brachte man Federico nach Mantua, wo er unter der Obhut der mit dem Hause Montefeltro befreundeten Familie Gonzaga eine humanistische Reformschule besuchte, in der der Grundstein für seine umfassende Bildung und damit für seinen späteren Ruf als gelehrter und kunstsinniger Fürst gelegt wurde.[4]

Nach einem weiteren Jahr konnte Federico endlich nach Urbino zurückkehren, wo er mit der 21-jährigen Gentile Brancaleoni verheiratet wurde und – trotz seines noch jugendlichen Alters – seine militärische Ausbildung erhielt. Schon bald wurde ihm die Führung einer Truppe von 800 Reitern übertragen, und bereits in den Jahren um 1440 war er an einer Reihe von kriegerischen Auseinandersetzungen beteiligt, und zwar im Dienste sowohl der Visconti in Mailand als auch des Papstes sowie des Königs von Neapel. Ersten militärischen Ruhm trug ihm die Rückeroberung der von den Malatesta besetzten und als nahezu uneinnehmbar geltenden Festung San Leo im äußersten Norden des Montefeltro-Gebietes ein.

Als sein Vater Guidantonio 1443 starb, übernahm der fünf Jahre jüngere, in der Stadt wenig geliebte Oddantonio die Herrschaft. Dem inzwischen zum Herzog Erhobenen warf man rasch Mißwirtschaft bei zugleich ausschweifendem Lebenswandel vor. Bereits im Sommer 1444 kam es zu einer Verschwörung der Bürger von Urbino, vermutlich sogar mit Federicos Billigung. In der Nacht zum 23. Juli wurde Oddantonio da Montefeltro ermordet und noch am selben Tag Federico als sein Nachfolger bestimmt. Fortan haben dessen Gegner – insbesondere die Malatesta – ins Kraut schießende Spekulationen über die mysteriösen Umstände seines Amtsantrittes als Graf von Urbino für propagandistische Zwecke ausgeschlachtet.[5]

---

4 Hierzu ausführlich vor allem Lauts und Herzner 2001, S. 43-50.
5 Ebd., S. 65 ff.

Im Verlauf der folgenden knapp vier Jahrzehnte wurde Federico da Montefeltro zu einem der bedeutendsten und bestbezahlten Söldnerführer Italiens, obgleich er keineswegs nur Siege verbuchen konnte. Schon früh war sein Gesicht durch eine schwere Verletzung gezeichnet; für sein markantes Profil, wie man es vor allem durch das berühmte Bildnis von Piero della Francesca in den Florentiner Uffizien kennt, war jedoch nicht etwa ein Gefecht verantwortlich, sondern ein Unfall während des Turniers, das Federico 1451 zu Ehren des neuen Herzogs von Mailand, Francesco Sforza, ausgerichtet hatte. Eine Lanze durchbohrte sein Visier, zertrümmerte den oberen Nasenrücken und stach ihm das rechte Auge aus, weshalb ihn die seither entstandenen zahlreichen Porträts entgegen der heraldischen Tradition nicht im rechten, sondern stets im linken Profil zeigen.

Gleichermaßen gefürchtet wie umworben, verstand es Federico Zeit seines Lebens, sich im komplizierten Gefüge der italienischen Großmächte zu arrangieren und mit seinen Truppen bald auf der einen, bald auf der anderen Seite zu kämpfen, vornehmlich jedoch für das Königreich Neapel und – als Herr über das dem Kirchenstaat unterstehende Urbino – für den Papst bzw. die insgesamt sechs Päpste, deren Pontifikate er während seiner langen Regierungszeit erlebte.[6] Abgesehen von den angesichts einer solchen Politik geradezu vorprogrammierten Loyalitätskonflikten und den immer wieder aufflammenden Feindseligkeiten zwischen den Montefeltro und den Malatesta gelang es Federico, Krieg von seinem eigenen Territorium weitgehend fernzuhalten und somit ausgerechnet als ein Condottiere, der vom Krieg lebte, sein Image als ‚Friedensfürst' in Urbino zu festigen. Dabei sorgten die häufig enorm hoch dotierten Soldverträge als wichtigste Einnahmequelle für sein kleines Staatswesen dafür, daß er seine eigenen Untertanen kaum zur Kasse bitten mußte.

---

6 Eugen IV. (1431-1447), Nikolaus V. (1447-1455), Calixtus III. (1455-1458), Pius II. (1458-1464), Paul II. (1464-1471) und Sixtus IV. (1471-1484).

Besonders einträglich wurden die Geschäfte zu Beginn der 1460er Jahre, als Federico zum obersten Heerführer der Italischen Liga („Lega italica") ernannt wurde. Im Zusammenhang mit dem Frieden von Lodi (1454) war dieses Bündnis von den Großmächten der Apenninenhalbinsel besiegelt worden. Mit ihm wollte man sich – allen weiterhin andauernden internen Auseinandersetzungen zum Trotz – gegen die Bedrohung durch ausländische Mächte, d.h. insbesondere gegen die Franzosen sowie die auf dem Balkan vorrückenden Osmanen schützen.

Zu Beginn der 1460er Jahre also – Gentile Brancaleoni war mittlerweile kinderlos verstorben, und Federico hatte Battista Sforza (1446-1472), eine Nichte des Herzogs von Mailand, in zweiter Ehe geheiratet – sah sich der Graf trotz der immensen Ausgaben für seine Truppen sowie für die zahlreichen Befestigungsanlagen des Landes in der Lage, die letzten Schulden zu tilgen, die ihm sein ermordeter Stiefbruder Oddantonio hinterlassen hatte. Endlich konnte er sich auch verstärkt einer ganz anderen, allerdings nicht weniger wichtigen Aufgabe widmen, nämlich der fürstlichen Repräsentation mittels Architektur und Kunst. Es galt, das bis dahin eher provinzielle, gut 450 Meter über dem Meeresspiegel auf zwei Hügelrücken gelegene Urbino zu einer Residenzstadt auszubauen, die den neuen wirtschaftlichen Verhältnissen angemessen sein sollte - und dies nicht zuletzt, um mit den Sforza in Mailand, den Medici in Florenz, den Gonzaga in Mantua und natürlich auch den Malatesta in Rimini kulturell konkurrieren zu können.

Zwar hatte Federico bereits während des ersten Jahrzehnts seiner Regentschaft den Bau einer von der Formensprache der Florentiner Frührenaissance inspirierten neuen Fassade für die im Stadtzentrum gelegene Kirche San Domenico gefördert, und im Jahre 1460 war auch schon der Grundstein für den neuen Dom gelegt worden. Sein eigentliches Prestigeprojekt war jedoch die Erweiterung des alten Familienpalastes.[7] Ob

---

7 Vgl. zur Baugeschichte des Palastes im einzelnen vor allem Höfler 2004.

und in welchem Umfang der italienweit renommierte Baumeister und Kunsttheoretiker Leon Battista Alberti (1404-1472), der sich Mitte der sechziger Jahre des Quattrocento nachweislich am Hof von Urbino aufgehalten hat, an entsprechenden Plänen oder sogar an der ersten Bauphase beteiligt war, bleibt bis heute umstritten. Gesichert ist dagegen, daß nur wenig später der aus Dalmatien stammende Architekt Luciano Laurana (um 1420/25-1479) verpflichtet werden konnte und bis 1472 in Urbino tätig war. Unter dessen Leitung erhielt der Palazzo Ducale im wesentlichen seine heutige Gestalt.

Das Gebäude, das der moderne Besucher von Urbino so gut wie unverändert vorfindet, beeindruckt zunächst durch seine Ausmaße. Beinahe wie eine ‚Stadt innerhalb der Stadt' anmutend, stellt der monumentale Backsteinbau mit seinen rund 100 Räumen alle etwa zur gleichen Zeit in Italien errichteten Palastanlagen in den Schatten. Entlang der Piazza del Rinascimento, bei der es sich genau genommen nicht um einen Platz, sondern um die von Norden nach Süden verlaufende Hauptstraße Urbinos handelt, erstreckt er sich mit der stattlichen Länge von 90 Metern. Sogar eine Verkleidung dieser gewaltigen Wandflächen mit Marmor war geplant; damit begann Lauranas Nachfolger Francesco di Giorgio Martini aus Siena in den 1470er Jahren; die Arbeiten wurden aber nach dem Tod des Bauherrn im Jahre 1482 nicht fortgeführt. Die künstlerische Gestaltung der Außenfassade mit antikisierenden Schmuckelementen, die Florentiner Vorbildern verwandt sind, beschränkte sich beinahe ganz auf die Fenster. Daher sind in den dunklen Backsteinmauern noch heute die zahllosen Löcher zu erkennen, die der Verankerung der Baugerüste gedient hatten.

Als vollendetes Kunstwerk der Renaissance präsentiert sich hingegen der im Zentrum der vierflügeligen Anlage gelegene, annähernd quadratische Innenhof mit seinen korinthischen Säulen und Pilastern, den Arkaturen und nicht zuletzt der auf den Gebälken beider Geschosse umlaufenden lateinischen Inschrift. In römischer Capitalis werden dort sowohl die militärischen Erfolge als auch die zivilen Tugenden des im

August 1474 von Papst Sixtus IV. zum Herzog erhobenen Federico da Montefeltro gepriesen.

Über eine für damalige Verhältnisse ungewöhnlich breite Treppe, deren niedrige Stufen ein langsames, würdevolles Schreiten ermöglichen, gelangt man im Obergeschoß zum Audienz- und zum sogenannten Thronsaal, aber auch zu den Privatgemächern des Herzogs und seiner Frau. Im Bereich der zum Tal gewandten, von zwei schlanken Rundtürmen flankierten Südwest-Fassade des Palastes stößt der Besucher schließlich auf den mit nur knapp zwölf Quadratmetern Grundfläche kleinsten, zugleich jedoch wohl berühmtesten Raum der fürstlichen Wohnung: das mit kostbaren Holzeinlegearbeiten und Gemälden prachtvoll ausgestattete, von einer goldverzierten Kassettendecke überfangene Studiolo.[8] Vielfarbige, perspektivisch perfekt gestaltete Intarsien fingieren in den unteren Wandfeldern Einblicke in Regale und geöffnete Schränke voller Bücher und Musikinstrumente und reihen sich prominent in die Frühgeschichte des europäischen Stillebens ein. Darüber hängen in zwei Reihen die gegen 1475 gemalten Idealporträts antiker, mittelalterlicher und zeitgenössischer Geistesgrößen, die sich – selbst in Studierstuben sitzend – dem Betrachter zuwenden. Sie blieben nicht alle vor Ort; eine ganze Anzahl wanderte in den Pariser Louvre; sie hat man heute durch Kopien ersetzt. Wie vor allem französische Untersuchungen gezeigt haben,[9] war der wohl schon 1474 verstorbene altniederländische Maler Joos van Gent, den Federico nach Urbino geholt hatte, für die Konzeption verantwortlich; neben ihm wirkten der Italiener Melozzo da Forlì und der Spanier Pedro Berruguete mit. Unter den insgesamt 28 Bildnissen von Staatsmännern, Propheten, Theologen, Philosophen und Dichtern finden sich auch Federicos Mantuaner Lehrer Vittorino da Feltre sowie Francesco Petrarca

---

8 Vgl. Kühnast 1987; Lauts und Herzner 2001, S. 311-337; Roeck und Tönnesmann 2005, S. 165-171 (jeweils mit weiterführender Literatur).
9 Siehe Reynaud und Ressort 1991; zum Studiolo allgemein: Liebenwein 1977.

und Dante Alighieri. Das späteste Bild (heute im Louvre) zeigt, wohl von der Hand Berruguetes, Papst Sixtus IV. (im Amt 1471-84). Ihm hatte Federico im August 1474 die Erhebung zum Herzog zu verdanken. Entsprechende Insignien sind erst in der spätesten Malschicht im Studiolo zu sehen.

Vom überaus regen Interesse, das man am Hof von Urbino den etwa ein halbes Jahrhundert zuvor in Florenz entwickelten Regeln der Zentralperspektive entgegenbrachte, zeugen nicht nur die zahlreichen weiteren illusionistischen Intarsien, die die großen Flügeltüren im Obergeschoß des Palastes schmücken. Künstler wie Paolo Uccello und Piero della Francesca – beide Pioniere auf dem Gebiet der Perspektivlehre und ihrer praktischen Anwendung in Malerei und Zeichnung – waren in den Glanzzeiten Urbinos für Federico da Montefeltro tätig. Insbesondere Piero della Francesca hat in den Jahren um 1470 nicht nur das bereits erwähnte markante Profilporträt des Fürsten, sondern auch einige weitere bedeutende Gemälde – etwa die *Geißelung Christi* – geschaffen und in Urbino vermutlich auch seinen Perspektivtraktat (*De prospectiva pingendi*) verfaßt. Darüber hinaus gehört zu den prominentesten Exponaten der seit 1912 im Palazzo Ducale beheimateten Galleria Nazionale delle Marche eine der drei berühmten, streng zentralperspektivisch konstruierten architektonischen Veduten oder ‚Idealstadtansichten'.[10] Über die Zuschreibung, die genaue Datierung sowie die Frage nach der originären Funktion dieser wahrscheinlich in Urbino entstandenen Bilder konnte bislang keine Einigkeit erzielt werden. Die Namen beinahe aller großen Künstler, die für Federico da Montefeltro gearbeitet haben, sind mit den drei Tafeln versuchsweise in Verbindung gebracht worden. Dessenungeachtet – und auch abgesehen von den diversen Theorien zur ursprünglichen Verwendung derartiger Werke (Truhenbemalungen?

---

10 Zu den Kunstsammlungen im Palast von Urbino siehe zuletzt Dal Poggetto 2003. Über die drei Vedutenbilder in Urbino, Baltimore und Berlin siehe neben Herrmann 1995 auch Lauts und Herzner 2001, S. 382 ff.

Spallierabilder? Supraporten?) – hat man sie immer wieder als ‚Propaganda-Bilder' gedeutet und zwar so, daß Federico sich als gerechter und kultivierter Herrscher eines idealen, wohlgeordneten und harmonischen Gemeinwesens präsentieren wollte.

Das vornehmliche kulturelle Interesse des Herzogs galt jedoch seiner Bibliothek, die er mit Hilfe des renommierten Florentiner Buchhändlers Vespasiano da Bisticci (1422-1498) aufbaute und für deren umfangreiche Bestände er enorme Summen ausgegeben hat.[11] Zwar hatte der um 1450 in Mainz erfundene Buchdruck mit beweglichen Lettern längst auch die Apenninenhalbinsel erobert, und entgegen eines vielzitierten Berichts von Bisticci, dem wir eine der frühesten Biographien des Herzogs verdanken, befanden sich nachweislich auch Inkunabeln in Federicos Besitz. Gleichwohl bevorzugte er handgeschriebene und kostbar ausgestattete, d.h. häufig mit Miniaturen ausgeschmückte, in roten Samt eingebundene und mit Silberbeschlägen versehene Bücher. Einige der insgesamt rund 1000 Codices, die er bis zum Ende seines Lebens zusammengetragen hat, stammten noch aus dem Nachlaß seines Vaters Guidantonio. Den Großteil ließ er jedoch eigens für seine immer stattlichere Sammlung anfertigen. Die zumeist lateinischen, aber auch griechischen, hebräischen, arabischen und italienischen Werke umfaßten nahezu alle Wissensgebiete. Die Klassiker der antiken Literatur, Philosophie und Geschichtsschreibung waren ebenso vertreten wie die Schriften der Kirchenväter und der Theologen des Mittelalters, Lehrbücher über Mathematik, Astronomie, Medizin, Geographie und Architektur sowie die volkssprachliche Literatur der Gegenwart und der jüngeren Vergangenheit, darunter auch die Werke Francesco Petrarcas und natürlich Dante Alighieris.

Die Bedeutung, die Federico da Montefeltro seiner damals bereits berühmten Büchersammlung beimaß, kommt allein schon durch die pro-

---

11 Vgl. Lauts und Herzner 2001, S. 290-310; Roeck und Tönnesmann 2005, S. 152 ff. u. S. 200 ff.

minente Lage der Bibliotheksräume zum Ausdruck. Betritt man den Palast auf der dem Dom zugewandten Nordseite, liegen zur linken Hand – noch bevor man den großen Innenhof erreicht – die beiden tonnengewölbten Säle, von deren Ausstattung mit Wandregalen, Schränken und Lesepulten man sich nur noch aufgrund älterer Beschreibungen ein ungefähres Bild machen kann. Die exponierte Lage begründet sich vor allem damit, daß die fürstlichen Bücherbestände nicht allein ihrem Besitzer, sondern auch interessierten Besuchern für Studienzwecke zugänglich waren, wenn auch unter relativ strengen und angesichts der kostbaren Objekte wohl auch sinnvollen Auflagen und den wachsamen Augen der Bibliothekare. Damit beherbergte der Palazzo Ducale in Urbino früher als der Vatikan, der damit erst 1475 begann, eine der ersten öffentlichen Bibliotheken Italiens, die jedoch nicht allein der Wissensverbreitung im Sinne des humanistischen Geistes der Renaissance diente, sondern zweifellos auch der Selbstinszenierung ihres Gründers, der sich als gelehrter Fürst feiern ließ.

Vom hohen Stellenwert der Bibliothek innerhalb der prächtigen neuen Palastanlage zeugt schließlich auch eine kurze Passage aus Baldassare Castigliones Schilderung des Urbinater Hofes in seinem 1528 erstmals gedruckten *Libro del Cortegiano*; dort schreibt er über Federico da Montefeltro: „Unter anderen löblichen Dingen errichtete er in der herben Lage Urbinos einen Palast, der nach Ansicht vieler der schönste ist, der sich in ganz Italien findet; und er versah ihn so gut mit allem Möglichen, daß er nicht ein Palast, sondern eine Stadt in der Form eines Palastes zu sein schien, und zwar nicht allein mit dem, was man gewöhnlich braucht, wie Silbergeschirr, Wandbespannungen von reichsten Stoffen aus Gold und Seide und andere ähnliche Dinge, sondern er fügte als Schmuck eine Unzahl von antiken Marmor- und Bronzestatuen hinzu, einzigartige Malereien, Musikinstrumente jeder Art; er wollte nur das Seltenste und Beste haben. Ferner sammelte er unter sehr erheblichen Kosten eine große Zahl hervorragender und seltener griechischer, lateinischer und hebräischer Bücher, die er in

Gold und Silber binden ließ, weil er sie für das Vortrefflichste in seinem großartigen Palast hielt."[12]

Baldassare Castiglione (1478-1529) hat das ‚goldene Zeitalter von Urbino' nicht selbst erlebt. Als er in den Jahren um 1510 das bald nach der ersten Ausgabe europaweit gerühmte und noch während des 16. Jahrhunderts in viele Sprachen übersetzte *Buch vom Hofmann* verfaßte, war Federico da Montefeltro schon seit beinahe dreißig Jahren tot. Nach dem Zerwürfnis mit Papst Sixtus IV. im Zusammenhang mit den politischen Wirren in der Folge der Florentiner Pazzi-Verschwörung war der Herzog von Urbino im Sommer 1482 auf der Seite von Neapel, Florenz und Mailand gegen Venedig und Rom in den Krieg um Ferrara in die Poebene gezogen, dort an der Malaria erkrankt und schließlich im Dezember desselben Jahres im Kastell der Familie Este gestorben.

Da aus der Ehe seines Sohnes und Nachfolgers Guidobaldo da Montefeltro (1472-1508) mit Elisabetta Gonzaga (1471-1526) keine Nachkommen hervorgegangen sind, erlosch mit dem frühen Tod des schwer gichtkranken jungen Herzogs im Jahre 1508 auch das Haus Montefeltro. Als Herr über Urbino folgte Guidobaldos 1504 adoptierter Neffe Francesco Maria I. della Rovere (1490-1538), der seine Residenz jedoch schon bald an die Adriaküste nach Pesaro verlegte.

Als schließlich 1631 mit dem Tod Francesco Maria II. della Rovere auch das zweite Geschlecht der Herzöge von Urbino ausstarb, ging der ehemalige Besitz der Montefeltro unter dem Barberini-Papst Urban VIII. (1623-1644) endgültig im Kirchenstaat auf. Während der größte Teil der von Castiglione erwähnten prachtvollen Palastausstattung – Möbel, Gemälde, Tapisserien, Geschirr usw. – bereits in dieser Zeit in den Besitz der mit den della Rovere verschwägerten Medici-Familie und damit nach Florenz gelangte, wurde die umfangreiche Büchersammlung – und da-

---

12 Baldesar Castiglione, *Das Buch vom Hofmann (Il Libro del Cortegiano)*, übersetzt und erläutert von Fritz Baumgart, mit einem Nachwort von Roger Willemsen, München 1986, S. 16.

mit auch der berühmte *Dante von Urbino* – erst unter Papst Alexander VII. (1655-1667) nach Rom in die Bibliothek des Vatikans gebracht.

Der seither schwer vernachlässigte, daher jedoch einer barockisierenden Umgestaltung entgangene Palastbau wurde in der zweiten Hälfte des 19. Jahrhunderts zum italienischen National-Monument erklärt und anläßlich der Feierlichkeiten zum 400. Geburtstag des aus Urbino stammenden Malers Raffael (1483-1520) erstmals restauriert.

Federico da Montefeltro und die Rolle seiner Vorfahren in Dantes Divina Commedia

Henrik Engel

Als Federico da Montefeltro die zweifellos prachtvollste der heute noch erhaltenen illuminierten Abschriften der Divina Commedia – den Codice Urbinate Latino 365 der Vatikanischen Bibliothek – in Auftrag gab, stand er bereits am Ende seines vor allem militärisch bewegten Lebens. Als erfolgreicher Heerführer und geschickter Diplomat im Dienste verschiedenster Machthaber und Parteien im politisch zersplitterten Italien hatte er es Schritt für Schritt zu einem beträchtlichen Vermögen gebracht und dabei seine Residenzstadt Urbino nicht nur um eine der beeindruckendsten Palastanlagen der frühen Neuzeit bereichert, sondern auch zu höchster kultureller Blüte geführt.

Das Herrschaftsgebiet des im 16. Jahrhundert ausgestorbenen Geschlechts der Montefeltro gehört heute zur Provinz Pesaro-Urbino und damit zur Region der Marken. Das nach dem antiken „Mons feretrius" benannte Hügelland am Rande des Apennins erstreckt sich zwischen der Emilia-Romagna und der Republik San Marino im Norden, der Adriaküste um die Städte Pesaro, Fano und Senigallia im Osten, dem Kernland der Marken sowie Umbrien im Süden und schließlich der Toskana im Westen.

Mitte des 12. Jahrhunderts wurde den Montefeltro, die in den Auseinandersetzungen zwischen Ghibellinen und Guelfen auf der Seite des Kaisers standen, von Friedrich I. (‚Barbarossa') der Grafentitel verliehen.[1] Als Zeichen für diese kaiserliche Ehrung zierte seither der schwarze Adler das diagonal blau und gold gestreifte Wappen der Familie, wie

---

[1] Zur Familiengeschichte der Montefeltro vgl. z.B. Franceschini 1970.

es auch – wenngleich um die päpstlichen Insignien erweitert – in den Eingangsminiaturen der Commedia-Handschrift aus Urbino zu sehen ist (Fol. 1r u. 97r). Mit dem Erstarken und der Ausdehnung des Kirchenstaates in Richtung Nordosten unter Innozenz III. (1198-1216) und dem sich anbahnenden Ende der Stauferzeit im darauf folgenden 13. Jahrhundert geriet die Grafschaft Montefeltro jedoch mehr und mehr unter päpstlichen Einfluß. Dies führte u.a. dazu, daß sich die alte Feindschaft mit dem guelfisch gesinnten, also papsttreuen Geschlecht der Malatesta im nur rund 30 Kilometer nördlich von Urbino gelegenen Rimini weiter verschärfte und – allen zwischenzeitlich aus offensichtlich taktischen Gründen geschlossenen Ehen zum Trotz – bis in die Zeit der Renaissance bestehen blieb.

In die zweite Hälfte des 13. Jahrhunderts fällt die Regentschaft des bedeutendsten und nicht zuletzt durch Dantes Commedia wohl auch bekanntesten Vorfahren Federicos da Montefeltro. Graf Guido d.Ä. (1220-1298), eines der Oberhäupter der Ghibellinen-Partei Italiens und seinerseits erfolgreicher Condottiere, also Söldnerführer, kommt im 27. Inferno-Gesang so ausführlich zu Wort wie nur wenige andere der zahlreichen Gestalten, denen Dante auf seiner visionären Reise durchs Jenseits begegnet. Daher soll hier etwas näher auf ihn eingegangen werden, zumal sich die zwar kaum präzise zu beantwortende aber nichtsdestoweniger reizvolle Frage aufdrängt, wie der Montefeltro-Herzog des 15. Jahrhunderts – der Auftraggeber unserer Handschrift – das nicht eben milde Urteil des Dichters über seinen prominenten Ahnen aufgefaßt haben mag.

Als im Jahre 1281 mit Martin IV. ein dem Hause Anjou freundlich gesonnener Franzose den päpstlichen Thron bestieg und viele kirchenstaatliche Ämter in französische Hände legte, kam es in weiten Teilen Italiens zu Aufständen, die in den nördlichen Marken sowie der Romagna maßgeblich von Guido da Montefeltro angeführt wurden. So richteten seine Truppen rund um die von den Franzosen belagerte Stadt Forlì ein auch von Dante erwähntes Blutbad an (Inf. XXVII, 43-45).

Wenig später wurde der Heerführer von den Ghibellinen in Pisa an die Spitze des Stadtregiments berufen. Das bis in die frühen 1280er Jahre kaisertreue, durch den Krieg mit dem guelfischen Florenz jedoch bereits geschwächte Regiment der Stadt war mit Hilfe des Grafen Ugolino della Gherardesca gestürzt worden. Nach kurzer Zeit als Podestà und Capitano generale war dieser allerdings durch eine Intrige des ihn zuvor unterstützenden Erzbischofs Ruggiero Ubaldini selbst seiner Macht beraubt und schließlich mit seinen Söhnen und Enkeln in den berühmt-berüchtigten Hungerturm eingesperrt worden – eine der ergreifendsten Passagen der Göttlichen Komödie.[2] Für die folgenden drei Jahre übernahm nun Guido da Montefeltro die Position des Capitano in Pisa.

Erst während des kurzen Pontifikats von Coelestin V., der zuvor als benediktinischer Einsiedlermönch für Jahrzehnte ein weltabgewandtes Leben in den Abruzzen geführt hatte und im Dezember 1294 nach nur fünf Monaten in hohem Alter überfordert und resigniert von seinem Amt zurücktrat, wofür er von Dante in die Vorhölle zu den feigen Opportunisten verbannt wurde (Inf. III, 58-60), gelang die Aussöhnung zwischen dem mittlerweile exkommunizierten Montefeltro-Grafen und der Kirche bzw. dem Kirchenstaat. Seine letzten zwei Lebensjahre verbrachte Guido – seinerseits ausgebrannt und resigniert – in einem Franziskanerkloster in Ancona.

Während dieser Zeit kam es zu jenen Ereignissen, die den Dichter dazu bewegt haben, auch Guido in die Hölle zu stecken. Coelestins unmittelbarer Nachfolger auf dem Heiligen Stuhl, der machtbesessene und skrupellose Bonifaz VIII. aus dem Hause Caetani (1294-1303), gehört ohne Zweifel zu den finstersten Gestalten der Kirchengeschichte. In unserem Zusammenhang ist jedoch vor allem hervorzuheben, daß Dante in eben diesem Papst, der die Partei der sogenannten ‚schwarzen Guelfen' in Florenz unterstützte, einen der Hauptverantwortlichen für seine

---

[2] Vgl. Inf. XXXII u. XXXIII u. den Kommentar zu Fol. 89ᵛ u. 90ʳ des *Dante Urbinate*.

Verbannung aus der Heimatstadt im Jahre 1302 sah und daher keine Gelegenheit ausließ, in seiner im Exil verfaßten Divina Commedia mit ihm abzurechnen.[3]

Eine solche Gelegenheit bot sich dem Dichter auch im Kontext der Geschichte von Guido da Montefeltro: Bonifaz VIII. war sich der herausragenden Fähigkeiten des kriegserfahrenen und diplomatisch versierten Grafen nur allzu bewußt. Im Kampf des Papstes gegen das Adelsgeschlecht der Colonna hatte sich die Eroberung des etwa 35 Kilometer östlich von Rom gelegenen Palestrina – Stammsitz und letzter Zufluchtsort der Familie – als militärisch unmöglich erwiesen. Mit dem Versprechen der päpstlichen Absolution gelang es Bonifaz, dem zurückgezogen im Kloster lebenden und sich zunächst verweigernden Montefeltro den entscheidenden Ratschlag abzutrotzen, der zur scheinheiligen Versöhnung mit den Colonna, ihrer anschließenden Vertreibung und schließlich zur fast vollständigen Zerstörung Palestrinas führte; bei Dante heißt es deshalb (Inf. XXVII, 110 f.):

„Durch viel Versprechen und durch wenig Halten
Wirst du auf deinem hohen Throne siegen."[4]

Dante begegnet dem unglücklichen Grafen Guido im achten Kreis der Hölle, dem in zehn konzentrische Gräben unterteilten, „Malebolge" genannten Kreis der Betrüger (Fol. 72v). Im achten Graben sind die

---

[3] Vgl. z.B. Inf. XIX, 40-123: Im dritten Graben des achten Höllenkreises stecken die Simonisten (Ämterhändler) kopfüber und mit brennenden Fußsohlen in engen Feuerlöchern (Fol. 49ʳ des ‚Dante Urbinate'). Der dort leidende Papst Nikolaus III. kann Dante nicht sehen und hält ihn zunächst für Bonifaz VIII., obwohl er dessen Ankunft erst für einen späteren Zeitpunkt erwartet. Dante nutzt diese Begegnung für eine heftige Strafpredigt gegen die Verweltlichung der Kirche.

[4] „[...] lunga promessa con l'attender corto / ti farà triunfar ne l'alto seggio." (Die deutsche Übersetzung der hier zitierten Commedia-Passagen stammt aus: Dante Alighieri, *Die Göttliche Komödie*, übersetzt von Hermann Gmelin, Anmerkungen von Rudolf Baehr, Nachwort von Manfred Hardt, Stuttgart 2001.)

Seelen der falschen Ratgeber in Flammen eingesperrt und können – im Unterschied zu den meisten anderen Verdammten des Infernos – offenbar nichts sehen, denn nur so ist zu erklären, daß Guido den durch die Unterwelt reisenden Dichter ebenfalls für einen seines Leibes bereits beraubten Verdammten hält (Inf. XXVII, 25-30):

„'Wenn du in diese blinde Welt soeben
Herabgefallen aus dem schönen Lande
Italien, wo ich meine Schuld begangen,
Sag, ob Romagna Krieg hat oder Frieden,
Denn ich war aus den Bergen bei Urbino
Und bei dem Joch, aus dem der Tiber herkommt.'"[5]

Als ‚Gegenleistung' für Dantes anschließende kurze Schilderung der aktuellen politischen Lage in Ravenna, Forlì, Rimini, Imola und anderen Städten – und in der Überzeugung, daß auch Dante die Hölle nicht mehr verlassen werde – vertraut ihm Guido seine ihn selbst beschämende Lebensgeschichte an (Inf. XXVII, 61-72):

„Wenn ich müßt glauben, meine Antwort ginge
An jemand, der zur Welt wird wiederkehren,
So würde meine Flamme nicht mehr zucken.
Jedoch weil niemals aus dem tiefen Grunde
Ein Wesen, hör ich richtig, lebend heimkehrt,
Kann ich dir ohne Schande Antwort geben.
Ich war Soldat und später Franziskaner
Und glaubte, mit dem Stricke abzubüßen.
Gewißlich hätte sich erfüllt mein Glaube,

---

[5] „Se tu pur mo in questo mondo cieco / caduto se' di quella dolce terra / latina ond'io mia colpa tutta reco, / dimmi se i Romagnuoli han pace o guerra; / ch'io fui de' monti là intra Urbino / e 'l giogo di che Tever si diserra."

Hätt mich der Papst, der Teufel mag ihn holen,
Zurückgeführt nicht zu den alten Sünden;
Wie und warum, das sollst du nunmehr hören."[6]

Es folgt Guidos ausführlicher Bericht über seine Abkehr vom weltlichen Leben sowie die oben bereits angedeuteten Umstände der Eroberung und Zerstörung Palestrinas. Dabei äußert er neben seinem tiefen Bedauern über diese Ereignisse auch seinen unbändigen Zorn gegenüber Bonifaz VIII. Dieser „Fürst der neuen Pharisäer" habe ihn nach seiner reumütigen Zuflucht zum Orden des (von Dante hochverehrten!) Heiligen Franziskus doch noch zu einer schändlichen Tat verführt.

Dantes Verhältnis zu dem berühmten Vorfahren des Herzogs von Urbino scheint zwiespältig gewesen zu sein. Zwar konnte er angesichts des unverzeihlichen Handels mit dem verhaßten Papst nicht umhin, ihn in eine der tiefsten Regionen der Unterwelt zu verbannen. Gleichwohl zeugen die Worte, die der Dichter dem Grafen in den Mund legt, auch von einem gewissen Maß an Sympathie oder doch wenigstens von Mitgefühl. Dies kommt vor allem in den letzten Sätzen zum Ausdruck, die er Guidos Seele aus der Flamme heraus sprechen läßt (Verse 112-129):

„Franziskus kam zu mir bei meinem Tode,
Mich abzuholen, doch ein schwarzer Engel
Sprach zu ihm: ‚Laß ihn los, du tust mir Unrecht.
Zu meinen Knechten muß er mit hinunter,
Weil er den trügerischen Rat gegeben;
Seitdem bin ich auf seiner Spur gewesen.

---

[6] „S'i' credesse che mia risposta fosse / a persona che mai tornasse al mondo, / questa fiamma staria sanza più scosse; / ma però che già mai di questo fondo / non tornò vivo alcun, s'i' odo il vero, / sanza tema d'infamia ti rispondo. / Io fui uom d'arme, e poi fui cordigliero, / credendomi, sì cinto, fare ammenda; / e certo il creder mio venia intero, / se non fosse il gran prete, a cui mal prenda!, / che mi rimise ne le prime colpe; / e come e quare, voglio che m'intenda."

Gelöst kann niemand werden ohne Reue,
Bereun zugleich und wollen kann auch keiner,
Ein solcher Widerspruch ist niemals möglich.'
Ich Elender, wie hab ich mich geschüttelt,
Als er mich faßte und mir sagte: ‚Wahrlich,
Du hast wohl nicht gedacht, ich wäre logisch!'
[...]
Drum bin ich, wie du siehst, hierher gefallen
Und muß in diesem Kleide weinend wandern."[7]

Diese Passage suggeriert (und auch der Herzog Federico mag es so gesehen haben), daß Guido einzig und allein seines „trügerischen Rates" wegen in die Hölle geraten sei. Hätte er sich nicht auf den teuflischen Pakt mit Bonifaz VIII. eingelassen, wäre in seiner Sterbestunde kein Geringerer als der heilige Franziskus selbst zur Stelle gewesen, um seine Seele zumindest des Fegefeuers für würdig zu befinden.

Dort, an den unteren Hängen des Fegefeuer- oder Läuterungsberges, also im Bereich des Vorpurgatoriums, begegnet der Commedia-Leser schließlich auch Guidos Sohn Buonconte da Montefeltro (Purg. V, 85-129). Dieser fiel als Heerführer auf der Seite der ghibellinischen Aretiner gegen die guelfischen Florentiner in der Schlacht von Campaldino (in der Nähe von Bibbiena im oberen Arnotal) im Jahre 1289 und somit noch vor dem Tod seines Vaters. Ähnlich wie bei diesem kommt es auch im Fall des Buonconte in der Fiktion der Göttlichen Komödie zu einem kurzen Streit zwischen himmlischen und höllischen Mächten, als

---

[7] „Francesco venne poi, com'io fu' morto, / per me; ma un de' neri cherubini / li disse: ‚Non portar: non mi far torto. / Venir se ne dee giù tra' miei meschini, / perché diede il consiglio frodolente, / dal quale in qua stato li sono a' crini; / ch'assolver non si può chi non si pente, / né pentere e volere insieme puossi / per la contradizion che nol consente.' / Ohmè dolente!, come mi riscossi / quando mi prese dicendomi: ‚Forse / tu non pensavi ch'io loico fossi!' / [...] / per ch'io là dove vedi son perduto, / e sì vestito, andando, mi rancuro."

er schwer verwundet in einen Nebenfluß des Arnos stürzt und stirbt. Da er in letzter Sekunde die Jungfrau Maria um Gnade anfleht, wird seine Seele jedoch gerettet, während sich der Teufel nur noch seines Leichnams bemächtigen kann. So erweist sich der Grat zwischen unumkehrbarer Verdammnis und der Aufnahme ins Purgatorium und damit der Aussicht auf das himmlische Paradies auch hier als äußerst schmal.

Der Schreiber Matteo de' Contugi
Ein Notar als Bücherschreiber

Eberhard König

„Explicit Comedia Dantis/ Alagherii florentini// Manu Matthaei de contugiis/ de uulterris et caetera" lautet der abschließende Eintrag auf fol. 295 ín. Dieses Kolophon ist undatiert; es verzichtet auf die rote Tinte des Rubrikators und hält sich in Buchstabengröße und Farbe an den Text. Die Angabe stammt von derselben Hand wie Dantes Verse; sie benutzt eine stolze Antiqua, wie sie im Humanismus aus der karolingischen Minuskel entwickelt wurde und wie sie nur wenige Schreiber des 15. Jahrhunderts in ähnlich ausgewogener Schönheit beherrschten.

Geschrieben wurde der stolze Foliant von einer einzigen Hand, von Matteo de' Contugi oder Matteo di Ser Ercolano Contugi aus dem toskanischen Volterra, der deshalb zuweilen auch einfach Matteo da Volterra heißt. Dieser stammte aus einer Notarsfamilie; sein Vater war Ser Ercolano di maestro Piero di Puccini dei Contugi di Volterra; sein Cousin, Francesco di Ser Bonfiglio Contugi aus Volterra, ebenfalls Notar, ist auch als Bücherschreiber in Urbino faßbar. Notare waren inhaltlich wie ästhetisch für die schriftliche Niederlegung von Urkunden zuständig; neben der Abfassung von Dokumenten in den heute ungemein schwer lesbaren Kanzleischriften widmeten sich manche von ihnen auch dem Kopieren von anspruchsvollen Büchern. Das war seit dem Mittelalter nichts Ungewöhnliches; in der Universitätsstadt Oxford heißt es, die gewerbliche Buchproduktion habe im 15. Jahrhundert mit dem Koch und dem Pförtner von All Souls College angefangen, die in den Stunden, in denen sie ihrem Hauptberuf nicht nachgingen, Bücher abschrieben.

Als Kopist im Buchgewerbe gehörte Matteo zu einer kleinen Zahl von Spezialisten, die sich als Vertreter eines bedrohten Berufsstandes verstanden. Schon 1465 hatten Johannes Sweynheim und Arnold Pannartz bei den Benediktinern von Subiaco eine erste Buchdruckerei eingerichtet; 1472 war Dantes Hauptwerk in Foligno zum ersten Mal gedruckt worden. Auch wenn die ältere Buchkunst nicht sofort verschwand, gerieten jene Leute, die auf ihre Handschrift – im wahrsten Sinne des Wortes – angewiesen waren, zunehmend in Bedrängnis. Da ihre Arbeit aber gerade von Fürsten der Zeit wie den Medici in Florenz, den Gonzaga in Mantua, Federico da Montefeltro in Urbino oder auch dem neapolitanischen König aus dem Haus Aragon oder dem ungarischen König Matthias Corvinus außerordentlich geschätzt wurde, holte man sie zuweilen von weither und ließ auch zu, daß sie sich nicht immer in den Hof einordneten. Obwohl es nicht einmal zutraf, behauptete ein Herr wie Federico da Montefeltro stolz, in seiner Bibliothek finde sich kein einziges gedrucktes Buch.

Prachthandschriften von der Hand des Matteo de' Contugi

Wer sich im Internet auf Spurensuche begibt, stößt angesichts unseres Schreibers sofort auf höchstes Lob: Als erster wird er zusammen mit Gianrinaldo Mennio, der im Dienst des Hauses Aragon in Neapel arbeitete, und Pierantonio Sallando in Bologna als einer der bekanntesten Kalligraphen seiner Zeit genannt.[1] Eine monographische Studie zu diesem Schreiber scheint aber immer noch ein Desiderat zu sein, auch wenn sein Name in der wesentlichen Literatur zur Bibliothek in Urbino selbstverständlich nicht übergangen wird und Giordana Mariani Canova 2006 kurz zusammengefaßt hat, was über die Mantuaner Zeit bekannt ist.[2] Allerdings bleiben Lücken im Lebenslauf: Zumindest von 1471 bis 1477 ist nicht gesichert, wo sich Matteo de' Contugi aufhielt; und sein Geburtsjahr bleibt ebenso unbekannt wie sein Todesjahr.[3]

In Mantua arbeitete Matteo de' Contugi neben anderen berühmten Schreibern wie Bartolomeo di Sanvito, der seit den 1450er Jahren dort weilte und dem Kardinal Francesco Gonzaga 1464/65 nach Rom folgte, 1466/69 in Padua und dann wieder in Rom war.[4] Während Bartolomeo di Sanvito offenbar beim Kardinal eine besondere Vertrauensstellung einnahm, erweist sich Matteo in allem, was man über ihn weiß, als ein getreuer Gefolgsmann des Markgrafen Ludovico Gonzaga und dessen Nachfolgers Federico. Immerhin hat er ein bedeutendes Exemplar der

---

1 In der 6. Ausgabe der *Columbia-Enzyklopädie* von 2007.
2 Giordana Mariani Canova, in: Ausst.-Kat. Mantua 2006, S. 83-89, bes. S. 86-88; zur Renaissance-Kultur in Mantua siehe auch den Ausst.-Kat von David Chamber, London 1981-82.
3 Noch nicht verwendet wurde für diesen Beitrag der frisch erschienene Katalog zu einer Ausstellung der Urbinaten des Vatikans in ihrem Herkunftsort im Frühjahr 2008, die am 15. März eröffnet und von Marcella Peruzzi betreut wurde; sie hat bereits im Jahr 2002 ein Buch über Federico da Montefeltros Bibliothek vorgelegt.
4 Siehe zuletzt Gennaro Toscano, *Bartolomeo di Sanvito e Gaspare da Padova, familiares et continui commensales di Francesco Gonzaga*, Ausst.-Kat. Manta 2006, S. 103-111.

Rime und des *Canzoniere* von Petrarca für den Kardinal Francesco Gonzaga mit seiner aufwendigsten Schlußschrift signiert: „Manu Matthaei olim eximii equitis et doctoris domini Hervolani de Contugiis de Vulterris" (London, British Library, Harley 3567). Auf dieses Exemplar kommt er in Briefen an Ludovico vom 27. September 1465 und 21. August 1466 zu sprechen; Bartolomeo di Sanvito hat den Band mit Index und Titel ergänzt.

Als wesentliche Aufgabe wurde Matteo de' Contugi 1463 übertragen, für Ludovico Gonzaga die überlieferten Teile der *Naturgeschichte* des Plinius zu kopieren; erst 1468 hat er diesen Auftrag vollendet.[5] Es folgte ein Exemplar der Komödien des Plautus für Ludovico, das von dem Buchmaler Guglielmo Giraldi illuminiert worden ist.[6] Ubaldo Meroni nennt noch weitere Handschriften von Matteos Hand für Ludovico Gonzaga; sie lassen sich aus Briefen und anderen Quellen erschließen, sind aber entweder verloren oder nicht identifiziert.[7] Zum *Plinius* in Turin, dem *Petrarca* in London und dem *Plautus* in Madrid kämen, Briefen von 1465, 1466 und 1471 zufolge, weitere Werke hinzu: *De Officiis* von Cicero, ein *Appian*, ein *Canzoniere* Petrarcas, Stundenbücher und eine Schrift von Leon Battista Alberti; auch einen *Valerius Maximus* mag Contugi in oder für Mantua geschrieben haben.

Wann der Schreiber und Notar aus Volterra in die Dienste des Herzogs von Urbino trat, bleibt offen. Michelini Tocci weist auf eine Schrift zum Begräbnis der Battista Sforza hin, die mit Federico da Montefeltro verheiratet war; zwar zeigt der Kodex die erst ab 1474 gebrauchten Wap-

---

5 Turin, Biblioteca Nazionale Universitaria, *ms. J.I. 22-23*, im Brand beschädigt, aber erhalten, ausgemalt vom extrem mantegnesken Pietro Guindaleri, Nr. III.15 der Ausst., S. 234-243. 556 Blatt, 405x240mm, erst 1468 fertig, bei Guindaleris Tod 1506 war die Ausmalung noch nicht abgeschlossen.

6 Plautus, *Comoediae*, Madrid BN, *Vit.2-5*, Ausst.-Kat. Mantua 2006, Nr. III,13, S. 230 f.

7 *Mostra dei codici gonzagheschi. La biblioteca dei Gonzaga da Luigi I ad Isabella*, Ausst.-Kat. Mantua 1966: S. 57-58.

pen, dürfte aber direkt nach dem Ableben der Fürstin am 6. Juli 1472 entstanden sein.[8] Jonathan Alexander datiert eine Briefausgabe des Libanius, die von Francesco Zambecari übersetzt und von Matteo de' Contugi für Federico da Montefeltro geschrieben wurde, schon ins Jahr 1475.[9] Unstrittiges Hauptwerk für Urbino ist der berühmte *Dante*; das mag der Schreiber auch mit der zitierten Formel „et maximo" gemeint haben. Weitere hinreißende Handschriften kommen hinzu,[10] darunter ein Evangeliar für Federico da Montefeltro in der Vatikanischen Bibliothek.[11]

Zu Matteos Spätwerk ergibt sich durch seine Signatur im Stundenbuch der Dionora von Urbino (auch Eleonora Gonzaga della Rovere genannt) ein Problem: Die Handschrift wurde von einem anderen Matteo, Matteo da Milano, illuminiert und macht deshalb den Anschein, erst um 1500 entstanden zu sein. Doch Jonathan Alexander zufolge ist der Band in London noch zu Lebzeiten Federico da Montefeltros, also vor 1482, in Urbino geschrieben worden und damit nicht geeignet, die Tätigkeit des Schreibers bis um die Wende zum 16. Jahrhundert auszudehnen.[12]

Michelini Tocci konnte immerhin nachweisen, daß Matteo de' Contugi zunächst in Urbino blieb und während der Kindheit des Guidobaldo da Montefeltro und der Regentschaft des Ottaviano Ubaldini della Carda weiter dort gearbeitet hat.[13] 1488 bis 1491 hielt er sich in Ferrara auf und ist danach noch in Camerino und Agello bei Perugia nachweisbar. Nach

---

8 *Urb. lat. 324*: Michelini Tocci 1965, S. 37.
9 *Urb. lat. 336*, 1475 (Jonathan J. G. Alexander, "A Manuscript of Petrarch's Rime e Trionfi", neu gedruckt in Alexander 2002, S. 142-168, bes. S. 157 f.).
10 *Urb. lat. 324, 336, 392, 427, 548*.
11 *Urb. lat. 10*: Mark L. Evans in Plotzek, *Liturgie und Andacht*, Ausst.-Kat. Köln 1992/93, Nr. 70, S. 340-343.
12 London, British Library, *Yates Thompson 7*: Jonathan J. G. Alexander, *Italian Illuminated Manuscripts in British Collections*, in: Alexander 2002, S. 22-54, bes. S. 34; sowie in seinem Beitrag "Matteo da Milano, Illuminator", in: ebenda, S. 281-333, bes. S. 326.
13 Luigi Michelini Tocci, "Ottaviano Ubaldini della Carda", in: *Mélanges É. Tisserant*, Vatikanstadt 1964, 7 Bde, Bd. VII, S. 97-130, bes. S. 108.

1491 jedoch verliert sich jede Spur. Matteo de' Contugi hat alle heute für gesichert gehaltenen Manuskripte signiert, leider nie mit einer Zeitangabe; die einzige Ortsangabe findet sich in einer *Kyropaedie* des Xenophon, die erst in den 1480er Jahren für Ercole I. d'Este von Ferrara und demnach in dessen Stadt geschrieben wurde: „Manu Matthaei de Contugiis de Vulterris ad clarissimam civitatem Ferrariae".[14]

---

14 Modena, Biblioteca Estense, *ms. á.G.5.1.* = *ital. 416* (Domenico Fava, *Tesori delle Biblioteche d'Italia, Emilia e Romagna*, Mailand 1932, S. 156 und 334; ders. und Mario Salmi, *I manoscritti miniati della Biblioteca estense*, Florenz 1950, S. 163 f., Anm. 72).

Matteo de' Contugis Einblicke in die Aktivitäten des Herzogs Federico da Montefeltro

Matteo de' Contugi hat sich aber nicht ganz und gar auf seine Fähigkeiten als Bücherschreiber verlassen. Offenbar genoß er bei den Herrschaften, für die er auch Prachthandschriften anfertigte, ein Vertrauen, das weit über seine Rolle als Kopist hinausging. Zum Herzog von Urbino kam er nach Hofdiensten bei den Gonzaga in Mantua, also aus dem Milieu, in dem Federico da Montefeltro erzogen worden war. Zumindest in der Zeit von November 1463 bis Oktober 1468 ist er urkundlich in Mantua faßbar. Bis in die 1470er Jahre hat Matteo für Ludovico Gonzaga bedeutende Handschriften geschaffen. Dem Markgrafen blieb er auch bis zu dessen Tod am 12. Juni 1478, als er schon für Federico da Montefeltro arbeitete, eng verbunden; auch später setzte der Schreiber und Notar aus Volterra die Korrespondenz zum nachfolgenden Markgrafen von Mantua fort. Die Briefe, die er an die Gonzaga sandte, gehören heute zu den aufschlußreichsten Quellen für die letzten Lebensjahre des Herzogs von Urbino; denn sie fassen nicht nur zusammen, was gerade geschieht, sondern geben Matteos ehemaligem Herrn in Mantua Aufschluß über den Gemütszustand seines neuen Brotgebers.

Im Vorfeld der aufsehenerregenden Pazzi-Verschwörung, deren Ziel die Vertreibung der Medici aus Florenz war, hatte Federico da Montefeltro eine undurchsichtige Rolle gespielt: Er steht im Verdacht, daß er sich zunächst diesem Vorhaben gegenüber aufgeschlossen gezeigt hätte: Ausgangspunkt der leidigen Affäre waren Reibereien zwischen den Florentinern und Papst Sixtus IV., die dessen Nepot, Kardinal Girolamo Riario, zum Anlaß genommen hatte, mit dem durch Lorenzo de' Medici an der Amtsübernahme gehinderten neuen Erzbischof von Pisa, Francesco Salviati, und der Familie Pazzi einen Umsturz in der Arno-Stadt vorzubreiten. Schon vorher schildert Matteo, wie schwer es Federico in einer veränderten politischen Konstellation falle, den Papst und den König von Neapel als erbitterte Gegner zu sehen, wo er doch bei beiden im Dienst stehe. Besonders wertvoll ist ein Schreiben, in dem Matteo de' Contugi am 3. Dezember 1477 von einem schweren Unfall, den der Herzog von Urbino in San Marino erlitten hatte, nach Mantua berichtet. Am 29. November hatte Federico auf dem Rückweg von Faenza dort Station gemacht und war mitsamt einem schadhaften, wohl in Mordabsicht manipulierten hölzernen Ausguck so gestürzt, daß er nur knapp mit dem Leben davon gekommen war. Die Knochen des linken Fußes waren gebrochen, das Fersenbein lag offen; angesichts des drohenden Wundbrandes mußte man das Schlimmste befürchten; erst im Laufe des Jahres heilte die Verletzung.

Von einem so klugen Mann wie Matteo de' Contugi kann man zwar keine kompromittierenden Enthüllungen erwarten, seine Andeutungen legen jedoch nahe, der Kardinal Girolamo Riario habe Federico aus dem Weg räumen wollen, ehe man im Frühjahr gegen Lorenzo den Prächtigen losschlug. Giuliano de' Medici wurde am 26. April 1478 von Priestern beim Ostergottesdienst im Florentiner Dom ermordet, Lorenzo konnte jedoch schwer verletzt fliehen, die Stimmung in der Stadt zu seinen Gunsten wenden und sich an den Verschwörern rächen. Obwohl der Papst indirekt in das Komplott verstrickt war, ließ sich Federico von ihm im Herbst 1478 für einen Kriegszug gegen den überlebenden Medici gewinnen; immerhin hatte man die in den Mord verstrickten Priester sofort getötet und den Erzbischof von Pisa am Palazzo Vecchio aufgehängt; vor allem aber wurde der beim Attentat in der Domsakristei versteckte Papstneffe, Kardinal Riario, weiter in Florenz gefangen gehalten. Gegen Lorenzo de' Medici zog der Montefeltro auf einer Trage ins Feld, denn reiten konnte er noch nicht.

Über einen weiteren Mordplan gegen Federico da Montefeltro im Frühling 1480 war Matteo de' Contugi ebenfalls unterrichtet, wie aus dem Mantuaner Briefwechsel hervorgeht. Daß sich der Herzog von Urbino für die inzwischen entstandene Liga aus Neapel, Florenz und Mailand zur Unterstützung von Ercole d'Este in Ferrara hatte gewinnen lassen, erfuhr Federico Gonzaga von seines Vaters Gefolgsmann in zwei

Schreiben vom März 1482. Damit wird deutlich, daß Matteo de' Contugi aus Volterra in den Jahren, in denen – in einer ganz anderen kulturellen Sphäre als der von Mord und Totschlag – die schönste Abschrift von Dantes *Göttlicher Komödie* geschaffen wurde, im direkten Umfeld des Herzogs von Urbino lebte, mit Federico da Montefeltro bestens vertraut war und erstaunliche Einblicke in das durchweg gewalttätige politische Geschehen hatte, das den Papst und den neapolitanischen König, sowie Mailand und Florenz einbezog.

Der Entstehungsort des Dante für Urbino

Ein Herkunftsort, wie ihn Matteo de' Contugi seinem Namen im Italien des 15. Jahrhunderts zufügte, bringt oft mehr Verwirrung als Klärung; er assoziiert in diesem Falle wie in vielen anderen eine traditionsreiche Stadt, die jedoch für Matteos Kunst kaum eine Rolle gespielt haben dürfte und ausgerechnet zu den Orten gehört, die Federico da Montefeltro belagert und erobert hatte. Da Matteo Volterra regelmäßig in seinen Signaturen nennt, darf man sogar annehmen, daß keines seiner Werke dort entstanden ist. Toponyme spielen nämlich an fremden Orten eine viel größere Rolle als in der Heimatstadt. Schließlich stammten in Volterra die meisten dort Tätigen aus der Stadt; fern der Heimat aber war die Angabe der Herkunft untrügliche Unterscheidung.

Bestimmt war der heutige Kodex *Urb. lat. 365* für Urbino; wie weit er jedoch in der Residenz Federico da Montefeltros bearbeitet wurde, bleibt auf eigentümliche Weise unklar. Die Berichte, die Matteo de' Contugi aus Urbino und der nächsten Umgebung des Herzogs nach Mantua schickte, machen fast den Eindruck, der Notar aus Volterra habe seinen Herrn ständig begleitet; dann wäre er Ende November 1477 mit in Faenza gewesen und anschließend in San Marino Zeuge des Unfalls geworden. Das aber war, wie ein Brief vom 16. Oktober 1478 offenbart, der sich bereits an Ludovicos Nachfolger Federico Gonzaga richtet, genau die Zeit, in der die Abschrift der *Divina Commedia* entstand.

Im Herbst 1478 lag der Text bereits beim Buchmaler, jedoch nicht in Urbino; vielmehr hatte man die fertig geschriebenen Lagen nach Ferrara geschickt und wartete darauf, dass die Illuminierung endlich zu einem Ende kam; dafür waren 130 Dukaten bereitgestellt worden. In seinem Brief vom 16. Oktober begründet Matteo seinen zeitweiligen Aufenthalt in Ferrara damit, Signor Ottaviano (das war offenbar eine geheime Bezeichnung für Herzog Federico da Montefeltro selbst)[15] habe ihn dorthin geschickt, um Werke, die beim Buchmaler von seiner Hand lägen, zum Abschluß bringen zu lassen; und in dem Zusammenhang nennt er den *Dante* mit der eigentümlichen lateinischen Formulierung „et maximo". Am Ende schreibt Matteo, er werde etwa einen Monat in Ferrara bleiben und dann nach Urbino zurückkehren. Mithin war Urbino damals der Wohnort des Schreibers; dort ist also der *Dante* geschrieben worden. Doch in Ferrara wurde im Herbst 1478 offenbar schon seit einer Weile an der Illuminierung gearbeitet; denn aus der Formulierung „per fare finire certe opere che sono qui al miniatore di mia mano" geht hervor, daß er den Band nicht gerade erst frisch dorthin gebracht hat.[16]

---

15 Michelini Tocci 1965, S. 36.
16 Mantua, Staatsarchiv, *E. XXXI, 3, B. 1299*: hier zitiert nach Michelini Tocci, 1965, Anm. 1 auf S. 35; er bildet den Brief insgesamt als Tav. XI ab; die Briefe sind benutzt von Franceschini 1970.

Die Entstehungszeit

Die Schlußschrift läßt keinen Zweifel am Schreiber: Es ist Matteo de' Contugi; und in der Geschichtsschreibung herrscht sicher zu Recht die Einschätzung, der *Dante aus Urbino* sei das eigentliche Hauptwerk des Schreibers und Notars aus Volterra. Matteos Briefwechsel mit den Gonzaga in Mantua, zunächst mit Ludovico, dann dessen Nachfolger Federico, lassen erkennen, wie gut der Schreiber unseres Prachtkodex am Hof der Montefeltro in Urbino Bescheid wußte. Sie geben zwar keine Auskünfte über den Anfang des Unternehmens, legen aber mit dem 16. Oktober 1478 einen Zeitpunkt fest, zu dem das Buch – sicher in der Form noch ungebundener Lagen – nach Ferrara gesendet worden war, damit man es dort ausmale.

Wie viel Zeit eine solche Arbeit in Anspruch genommen hat, läßt sich nicht genau einschätzen. Zwei Vergleichsfälle mögen einen kleinen Einblick geben: Ein Schreiber, den man gern und zu Unrecht in Mainz ansiedelt, benötigte vom 4. April 1452 bis zum 9. Juli 1453, also weit über ein Jahr, um jene lateinische Bibel zu schreiben, die seit 1631 dem Mainzer Domkapitel gehörte und nie fertig ausgemalt wurde.[17] Für das Buch Genesis mit seinen 3906 Zeilen in der zweispaltig geschriebenen Handschrift brauchte der namentlich nicht bekannte Schreiber immerhin fast drei Wochen, vom 4. und 20. April![18] Dabei ist zu berücksichtigen, daß an Sonntagen und kirchlichen Feiertagen die Arbeit ruhte; folglich kam der Schreiber auf eine durchschnittliche Zahl von 280 bis 300 Zeilen pro Tag. Ein halbes Jahrhundert später spielt das zweite Beispiel: Für den

---

17 Washington, Library of Congress: Dorothy Miner, *The Giant Bible of Mainz*, Washington 1952; zuletzt: Christopher de Hamel, "Dates in the Giant Bible of Mainz", in: *Tributes in Honour of James H. Marrow. Studies in Painting and Manuscript Illumination of the Late Middle Ages and Northern Renaissance*, hrsg. von Jeffrey F. Hamburger und Anne S. Korteweg, London 2006, S. 173-183.

18 Den genauen Arbeitsverlauf schildert de Hamel (wie vorige Anm., S. 176-183) mit Daten und Zeilenzahlen.

Zeitraum von Michaelis, also 29. September, 1501 bis Michaelis 1503 sind Rechnungsbücher des Kardinals Georges d'Amboise erhalten, aus denen hervorgeht, daß ein in Rouen tätiger Schreiber aus Zypern, der eine ähnlich edle Antiqua wie Matteo de' Contugi schrieb, alle vierzehn Tage zwei Lagen eines Folioformats für eine Abschrift der *Civitas Dei* erhielt.[19]

Nun läßt sich eine Bibel oder das ungemein textreiche Hauptwerk des Kirchenvaters Augustinus nicht mit der *Divina Commedia* vergleichen, die in Versen geschrieben und deshalb sehr viel weniger Text auf einer Seite enthält. Nähme man allein die Vergleichsdaten der Riesenbibel von 1452/53 käme man für die 14.233 Verse der *Göttlichen Komödie* nur auf etwa fünfzig Tage reiner Arbeit; doch hat das Werk sicher erheblich mehr Zeit in Anspruch genommen. Von Matteo de' Contugi selbst weiß man, daß er langsam arbeitete (wobei immer unklar bleibt, was er daneben noch am Hof zu bestellen hatte): Mit dem *Plinius* für Ludovico Gonzaga war er von 1463 bis 1468 beschäftigt; das ist selbst für die 556 dicht beschriebenen Folio-Blätter eine recht erstaunlich lange Zeit.

Schwer einzuschätzen sind auch die Schwierigkeiten, die Dantes Text mit sich brachte: Als wichtigste Quelle benutzte Matteo de' Contugi vermutlich ein älteres Exemplar der *Divina Commedia*, das als *Urb. lat. 366* im Vatikan direkt neben der Prachthandschrift steht; ein drittes, in den ersten zwei Dritteln kommentiertes Exemplar, *Urb. lat. 367*, kommt nicht in Frage. Doch beließ es Matteo nicht bei der schlichten Abschrift, sondern konsultierte nach Art seiner Zeit weitere Textzeugen, darunter vermutlich auch frisch gedruckte Inkunabeln, deren Redaktion einen guten Ruf hatte. Von solch eigener philologischer Arbeit, die sich zugleich nicht immer zugunsten des Urtexts um eine bessere Verständlichkeit

---

19   Siehe: Achille Deville, *Comptes de dépenses de la construction du château de Gaillon publiés d'après registres des trésoriers du Cardinal Georges d'Amboise*, Paris 1850, S. 552; zuletzt: Caroline Zöhl, *Jean Pichore. Buchmaler, Graphiker und Verleger in Paris um 1500*, Turnhout 2004, S. 15-18.

bemühte, zeugt die Textfassung, die er schließlich vorlegte. Auch die Einrichtung des Gedichts auf der Buchseite mit den schönen Versalien hat sicher mehr Mühe gekostet als ein einfaches mechanisches Abschreiben, bei dem es nur darum gegangen wäre, möglichst schnell fertig zu werden. Michelini Tocci macht zudem darauf aufmerksam, daß ein professioneller Schreiber, der meist Bücher in lateinischer Sprache kopierte, sogar mit der eigenen Sprache Schwierigkeiten haben mochte; das erklärt für ihn die sprachlichen Fehler im *Dante Urbinate*.[20]

Matteo de' Contugi hat seine Arbeit ganz abgeschlossen. Den Kodex mit seinen 297 Folio-Blättern stattete er nur mit schwarzer Schrift und hübschen Versalien aus. Farbige Rubriken waren ohnehin bei der *Göttlichen Komödie* – im Gegensatz zu den meisten Büchern des Spätmittelalters und der Frühen Neuzeit – nicht unbedingt erforderlich. Leider wurde auf laufende Seitentitel verzichtet, so daß nur der Kenner des Textes weiß, an welcher Stelle im Buch er gerade angelangt ist.[21] Farbige Initialen, Zierleisten und vor allem die Bilder, also all das, was den Illuminatoren und Miniaturenmalern überlassen war, sorgen für Orientierung im Kodex.

Die Abschrift des *Dante aus Urbino* entstand somit vermutlich vor dem Unfall, den Federico da Montefeltro am 29. November 1477 in San Marino erlitt; der Text lag offenbar genau in dem Zeitraum, in dem der Herzog von Urbino zunächst mit dem Tode rang und dann alle Mühe darauf verwenden mußte, wieder laufen und reiten zu können, beim Buchmaler in Ferrara.

---

20 Michelini Tocci 1965, S. 39.
21 Ein Blick in das Exemplar des neapolitanischen Königs Alfons von Aragon genügt allerdings, um einen Vorteil von Rubriken auch in diesem Text zu erkennen; hier verliert man sich nicht so schnell: London, British Library, *Yates Thompson 36*: Siena, um 1440; siehe die gerade erschienene Faksimile-Ausgabe im Verlag Franco Cosimo Panini, Modena.

Die stilistische Spannweite im Dante aus Urbino

Federicos Wappen als trügerischer Weg zur historischen Bestimmung

Eberhard König

Schriftlich belegt ist nur die Vollendung des Texts durch Matteo de' Contugi; und da dieser Notar aus Volterra weit mehr war als nur ein Schreiber von Prachthandschriften für Federico da Montefeltro, gebührte ihm in diesem Band unsere Aufmerksamkeit. Bestärkt durch Matteos Brief vom 16. August 1478 und ein paar Überlegungen zum zeitlichen Ablauf, kann man festhalten: Matteo hat den Band in Urbino geschrieben; von dort gelangte er geraume Zeit vor Herbst 1478 nach Ferrara; dort sollte er illuminiert werden; dafür standen 130 Dukaten bereit. Im Oktober 1478 ging es nicht um die Suche nach einem Buchmaler, sondern bereits um den Versuch, die Fertigstellung zu fördern.

Wer sich nun auf die Wappen und die Beischriften zum Besitzer verläßt, wird auf Glatteis geführt: Die Heraldik stimmt überall im Wesentlichen überein; und das Buch ist übervoll damit ausgestattet; denn nicht nur die drei Frontispizien, sondern auch die meisten Bordüren zu den einzelnen Gesängen nutzen Verweise auf den Herzog, seltener die Wappen als die Elemente, die er in höfischer Tradition seiner Zeit als Devisen pflegte; nirgendwo mischt sich da etwas ein, was einen anderen Besitzer anginge; das machen auch die Monogramme, die mit dem Namen spielen, deutlich.

Die Wappenschilde bauen auf jenen auf, die schon der 1403 verstorbene Antonio da Montefeltro benutzt hatte, nur setzen sie dessen Zeichen ins Geviert: Das erste und vierte Viertel mit dem schwarzen Adler mit silberner Krone auf goldenem Grund, das zweite und dritte Viertel mit schrägen Bändern in Blau und Gold; auf dem ersten goldenen Band ein schwarzer Adler. Seit August 1474 kam in der Mitte ein senkrechtes Band mit dem Zeichen des Gonfaloniere, also des Heerführers der römischen Kirche hinzu: Es zeigt auf Rot die gekreuzten Schlüssel des Apostels Petrus, einer golden, einer silbern, darüber die Tiara. Der Adler der Montefeltro, also keinesfalls das Zeichen des römischen Kaisers, wird gern als Wappenträger eingesetzt (fol. 1 und 197).

Zum Herzog war Federico da Montefeltro 1474 von Papst Sixtus IV. erhoben worden. Im selben Jahr haben ihn Edward IV. in den englischen Hosenbandorden und Ferrante von Aragon in den Hermelinsorden aufgenommen. Das Hermelin sitzt auf fol. 1 in einer Spielart des Hosenbandes in der zentralen Achse der Malerei und prangt ebenbürtig mit dem Hosenband auf fol. 197 neben dem Hauptbild. Auf fol. 97 hängt das scheue Tier winzig als Anhänger an einer goldenen Kette, die im Wechsel aus neu sprießenden Baumstümpfen und entzündeten Altären oder Feuertöpfen zwischen zwei Wegzeichen besteht. Die Kette variiert das berühmtere burgundische Collier des Goldenen Vlieses und gehört offenbar zum neapolitanischen Hermelinsorden. Auf fol. 97 umgibt sie Federicos Wappen, schließt aber auf fol. 197 das in einem Gehege ruhende Hermelin ein, während sie auf fol. 1 fehlt. Mit dem Hosenband spielen Putten auf den beiden ersten Frontispizien; mit dessen Devise HONY SOYT QUI MAL Y PENSE kommt man aber auf keinem der drei ganz zurecht. Ebensolche Schwierigkeiten entstanden bei der Umsetzung einer jener im Spätmittelalter so beliebten deutschen Devisen, die auf den drei Prachtseiten jeweils einem Vogel Strauß zugeordnet sind: Aus ICH KANN VERDAUEN EIN GROSSES EISEN werden Formulierungen wie ICH AN VORDAIT EIN GROSSER EISEN (fol. 197). Eine Reihe anderer heraldischer Zeichen Federico da Montefeltros kommen hinzu: Ein kleiner Ölbaum, eine entzündete Bombarde, ein weiteres Hermelin (fol. 97 im Falzstreifen) mit dem Wort NUMQUAM oder NON MAI, also NIEMALS als Zeichen von Loyalität und eine fünfspitzige Flamme mit den Initialen F und D für FEDERICUS DUX.

Die drei Frontispizien nennen Federico da Montefeltro als Herzog von Urbino als Besitzer des Kodex noch expliziter: Das geschieht nicht nur durch das an verschiedenen Stellen wiederholte Monogramm, sondern in goldenen Lettern sogar mit vollem Namen und Herzogstitel, dazu wird er als Kriegsblitz, Friedensmehrer und frommer Vater des Vaterlandes bezeichnet. Am ausführlichsten ist der Eintrag auf fol. 1: DI(VVS) FEDERICVS VRBINI / DVX ILLVSTRISSIMVS / BELLI FVLGVR ET PACIS ET P(ATRIAE) (P nur verwischt)IVS PATER; auf fol. 97 heißt es: DI(VVS) F(EDERICVS) VR(BINI) / DVX BELLI / FVL(GVR) E(T) PACIS AVTO / R. P(IVS) P(ATER) P(ATRIAE), und auf fol. 197 mit entsprechenden Kürzeln und einem mißverständlichen Buchstaben F, wenn es dort heißt: DI(VVS) F(EDERICVS) VR(BINI) DVX BELLI / FVL(GVR) F (sic) PACIS AVTOR. P(IVS) P(ATER) P(ATRIAE).

Nach Federico da Montefeltros Tod hatte sein Wappen keinen längeren Bestand. Da seinem Sohn Guidobaldo keine Nachkommen beschieden waren, ging Urbino bekanntlich schon 1506 an die della Rovere. Ohnehin war Federico das einzige Mitglied der Familie im Hosenbandorden und im Hermelinsorden. Da man nun gewohnt ist, daß jeder neue Auftraggeber auf seiner eigenen Heraldik besteht, müßten die fürstlichen Zeichen eigentlich alle aus der Zeit vor dem Erlöschen des Hauses Montefeltro stammen; dem ist aber nicht so.

Ein epochaler Schnitt trennt den Beginn der Arbeiten am *Dante aus Urbino* von der Vollendung der Malereien; dieser Schnitt ist für Historiker, die sich an heraldischen Fakten und schriftlichem Ausweis orientieren müssen, nicht spürbar, für Kenner aber evident; und es versteht sich aus dem Gegensatz der beiden Disziplinen, daß man in durchaus verdienten Büchern über die Vatikanische Bibliothek die verführerisch schönen Bilder aus dem Paradies zuweilen als Höhepunkt der Buchmalerei unter Federico da Montefeltro beschrieben findet.

Ein Blick auf die drei Frontispizien

In jenem Brief, in dem Matteo de' Contugi am 16. Oktober 1478 nach Mantua berichtet, schreibt er, der *Dante* liege beim Miniator; und für den benutzt er den Singular. Wer jedoch allein die Frontispizien zu den drei großen Abschnitten des Textes betrachtet, sieht sofort, daß hier von einem einzigen Buchmaler nicht die Rede sein kann. Allerdings könnte man mit einem Überschuß an Deutungsfreude die Unterschiede munter der Stimmung zuschreiben, die aus Hölle, Fegefeuer und Paradies drei polar entgegengesetzte Bereiche machten. Dann schriebe man es der Intuition eines einzigen Buchmalers zu, der es scheinbar verstanden hätte, den Blick von der steinernen Mühsal in weniger ausweglose Gefilde und dann ins Überirdische der himmlischen Sphären zu heben.

Da die ersten beiden Gesänge des Inferno noch auf der Erde spielen, kann im zugehörigen Frontispiz (fol. 1) noch gar nicht die Hölle selbst gezeigt sein, doch wird man hier die Dramatik im Vorfeld des Abstiegs als eine dräuende Mischung aus Wetter und undurchdringlicher Landschaft erkennen können. Die sanft ansteigenden Kurven einer Straße, die tief ins Land führen, machen den Weg zum Läuterungsberg (fol. 97) zwar lang, aber angenehm. Himmelslicht und Sonne hingegen bestimmen allein den Blick ins Paradies (fol. 197).

In allen drei Hauptbildern wird Dante in seiner blauen Robe mit entsprechender Gelehrtenkappe gezeigt. Vergil, in Rot und Orange, begleitet ihn zur Hölle und zum Purgatorium. In Grün, das im Mittelalter eher auf Kostbarkeit als schon auf die Hoffnung festgelegt war, erscheint im Himmel Beatrice. Dabei nimmt die Größe der Figuren zwar ab, ihre Beweglichkeit aber zu.

In ähnlichem Sinn scheint sich die Architektur der Buchseite zu verändern: Wie ein Tafelbild in einem von links oben beleuchteten Rahmen steht die Hauptminiatur über dem Beginn des Inferno (fol. 1). Vier Medaillons begleiten sie; und der Heraldik ist unten geradezu ein Bas-de-page-Bild gewidmet. Weißranken, *girari bianchi*, wie sie der Kenner nennt, füllen die Randstreifen; sie sind von Heraldik und kleinen Bildern mit einzelnen Tieren in der Landschaft durchsetzt. Die Bordüre wird großzügiger beim Purgatorio (fol. 97); eine Borte aus geflochtenen Tauen auf goldenem Grund umgibt sie, faßt die drei Medaillons mit Bildern von Dante und Vergil sowie die zwei mit der Heraldik des Herzogs von Urbino in eine stark profilierte Architektur aus rötlichem Stein und beschränkt die Weißranken auf das senkrechte Randfeld außen. Das Bild zum Läuterungsberg erweist sich als ein triumphales Tor in die Landschaft, flankiert von Säulen mit einem Segmentbogen über Pilastern, einem abschließenden Gebälk und einem flachen, in Deutschland hätte man gesagt, welschen Giebel. Eingeschlossen ist diese Form von einem Goldgrund, der jedoch unten vordringt und die Piedestale der Säulen überschneidet. All diese Mühen läßt das Frontispiz zum Paradiso (fol. 197) hinter sich; denn eine monumentale Architektur ergreift nun die ganze Buchseite: Tendenzen der vorausgehenden Frontispizien werden zum allgemein gültigen Gestaltungsprinzip, und damit verabschiedet sich das Layout von mittelalterlichen Prinzipien. Wie ein Fremdkörper wirkt das zum Falz gerückte Feld mit den ersten drei Terzinen; denn das Bildfeld, das sich bei Inferno und Purgatorio noch in den Grenzen des alten Textspiegels hielt, rückt nun als bekrönende Öffnung zum Himmel in die Mitte der Buchseite. Durch ein Tonnengewölbe öffnet sich der Blick über zwei Sockelfeldern, dem breiten unten, das allein Federico da Montefeltros Wappen gewidmet ist, und dem schmaleren oben, das nach rechts hin durch ein Medaillon ergänzt ist, um die Asymmetrie des Textspiegels nach außen auszugleichen. Mit Kandelaber-Zier geschmückte Streifen setzen auf dem unteren Sockelstreifen auf, um die übrige Malerei zu flankieren und oben das Gebälk vorzubereiten, das vom Abschlußbogen der Miniatur durchbrochen wird.

Mit den Haupt-Initialen hat man schon bei der Hölle ein Problem gehabt: Das N sitzt wie ein Monogramm des Kaisers Napoleon in einem Randmedaillon und könnte ebenso leicht übersehen werden wie das L zum Paradies. Nur beim Fegefeuer nimmt der Anfangsbuchstabe P einen angemessen großen Platz neben dem Textfeld ein.

Von den Buchstaben wird man ebenso wie von der Heraldik dazu verführt, Purgatorio und Paradiso zusammen zu sehen; die Weißranken verbinden Inferno und Purgatorio, fehlen aber im letzten Frontispiz, das Bordürenflächen mit buntem Akanthus auf goldenem Grund gliedern. Solche Bordüren mögen an flämische Streublumen auf goldenem Grund erinnern, wie sie beispielsweise im Werk des Matteo da Milano um 1500 in Bologna und Ferrara zu finden sind.[1] Beim Frontispiz des Paradiso beschränken sie sich jedoch auf bunten Akanthus, der in den senkrechten Partien wie beim italienischen Kandelaber-Dekor symmetrisch um eine Mittelachse geordnet ist. Schon spürt man, daß diese Buchmalerei deutlich später als die anderen beiden Prachtseiten geschaffen wurde. Daß die von weißem Akanthus gezierte Initiale L so entschieden mit dem P zum Purgatorio übereinstimmt, mag schlicht damit erklärt werden, daß der Buchstabe bereits zu Federicos Lebzeiten, also vor 1482, ausgemalt wurde; doch bleibt es ein Rätsel, wieso die heraldische Malerei in der späten Zeit die ursprüngliche Machart so treffend nachahmt.

---

1 Siehe den Beitrag von Jonathan Alexander in seiner Aufsatzsammlung von 2002, S. 281-333, sowie jüngst den Kommentar von Henrik Engel und Eberhard König zum Ghislieri-Stundenbuch, Luzern 2008, passim.

Zur Renaissance in Oberitalien

Die Renaissance, wie sie in Florenz in den 1420er Jahren vom Architekten Brunelleschi, vom Bildhauer Donatello und vom allzu früh verstorbenen Maler Masaccio entwickelt wurde, kreist um zwei wesentliche Aspekte des Bildes: Der Raum wird erschlossen durch Linearperspektive, die den Augpunkt und damit den Horizont des Betrachters mathematisch bestimmt und auf der Fläche festlegt. Dabei bemüht man sich bei aller Hingabe an christliche Themen um Erneuerung der Kunst aus der Antike, wie sie in Schriften und monumentalen Resten noch sichtbar war.

Architektur hatte man vor Augen, auch wenn manches, was man für altrömisch hielt, wie das Florentiner Baptisterium, nur aus romanischer Zeit stammte. Skulptur kannte man, intensiver von Reliefs als von Statuen. Antike Malerei aber ist erst in größerem Umfang durch Funde um die Domus Aurea des Kaisers Nero auf dem römischen Esquilin in den Jahren um 1500 bekannt geworden, also zu spät für die Buchmaler im Dienst Federico da Montefeltros.

Nach Oberitalien gelangten die neuen Ideen insbesondere durch zwei Florentiner Künstler, den Maler Andrea del Castagno, der kurz nach 1440 für kurze Zeit in Venedig Zuflucht suchte und dort am Mosaik mit dem Marientod in einer Seitenkapelle des Markusdoms mitwirkte und die schmalen Gewölbekappen der Chorkapelle von San Tarasio bei der Kirche San Zaccaria bemalte. Mit Castagnos Arbeiten wurde nicht wirklich Malerei, sondern eine zeichnerische Kunst im Norden bekannt, die im Mosaik von San Marco die Architektur zur Sensation macht und die bizarren Figuren in San Tarasio so erdenschwer skulptural wirken läßt, daß man sich wundert, daß sie nicht längst mitsamt den steinern wirkenden Wolken herunter gefallen sind.

Wichtiger war deshalb der Bildhauer Donatello, der in einem nicht klar definierten Zeitraum in den 1440er und 1450er Jahren in Padua gelebt und entscheidende Werke dort geschaffen hat. Neben dem Gattamelata, der ersten nachantiken lebensgroßen Bronzestatue eines Reiters, waren es vor allem die Bronzefiguren und die Reliefs für die franziskanische Antonius-Kirche, die man allgemein als den Santo kennt. Von Donatellos Form, vor allem aber seinem fortschrittlichen Begriff von dem, was ein Bild sein konnte, ließ sich der junge Andrea Mantegna inspirieren.[2] Sein Schaffen ist noch in den Jahren um 1480 der Ausgangspunkt für gute Malerei und Buchmalerei in Oberitalien.

---

2 Siehe jüngst die Ausstellungskataloge zum 500. Todestag des Künstlers, vor allem jenen von Padua 2006, wo auch wichtige Werke Donatellos gezeigt wurden und die Frage nach Castagnos Einfluß eine Rolle spielte.

Verschiedene Arten, Mensch und Raum zu begreifen

Mantegna hat die Malerei in ständigem Wettstreit mit der Skulptur begriffen und die Welt wie die Eugeneischen Hügel, also jene eindrucksvollen Berge, die nicht weit von Padua aus der Ebene auftauchen und letzte Heimstatt des Dichters Petrarca waren. An die abrupten Felsbrüche wie an die mit Wiesen, Buschwerk und Bäumen besetzten Bergmatten dort erinnert die Landschaft von fol. 1; dazu paßt auch, daß sich die gebirgigen Formationen noch über den Köpfen der Figuren türmen, der echte Horizont also nicht einmal in der blauen Ferne gezeigt werden kann. Die Bühne, auf der sich die Gestalten bewegen, ist ein schmaler Steg, hinter dem das Gelände rasch ansteigt. Wie Schollen werden die Felsen und die Wiesen gegliedert. Baumkronen und Buschwerk erhalten wie die Wolken plastische Kraft.

Die Körper von Dichtern wie Dante und Vergil stecken ohnehin in festen Kitteln, die wenig Sinn für Draperie aufkommen lassen. Schwarze Schuhspitzen tauchen unter den Säumen auf, mit denen die Gestalten erst eigentlich ansetzen. Wie Kanneluren verlaufen die senkrechten Falten; sie werden nur unterbrochen, wenn eine sprechende Bewegung erforderlich ist: Das geschieht bei Dantes rechtem Bein; ansonsten sorgen die Unterarme mit den großen Händen für Ausdruck. Recht geschickt nutzt der Künstler, der die Begegnung vor dem Eingang zur Hölle gemalt hat, die komplexere Kleidung Vergils: Er gibt ihm über der goldgelben Tunika einen schlichten, zur rechten Seite hin offenen Mantel, dessen Rosa in eigentümlichem Kontrast zum Zinnoberrot der Kopfbedeckung steht. Indem der Mantel hoch geschlagen und über den linken Arm geführt wird, entsteht gerade auch mit dem weißen Futter ein interessantes Spiel von Form und Farbe.

Mit einem hübschen Sinn für Dramatik läßt der Maler Dante im Schreiten inne halten, erschreckt die Hände heben und sich umdrehen, wo er zur eigenen Überraschung Vergil erkennt, der ganz dicht hinter ihn getreten ist, um mit beschwichtigender Redegeste das Wort an ihn zu richten.

Im Hauptbild zum Purgatorio bewegen sich die Gestalten formelhafter: Vergil steht in Profil; die Möglichkeit, mit seinem Mantel die Gestalt zu beleben, wird nicht in gleicher Weise genutzt. Der römische Dichter legt seine Rechte auf Dantes Schulter, der mit gekreuzten Armen ins Knie sinkt, auch er im Profil, während ihnen Cato wie ein alttestamentlicher Prophet in geschlossenem Gewand so entgegentritt, daß er sich in Dreiviertelansicht auch zum Betrachter wendet. Die Gestalten sind kleiner; das entspricht auch den reduzierten Dimensionen der Miniatur; dabei haben aber vor allem die auf fol. 1 so sprechenden Hände an Gewicht verloren.

Die Landschaft türmt sich nicht mehr hinter den Figuren, sondern breitet sich zu einem Blick über sanfte Hügel, die nur so gering ansteigen, daß ihre Abschlußlinie eine Art Kulisse für die Köpfe der beiden Stehenden, also Vergils und Catos, schafft. Auch wenn der Horizont nicht gezeigt wird, spielt die Augenhöhe des Betrachters eine viel wichtigere Rolle als im Frontispiz zur Hölle: Man wird vom Maler eingeladen, kurz darüber nachzudenken, ob man so aufrecht da steht wie die beiden berühmten Männer aus dem Alten Rom oder nicht doch eher den Kopf wie Dante senkt.

Insgesamt wird das Verhältnis von Erde und Himmel im Frontispiz zum *Purgatorio* anders begriffen als in den Bildern zum ersten Höllengesang; das zeigen auch die Medaillons am Rand: Auf fol. 97 wird eine Art rundes Himmelszelt über einem eigentümlich runden Horizont gezeigt; auf fol. 1 türmt sich keineswegs die Landschaft in jedem der Medaillons; doch fehlt dem Himmel jeweils die durchsichtige Klarheit und dem sich türmenden Gelände die Weite. Dafür aber erhält Dante vor dem Treffen mit Vergil viel mehr körperliche Präsenz, auch wenn die Modellierung des Körpers flacher, reliefhafter ist.

Auf fol. 197 wird nicht nur der Blick in den Himmel eröffnet, sondern zugleich der Schritt in eine erstaunliche malerische Sicht gewagt. Im eigentlichen Bild, das sich durch die architektonische Inszenierung als ein Blick unter einem Tonnengewölbe mit Kassetten erweist, kann der Horizont gar nicht erscheinen, weil die Perspektive der gesamten Buchseite auf einen niedrigeren Blickpunkt eingestellt ist. Nachmessen macht hier nicht froh; denn die Konstruktion der Fluchtlinien ist entweder manieristisch fehlerhaft oder will die Geometrie ad absurdum führen. Am besten orientiert man sich an den Sockeln der rahmenden Stützen und findet einen Fluchtpunkt auf Höhe des Eierstabs, der den Block mit dem Schriftfeld abschließt.

Für den Leser heißt das übrigens, er solle sich das Bild genau dann anschauen, wenn er zu lesen beginnt. Dann eröffnet sich ihm der Himmel; über den Wolken, die nur unten angedeutet sind, klart sich das Firmament auf; die Sonne erstrahlt mit ihrem Gesicht; darüber spannt sich der Tierkreis vom Jahresbeginn mit Wassermann, Fischen und Widder. Weit über uns, die wir da hinein blicken, schweben Beatrice und Dante: sie, als zöge es sie in die Tiefe des Raums, er aber, als käme er gerade wieder daraus zurück, um sie über Tierkreis und Sonne zu befragen und sich zugleich zu uns zu wenden.

Auch hier trägt der Florentiner Dichter blaues Gewand und Kappe, während seine Begleiterin über dem rosafarbenen Kleid in Grün gehüllt ist. Die Modellierung vereinfacht den Faltenfluß. Das Inkarnat wird nicht mit einer dichten Schicht eigener Farbe, die bei der Hölle bleicher, beim Fegefeuer stärker rötlich getönt war, vorbereitet, sondern aus vielen getupften Farbtönen erreicht, mit Rouge bei Beatrice, Grau bei Dante. Grau wird dazu noch viel stärker als bei den anderen beiden Frontispizien als Schatten eingesetzt. Die Körper sind schlanker, die Bewegungen weniger artikuliert; bei den großen Händen wird mit der Verjüngung der einzelnen Finger gespielt.

Die älteste Miniatur im Paradiso auf fol. 223v und die Probleme der Renaissance mit dem Himmel

Eine gewisse Ahnung davon, wie der Himmel ausgesehen hätte, wenn man schon vor Federicos Tod dazu gekommen wäre ihn zu gestalten, gibt die Miniatur auf fol. 223v. Sie ist von einem Maler aus Guglielmo Giraldis Umfeld angelegt und ausgemalt: Gedrungene Gestalten vermögen in diesem Bild nicht in überirdischen Sphären zu schweben, sondern stehen mit ihren schwarzen Schuhen so, als hätten sie Steinboden unter sich. Systematische Schattierung gibt ihnen Schwere; sie wirken trotz des Wunsches, einen luftigen Reigen um Dante und Beatrice zu bilden, eher wie ein Relief aus buntem Email, das man auf den kreisförmigen Goldgrund appliziert hat.

Mit gewissem Erstaunen stellt man fest, daß sich beim Entwurf ebenso wenig wie bei der Ausführung eine überzeugende Vision vom Paradies eingestellt hat: Der umgebende Himmel besteht aus Blau; das erscheint nicht als illusionistische Schau, sondern als teure Farbe; der Himmel ist bestirnt, mit goldenen Sternchen und nicht mit den Himmelskörpern des Firmaments, deren Wirkung schon Dante in seinen Worten so unübertrefflich charakterisieren konnte. Das Gold ist im Sinne des alten Goldgrundes eingesetzt, und der ist eine Materie, die jede vom Licht bestimmte Entmaterialisierung verhindert, weil er sich wie eine kostbare Wand hinter den Figuren behauptet.

Die beiden Sternbilder aus dem Zodiak in den oberen Ecken der Miniatur auf fol. 223v widerlegen alle Spekulationen in früher Literatur, die Bilder zum *Paradiso* seien bereits von Giraldi und seinen Leuten konzipiert: Statt des von Himmelsgloben des 16. Jahrhunderts bekannten Bandes mit den Tierkreiszeichen, in dem die einzelnen Wesen als Camaïeu in Blau erscheinen, also nur durch Höhung und Schattierung bezeichnet sind, stehen Stier und Widder ohne Angabe ihrer Bahn, also gleichsam schwimmend, vor dem bestirnten blauen Grund. Sie sind, obwohl Lichtgestalten, in Schwarz gezeichnet; und ihre Abfolge ist gegenüber jener, die sonst in den Paradiesbildern des *Dante aus Urbino* herrscht, umgekehrt. Ein Blick auf das Frontispiz, fol. 197, zeigt, daß dort der Jahreslauf im Uhrzeigersinn von Wassermann über Fische zum Widder vorschreitet; gegen den Uhrzeigersinn aber steht auf fol. 223v der Widder links, dem der Stier rechts folgt. Damit wird hier eindeutig eine ältere Sicht beibehalten, wie sie beispielsweise in dem italienisch beeinflußten Zodiak-Mann in den *Très Riches Heures des Herzogs von Berry* zu finden ist.[3]

---

3 Chantilly, Musée Condé, *ms. 65*, fol. 14v: Millard Meiss, *The Limbourgs and Their Contemporaries, French Painting in the Time of Jean de Berry III*, London und New York 1974, Abb. 550, mit einem Beitrag von O. Neugebauer, *Astronomical and Calendrical Data in the Très Riches Heures*, S. 421-432, mit Bezug auf die Melothesia, der aber auf die Anordnung gegen den Uhrzeigersinn nicht weiter eingeht (bes. S. 430 f.).

Die Wirkung der Frontispizien: Vom Eingang der Hölle zum Läuterungsberg und zu den himmlischen Sphären

Die Renaissance, wie sie sich von Florenz aus verbreitete, hatte den Malern eingeschärft, daß es um das Gewicht geht, mit dem die Menschen die Erde betreten. Ein geistiger Vorläufer dafür war Dante mit seiner monumentalen Dichtung, die von jenem Gemütszustand ausgeht, der durch Landschaft und Wetter auf fol. 1 ausgedrückt wird. Historischer Zufall scheint nun durch die Arbeitsabläufe im *Dante aus Urbino* einen erstaunlichen Sinn zu bekommen; denn man braucht nur einmal zu bedenken, wie es wäre, wenn die Stilvarianten umgekehrt eingesetzt wären und der Maler der Eröffnungsseite zum Himmel mit seiner malerischen und verfeinert zarten Arbeitsweise jene zur Hölle gestaltet hätte, die steinerne Erdenschwere, die am Anfang des Bandes herrscht, aber das ganze Paradies und nicht nur fol. 223v erfaßt hätte.

Von der Schwere der wie aus Stein gemeißelten Frührenaissance löste man sich erst allmählich, um eine neue Harmonie der Farben zu erreichen. Eine kleine Etappe auf diesem Weg trennt das Frontispiz zum *Inferno* von jenem zum *Purgatorio*, fol. 97. Malerische Wirkungen erschlossen sich erst danach mit dem Manierismus; und es war zwar ein falscher, aber kein dummer Gedanke, als man im 19. Jahrhundert meinte, im *Dante aus Urbino* sei das Paradies vom größten Buchmaler, der im 16. Jahrhundert in Italien wirkte, vom Kroaten Giulio Clovio, ausgemalt worden (Abb. 13/14).[4]

---

4 Michelini Tocci 1965, S. 64; am ausführlichsten für eine Zuschreibung an Giulio Clovio stritt Cozza-Luzi 1894; zur Literatur siehe auch die Zusammenfassung in der Form eines Katalogeintrags am Schluß dieses Bandes.

Die Maler der ersten beiden Frontispizien und die Arbeitsverteilung

Guglielmo Giraldi als "servitore" des Ercole d'Este und "miniatore" des Federico da Montefeltro

Eberhard König

Die genauen Umstände der Illuminierung lassen sich nicht rekonstruieren. Immerhin steht eins fest: Zunächst hatte man sich auf die Ausmalung durch einen Minator in Ferrara verlassen. Daß der wohl im Werkstattverbund arbeitete, wird den Zeitgenossen selbstverständlich gewesen sein; heute vergißt man dabei jedoch nur zu rasch, daß der Grad der Eigenhändigkeit, der in solch umfangreichen Prachthandschriften zu erwarten ist, auch vom Alter des verantwortlichen Buchmalers abhängt: Je besser ein Meister eingeführt war, desto mehr Gehilfen konnte er in seine Werkstatt aufnehmen. Das Alter tat überdies dem Augenlicht nicht immer gut, so daß es nicht verwundern muß, daß es bei Illuminatoren, die über viele Jahrzehnte faßbar sind, selten zum verklärten Spätwerk kommt; oft sind die letzten Arbeiten nicht mehr ganz auf der Höhe dessen, was in Anfangs- und Reifezeiten geschaffen wurde.

Der in Matteo de' Contugis Brief vom 16. Oktober 1478 ungenannte „miniatore" wird wohl auch in einem Schreiben gemeint sein, das Federico da Montefeltro selbst am 6. Dezember 1480 an Ercole d'Este richtete.[1] Im Zusammenhang mit dem Wunsch, einige Bücher zu entleihen, darunter einen Dante-Kommentar und Leon Battista Albertis *De Architectura*, ist dort von einem Meister Guglielmo die Rede, der als „servitore" des Este bezeichnet wird und den Federico im selben Satz

---

1 Modena, Staatsarchiv, *Lettere di principi esteri, Urbino* B.1: Michelini Tocci 1965, Tav. X, siehe dort S. 55 f.

„mio miniatore" nennt. Er dient offenbar im Zusammenhang der Bücherwünsche als Mittelsmann zwischen Ercole, der ihn aus Ferrara nach Urbino geschickt hatte. Damit kann nur Guglielmo Giraldi gemeint sein, der zwischen 1445 und 1476 in ferraresischen Hofdiensten nachweisbar ist und offenbar in den Jahren um 1480 von Federico da Montefeltro als Miniator beschäftigt wurde.

1448 ist die älteste erhaltene Handschrift mit Miniaturen von Giraldi datiert, ein seltener Text, die *Attischen Nächte* von Aulus Gellius, heute in der Mailänder Ambrosiana.[2] Dessen Frontispiz ist bis heute die berühmteste Arbeit des Künstlers. Für seine Hauptminiatur beanspruchte er einen viel breiteren Raum für seine Buchmalerei, als ihm die Konvention der Skriptorien zugestehen wollte. Das wirkte bahnbrechend auf spätere Illuminatoren; schon um 1455 sollte Jean Fouquet in Tours den Gedanken aufnehmen, als er sein Stundenbuch des Étienne Chevalier ausmalte.[3]

Dreißig Jahre später sucht Matteo de' Contugi den inzwischen offenbar schon in Ehren Ergrauten in Ferrara auf, um die Ausmalung des dort liegenden *Dante* zu fördern; denn angesichts des unter Buchmalern seltenen Vornamens Guglielmo ist eine Doppelung auszuschließen. Im Winter 1480 hat man dann des Meisters eigentlichen Herrn, Ercole d'Este, bewogen, seinen „servitore" nach Urbino zu schicken. Unabhängig davon, was den weiteren Mitgliedern in Giraldis Werkstatt, wohl seinem Neffen Alessandro Leoni, vielleicht auch Franco dei Russi, zugetraut werden mag, kann als sicher gelten: Hierarchisch aufgebaute Werkstätten reservierten das erste Frontispiz dem verantwortlichen Meister. Deshalb sollte man Guglielmo Giraldis Eigenart im *Dante Urbinate* vom Frontispiz auf fol. 1 aus bestimmen.

---

2 Mailand, Biblioteca Ambrosiana, *ms. S.P. 10/28*: Aulus Gellius, *Noctes Acticae*, datiert am 30. Juni 1448: Kat. Nr. 1 von Federica Toniolo in Mariani Canova 1995, S. 157f., und passim.

3 Vierzig Blätter mit Miniaturen aus dem aufgelösten Band finden sich in Chantilly, Musée Condé; siehe zuletzt Nicole Reynaud, *Jean Fouquet. Les Heures d'Étienne Chevalier*, Dijon 2006.

Vom ersten aufsehenerregenden Werk, dem Frontispiz von 1448 in der Ambrosiana, aus lassen sich aber die Arbeiten für Federico da Montefeltro nicht beurteilen (Abb. 12); dazwischen liegen drei Jahrzehnte und die Einrichtung einer Werkstatt, die dem Maler viel eigenhändige Arbeit abnahm. Die Malweise verfestigt sich; der zunächst so eigenartig offene Bildraum schließt sich zu einem festen Relief. Im Grunde hat sich alles, was für detailbesessene Stilkritik wichtig ist, geändert: die Gesichter und die Körper, die Faltengebung und das Kolorit. Statt aus der Spekulation von Kennerschaft zu argumentieren, ist der Historiker darauf angewiesen, den Quellen zu vertrauen; damit hat er zwei Spielarten von „Eigenhändigkeit" bei Guglielmo Giraldi zu akzeptieren und die Tatsache, daß Frontispizien nun einmal Chefsache sind und Giraldi eben der Werkstattleiter mit dem Auftrag war, zur Grundlage weiterer Überlegungen zu machen.

In Ferrara hat die Ausmalung des *Dante* vor Herbst 1478 begonnen; Guglielmo Giraldi war dann aber um 1480 in Urbino; dort lassen sich von den Dante-Illustrationen aus weitere Arbeiten seiner Hand nachweisen, wobei hier kein Anlaß besteht, in die Detaildiskussion einzutreten: Für Federico da Montefeltro bemalte er ein eingeschaltetes Blatt in einem *Vergil* aus Florenz (Abb. 11 - *Urb. lat. 350*), die Evangelistenbilder in jenem *Evangeliar*, das auch von Matteo de' Contugi geschrieben worden war (*Urb. lat. 10* – Abb. 10) sowie zwei Einzelminiaturen von Paulus und König David in Handschriften des 13. Jahrhunderts (*Urb. lat. 18* und *Urb. lat. 19*).[4]

Am schlüssigsten tritt uns derselbe Maler, der das Frontispiz zum *Inferno* gestaltet hat, in Bildern wie dem Johannes des *Evangeliars* (Abb. 10) entgegen; eine ganze Bandbreite von Miniaturen im *Dante* erschließt sich als Werk derselben Hand, wenn man die Darstellung der Flucht des

---

4 Einen Katalog der zugeschriebenen Werke hat Federica Toniolo in Mariani Canova 1995, S. 157-195 vorgelegt; dort wird der *Vergil* als Nr. 18, der *Dante* als 19 und das *Evangeliar* als Nr. 20 beschrieben.

Äneas aus dem *Vergil* hinzunimmt. Für sich genommen waren beide Aufträge in derselben Art Chefsache wie das Frontispiz zum *Dante*; und in ihrer Durchführung erweisen sich die beiden hier gezeigten Miniaturen eines renommierten Meisters würdig. Für die großformig reliefhaften Bilder wie fol. 14v ergibt sich aus dem Vergleich mit dem Evangelisten ebenso eine Chance, eigenhändig vom Meister zu stammen, wie für die weiten Perspektiven, für die fol. 15 mit dem *Vergil* (Abb. 11) verbunden werden könnte.

Mitarbeiter Giraldis am Dante aus Urbino

Seit langem hat man festgestellt, daß Giraldis Engagement für diese bedeutende Aufgabe zu unbekanntem Zeitpunkt und aus nicht geklärten Gründen endete. Die einfachste Erklärung dafür ist Federico da Montefeltros Tod am 10. September 1482.

Zunächst einmal ist zu klären, wie man sich eine Werkstatt vorstellt und welche Kompetenzen und Fähigkeiten man einzelnen namentlich bekannten Künstlern zu unterschiedlichen Zeiten ihrer Karriere zutraut. Luigi Michelini Tocci vertritt eine traditionelle Haltung, der zufolge der namentlich bekannte Meister auch im ästhetischen Sinne meisterhaft arbeitet. Werkstattgenossen sind einem solchen Meister unterstellt und künstlerisch hoffnungslos unterlegen. Giraldi ist deshalb nach Michelini Toccis Meinung nicht für die gesamte Kampagne der Ausmalung zu Federico da Montefeltros Lebzeiten verantwortlich gewesen; vielmehr hat er nur die ersten sieben Lagen (zu je zehn Blatt) mehr oder weniger eigenhändig ausgemalt und sich dann der Aufgabe entzogen. Doch möchte Michelini Tocci seinem Giraldi die Autorschaft des zweiten Frontispizes keinesfalls streitig machen; die Malerei auf fol. 197 ist seiner Meinung nach schon im Voraus entstanden.

Ähnlich rekonstruierte Giordana Mariani Canova noch 1994 die Verhältnisse; sie hat aber ihre Meinung später revidiert: Im berühmten Ausstellungskatalog *The Painted Page* begrenzte sie den eigenhändigen Anteil des Meisters auf die Miniaturen bis fol. 72; doch an der achten Lage habe er noch gemeinsam mit einem seiner Nachfolger gearbeitet. Dieser jüngere Maler habe dann seinerseits den Auftrag übernommen, aber schon nach den ersten drei Miniaturen zum Purgatorio mit fol. 100 aufgehört. Den Rest der Arbeiten gibt die Autorin einer nicht leicht zu berechnenden Anzahl von Mitarbeitern.[5] Immerhin wagt

---

5 Im Ausst.-Kat. *The Painted Page*, London 1994, S. 132: Eine gewisse Fahrlässigkeit in der Zählung von Lagen und Folios verunklärt ihre Darstellung, wenn es heißt, die beiden anschließenden Lagen, fol. 111-120, habe ein dritter Künstler, die fol. 131-140 ein weiterer Mitarbeiter übernommen und dann zwei weitere die fol. 151-

sie, Namen zu nennen, hält Alessandro Leoni für den zweiten Künstler und zögerte 1994 noch, den dritten als Franco dei Russi zu bezeichnen.

In ihrem Buch über Guglielmo Giraldi stellt sich für Mariani Canova schon ein Jahr später die Angelegenheit ganz anders dar; hier wirkt es, als sei der Meister bis zum Abbruch der Arbeiten bei Federicos Tod zugegen gewesen. Wie Michelini Tocci gibt nun auch sie die Frontispizien zu Hölle und Fegefeuer dem Meister selbst. Alessandro Leoni wird, nur in einem Nebensatz, eine einzige Miniatur, fol. 6v, zugestanden. Franco dei Russi, nimmt nun bei Mariani Canova eine Stellung als ständiger Mitarbeiter ein, die nun kaum noch in Zweifel gezogen wird. Derselbe Franco dei Russi kommt in Jonathan Alexanders verdienstvollem Überblick zur italienischen Buchmalerei zu besonderen Ehren; ihm wird die eindrucksvolle Miniatur mit dem Gespräch zugeschrieben, das Dante mit Oderisi da Gubbio am Läuterungsberg führt (fol. 127); und diese Miniatur prangt sogar noch auf dem Umschlag.[6]

Der hohen Einschätzung von Franco dei Russi widerspricht Ulrike Bauer-Eberhardt 1997; sie bringt einen historischen Aspekt, wenn sie dem aus Mantua stammenden Franco dei Russi von vier signierten Miniaturen aus einen wieder erkennbaren Charakter zu geben versucht, jedoch ohne auch nur eine der Vergleichsminiaturen abzubilden.[7] Der *Dante* geht dabei für Franco dei Russi verloren. Der Autorin zufolge mag der Illuminator zwar in der *Bibel des Borso d'Este* noch bemerkenswerte Leistungen erbracht haben; danach aber fällt er, und da mag man Bauer-Eberhardt zustimmen, qualitativ so ab, daß er ihrer Meinung nach für die *Göttliche Komödie aus Urbino* gar nicht mehr in Frage kommt.

---

170 – was ist dann mit fol. 101-110, 121-129, 141-150?

6 Alexander 1977, S. 90 zu Taf. 26.

7 Bauer-Eberhardt 1997, S. 42-44; sie nimmt dabei Bezug auf Francesca Toniolos Abschnitt zur damals erst erschienenen Übersetzung von Hermann 1994, S. 221; es handelt sich um zwei Einzelblätter, eine Madonna im Victoria & Albert Museum, London, *E. 1275-1991*, und die Steinigung des Stephanus aus einem *Antiphonar, Inv. 2120-174* der Fondazione Cini in Venedig sowie eine Randmalerei in *Add. ms. 20916*, fol. 1, der British Library, London, und die Wolfenbütteler Inkunabel *2ᵒ 151*.

Ein Vorschlag zur Händescheidung und Benennung

Es hilft nicht viel, diese Gedanken allzu sehr weiter zu spinnen: Für mich bestimmt Guglielmo Giraldis Stil die gesamte Ausmalung zu Lebzeiten Federico da Montefeltros. Das kann zwei Gründe haben: Entweder hat er als Meister das gesamte Werk begleitet und überwacht, dabei aber einzelnen Mitarbeitern recht große Freiheiten zugestanden, oder er hat schon durch sein Wirken im dritten Viertel des 15. Jahrhunderts in Ferrara dafür gesorgt, daß sich dort eine Buchmalerei von jener stilistischen Konsistenz entwickelte, die den *Dante aus Urbino* bis zum Abbruch der Arbeiten spätestens im Herbst 1482 prägt.

Zumindest am Anfang des Bandes vermag ich keine Arbeitsteilung nach Lagen zu erkennen; sie wird, wie weiter unten gezeigt werden soll, selbst beim Randdekor zwar über weite Strecken praktiziert, dann aber wieder aufgegeben.[8] Altersunterschiede zwischen den Beteiligten spielen für mich eine große Rolle. Bei der Ausmalung der Hölle kommen sofort nach dem altertümlichen Stil des Frontispizes neue Tendenzen hinzu: Der Maler des zweiten Frontispizes scheint auf fol. 3v eine erste Probe seines Könnens zu geben; ein dritter Maler kommt in der triumphalen Miniatur von fol. 6v hinzu, die von einer Hand gemalt zu sein scheint, die nirgendwo sonst mit Sicherheit wiederzuerkennen ist. Mantegnas Felsen sind hier ganz anders verstanden als auf den ersten zwei Bildseiten; den Falten fehlt die Härte; das helle Licht, in das der Blick aus dem Tor getaucht ist, mildert die zeichnerische Entschiedenheit. Auf fol. 9 scheint dann noch einmal der Maler des zweiten Frontispizes tätig gewesen zu sein.

Ein Generationsunterschied trennt das Frontispiz auf fol. 1 von den drei anderen Bildern in der ersten Lage; danach stellt sich der Stil des Meisters wieder ein; doch mit unterschiedlicher Intensität, wenn man

---

[8] Sicher ist es sinnvoll, mit Bonicatti, S. 200 (auf einen Hinweis von J. Ruysschaert hin) bei Miniaturen auf Doppelblättern von einer Hand auszugehen.

beispielsweise die beiden Bilder zum 6. Gesang betrachtet. Angesichts der Tatsache, daß Restfelder wie jenes auf fol. 14v eigentlich nicht für Miniaturen genutzt wurden, sieht es so aus, als habe man zunächst die Bilder über den Textanfängen ausgeführt; sie schließen sich durch die kleinen Proportionen der Figuren und die Blicke zur weit über den Köpfen verlaufenden Landschaftssilhouette zu einer Stilgruppe zusammen, die im Kodex wiederum allein steht. Dagegen setzt sich das Bild am Ende des 5. Gesangs mit dem Gespräch zwischen Paolo und Francesca links sowie Dante und Vergil rechts entschieden ab: Hier herrscht der Sinn für das Relief, die steinerne Konsistenz von Landschaft und Figur, wie sie auch die Malerei auf fol. 1 prägt; hier hat deshalb der Meister selbst noch einmal ein Bild nachgetragen, nachdem die Lage bereits in einem geradezu experimentellen Stil von ihm oder von anderer Hand abgeschlossen war.

Angesichts der Unterschiede, die sich dann in den anschließenden Lagen ergeben, mag einem schwindlig werden. Die Art und Weise, wie die Kolleginnen und Kollegen aus Italien, und in ihrem Gefolge auch manche aus Amerika, auf einer ins Kleinste gehenden Händescheidung bestehen, hat in den letzten Jahrzehnten mit dafür gesorgt, daß man den Attributionismus in der Kunstgeschichte schmäht. Ich breche deshalb hier erst einmal ab, um nicht in ähnliche Wirren zu stürzen wie Giordana Mariani Canova in ihrem Beitrag von 1994.

Entscheidend bleibt der Abstand des ersten zum zweiten Frontispiz: Das *Purgatorio* wird von einem Maler eröffnet, der eine Generation jünger als Guglielmo Giraldi ist, also nicht schon um 1445, sondern vielleicht erst um 1475 begonnen hat. Er muß beim Meister eine herausgehobene Stellung eingenommen haben; sein Name könnte also aus dem Kreis der sonst anonymen Mitarbeiter überliefert sein. Nach den Ergebnissen von Ulrike Bauer-Eberhardt kommt dafür Franco dei Russi nicht mehr in Frage; also müßte es Alessandro Leoni sein.

Dafür spricht ein weiterer Umstand: Jener Maler, den die Münchner Kennerin als Franco dei Russi anspricht, ist nämlich vielleicht doch gegen ihre Überzeugung auch im *Dante aus Urbino* zu fassen: Ein Vergleich der von Ulrike Bauer-Eberhardt dem Gehilfen von Giraldi zugeschriebenen Ergänzungen zu den berühmten Tarocchi in der Accademia Carrara zu Bergamo scheint mir zu bestätigen: kein anderer als Franco dei Russi wird vor Federicos Tod an der Ausmalung des Paradiso gescheitert sein![9] Besonders überzeugt mich dabei die Ähnlichkeit von Luna mit Beatrice auf fol. 223v.

Zusammenfassend läßt sich damit sagen: Der Meister, den Federico als „mio miniatore" bezeichnet, hieß Guglielmo Giraldi, der seine Werkstatt in Ferrara, der Residenzstadt der Familie Este hatte, zur selben Generation wie Andrea Mantegna gehörte und wie dieser in den 1440er Jahren begonnen hat. Des Meisters Neffe Alessandro Leoni wird ebenso wie der wohl auch deutlich jüngere Franco dei Russi an den Dantebildern beteiligt gewesen sein.

Ihr Stil zeugt von bemerkenswerter Geschlossenheit; denn auf den ersten Blick wirken die meisten Miniaturen zu Hölle und Fegefeuer wie aus einem Guß. Hart und klar sind die Formen, ganz im Geist des monumentalen Malers Andrea Mantegna, der in der Universitätsstadt Padua seine intensiv an der Antike geschulte Kunst gelernt hat, um sich dann in Mantua als Hofmaler niederzulassen. Römische Reliefs mit ihren klaren steinernen Strukturen, sichere Anatomie und ein vorzüglicher Sinn für die Möglichkeit, aus knappen Landschaftsangaben überzeugende Räume zu gestalten, macht diese Art von Frührenaissance in Oberitalien leicht erkennbar. Auch in Ferrara herrscht dieselbe entschiedene Strenge der Form, die sich mit einem fulminanten Farbensinn verband. Gerade das gewagte Kolorit eignete sich vorzüglich für Hölle und Fegefeuer in Dantes *Göttlicher Komödie*.

Fast alle Zierinitialen sind in einem Zuge fertig gestellt worden; sie fassen zusammen, was man in Ferrara aus Anregungen anderer italienischer

---

[9] Bauer-Eberhardt 1997, S. 43 f. mit Abb. 27 und 28.

Regionen für die Buchgestaltung akkumuliert hatte; deshalb mögen sie zum Teil auch toskanisch wirken. Doch als Federico da Montefeltro im Herbst 1482 starb, war die Bebilderung nur bis zum XXV. Gesang des Fegefeuers gediehen, einige Miniaturen zu den folgenden Gesängen waren vorgezeichnet und teilweise schon ausgemalt, um dann zu späterer Zeit vollendet zu werden.

Die Bilder zum Paradiso und ihr Entwerfer

Eberhard König

Von der Strenge der Form und dem fulminanten Farbensinn mit teils gewagtem Kolorit, die für die Buchmalerei der Ferraresen in Mantegnas Nachfolge so charakteristisch waren, grenzt sich die Bebilderung des *Paradiso* entschieden ab. Hier triumphiert eine Zartheit, eine nachmittelalterliche Bravour, die dem ja ganz anders gearteten Text ungemein gut gerecht wird. Daß die Zeitläufe für den Wandel verantwortlich waren, geht aus dem bereits Gesagten hervor. Dabei war es, wie schon erläutert, vielleicht ein ungewolltes Glück, daß den Malern der klaren und entschiedenen Renaissanceformen das Paradies im *Dante aus Urbino* verwehrt geblieben war: Welch ein Zauber von den späten Miniaturen ausgeht, bewies der Inselverlag, als er seine letzte deutsche Ausgabe erst vor kurzem in einen Schuber mit einer der schönsten späten Miniaturen tat (Paradiso XXII, fol. 259v).

Die Zeichnungen in Urb. lat. 1763

Viele, die sich mit dem *Dante aus Urbino* beschäftigten, äußerten wie Michelini Tocci, es sei unnötig, näher auf das *Paradiso* einzugehen, weil die Miniaturen dort angeblich doch keinerlei künstlerischen Wert hätten, sondern nur ein gewisses historisches Interesse bestünde, was den Geschmack für Buchkunst zu Beginn des 17. Jahrhunderts und die Ikonographie des Texts anbelangt.[1] Michelini Tocci[2] verspricht durch seine scheinbar solide Übersicht im Kommentar von 1965 eine Sicherheit, die sich als trügerisch erweist; denn sein entschiedenes Desinteresse an der späten Buchmalerei sorgte dafür, daß er weite Teile der Forschung über Wesentliches im Unklaren gelassen hat. Gravierend ist der Umstand, daß er kein Wort über eine Handschrift aus Urbino verliert, die erst die Umstände der Vollendung des *Dante* verstehen läßt: *Urb. lat. 1763*.

Diese Signatur gehört zur letzten Gruppe von Kodizes der 1768 *Urbinati latini* im Vatikan; *Urb. lat. 1763* eröffnet mit einem Kupferstich von Luca Ciabatta, der Francesco Maria II. della Rovere in einer *Imago Clipeata* porträtiert. Die anschließenden Bände stammen aus der Zeit des 1549 geborenen Francesco Maria II. della Rovere (1574-1631), der kinderlos starb und sein Herzogtum dem Kirchenstaat überließ. Den Wert der späten Urbinaten für unser Wissen um die Ausmalung des *Paradiso* hatte Michelini Tocci wiederum sehr wohl erkannt.

Urb. lat. 1763 enthält keinen fortlaufenden Text, sondern ist im Querformat von 408 x 531 mm als ein Album angelegt, das in seinem ersten Teil eine ganze Anzahl weiterer Porträts der Herzöge enthält und deshalb intensiv von Stornajuolo 1913 studiert wurde. Dazu bietet es Entwürfe

---

1 Michelini Tocci 1965, S. 64; da heißt es über die späten Miniaturen im *Dante*: „Su di esse, pensiamo, è inutile indugiare, non avendo alcun valore artistico, e presentando soltanto qualche interesse come documento del gusto nella illustrazione del llibro al principio del secolo XVII, e per la iconografia del *Paradiso*."
2 Michelini Tocci 1965, S. 63 f.

für Kunsthandwerk, nicht etwa Nachzeichnungen; denn dem Herzog bleibt Entscheidungsfreiheit, wenn man beispielsweise bei einem Prunkgefäß für Weihwasser auf fol. 44 verspricht, am oberen Abschluß werde das gemacht, was seiner Hoheit gefalle: „Qui su in cima farà quello che piacerà a V(ostra) A(ltezza) S(erenissima)."

Uns interessiert der Block von fol. 17 bis fol. 31 mit insgesamt einunddreißig Vorzeichnungen für Miniaturen im *Dante*, eine gehört ins *Purgatorio*, die dreißig anderen ins *Paradiso*. Nach den diversen Porträts bilden sie gleichsam die Mitte des mit 44 Blatt nicht sehr umfangreichen Albums. Jeder einzelne Entwurf wird in der Tradition von Instruktionen für Buchmaler[3] ausführlich kommentiert. Im Mittelalter mag die Formulierung solcher Anweisungen oft Aufgabe des gelehrten Kopisten gewesen sein; doch Matteo de' Contugi kam ja längst nicht mehr in Frage. Deshalb spricht aus den Erläuterungen zu den Szenen aus *Purgatorio* und *Paradiso* nicht ein Gelehrter, sondern der Entwerfer selbst, der für sich die Ich-Form benutzt und selbstverständlich als neuzeitlicher Künstler seinen *Dante* beherrscht.

Zwischen dem Buchmaler und einem Fürsten, der nicht nur auf fol. 44, sondern auch im Zusammenhang des *Dante*, zum Beispiel auf fol. 20, als „V.A.S.", mithin als „Vostra Altezza Serenissima", direkt angesprochen wird, entspinnt sich indirekt ein Dialog an einer Stelle, an der auch von „Seiner" statt „Ihrer Ehrwürdigsten Hoheit" die Rede sein könnte. Eigentlich richten sich die Angaben nämlich an Mitarbeiter, die in der Werkstatt für Materialien und deren Auftragen zuständig sind. Die Dreiecks-Konstruktion wird besonders deutlich, wenn der Entwerfer dem nicht genannten Leser seiner Instruktion auf fol. 20 sagt, er habe zu warten, bis „Eure Hoheit" über den Einsatz von Gold entschieden habe.

Leider werden weder Namen noch Zeitpunkte genannt. Die sorgfältige Schrift paßt zum Umstand, daß die Zeichnungen nicht nur im

---

3 Siehe dazu Alexander 1992, passim.

Atelier, sondern auch bei Hofe wahrgenommen werden sollten. Dem Herzog von Urbino gegenüber äußert der Entwerfer, beispielsweise angesichts des letzten Bildes zum *Purgatorio*, die Erwartung von künstlerischer Freiheit.

Die Zeichnungen bereiten fast den gesamten Bestand der Bebilderung des *Paradiso* vor (Abb. 17-20). Daß fol. 223v mit dem 10. Gesang nicht mehr vorgezeichnet wurde, bestätigt die oben geäußerte Annahme, diese Miniatur habe es schon seit dem späten 15. Jahrhundert gegeben. Ein Bild, die Miniatur zum 15. Gesang, wurde wohl deshalb nicht eigens konzipiert, weil man schon von Anfang an vorhatte, an dieser Stelle den Entwurf zum vorausgehenden 14. Gesang zu wiederholen. Als einzige Miniatur zum *Purgatorio* findet man die zum letzten Gesang. Es fehlt auch ein Entwurf für das Frontispiz; maßstabgerecht hätte diese Zeichnung eine Höhe von 490 mm eingenommen und nur quer ins Format des Albums gepaßt, auch wenn *Urb. lat. 1763* mit 408 mm recht stolze Maße hat.

Damit stößt man auf eine ungemein selten dokumentierte Art, wie die Bebilderung einer solchen Prachthandschrift vorbereitet wurde.[4] Giuseppe Cozza-Luzi, ein Bibliothekar des Vatikans, hat 1894 alle Bildseiten des *Paradiso* schwarz-weiß im Originalformat abgebildet und die dreißig erhaltenen Zeichnungen zu diesem Textteil in einem Anhang publiziert. Leider hat er nur die Zeichnungen wiedergegeben, die Erläuterungen des Entwerfers aber abgeschnitten; in seinen Kommentaren geht er eher sporadisch auf die Texte ein. Das Blatt zum *Purgatorio* bildet Cozza-Luzi in einem Anhang ab, weil er sich offenbar den Weg für eine gesonderte Publikation offen halten wollte.

Die Abbildungen von Cozza-Luzi sind spektakulär; der zweisprachige Kommentar in Italienisch und Französisch hätte dem Buch, so selten es auch in Bibliotheken zu finden ist, eine gewisse Wirkung sichern müs-

---

4 Zum Phänomen allgemein siehe Alexander 1992.

sen. Daß der Witz des Ganzen, die Zeichnungen zum *Paradiso*, erst in einer Publikation neunundneunzig Jahre später wieder auftaucht[5] und diese neue Veröffentlichung gar nicht recht in die Literatur zum *Dante aus Urbino* eingegangen ist, zeigt einen bedenklichen Zustand der beteiligten Fächer, der Kunstgeschichte wie der Buchgeschichte.

---

5 Hermens 1993; dabei muß ich selbst zugeben, daß in meinem Interimskommentar von 2004 kein Wort davon enthalten ist, weil mir das gesamte Phänomen entgangen war.

Die Zuschreibung an Giulio Clovio

Cozza-Luzis Publikation vom Ende des 19. Jahrhunderts führt in die Anfänge der Zuschreibungsgeschichte zurück: Ohne Namen zu nennen, behauptet er (auf S. IX), man habe die Bilder des *Paradiso* erfolglos Malern wie Perugino, Piero della Francesca und Federico Barocci zugeschrieben. Für ihn selbst war Giorgio Giulio Clovio (1498-1578) verantwortlich; die Entwürfe nennt er Bozzetti von Giulio Clovio, und die Erläuterungen auf den Blättern verraten seiner Überzeugung nach die individuelle Handschrift des Künstlers. Folglich wäre der *Dante* unter Guidobaldo II. (1538-1574) vollendet worden. Sich der Tatsache wohl bewußt, daß der Illuminator in dessen Regierungszeit vornehmlich für die Farnese in Rom arbeitete (Abb. 13/14), meint Cozza-Luzi, gerade aus diesem Umstand ein schlüssiges Argument für seine Thesen gewinnen zu können, weil Herzog Guidobaldo im Jahr 1548 Vittoria Farnese geheiratet hatte; die aber habe ihm auch den Zugang zu einem an ihre Familie gebundenen Künstler eröffnen können. Für eine Weile galt dann auch die Zuschreibung an Clovio.[6]

Aus Kroatien stammte der Meister, den El Greco als greisen Buchmaler zeigt, wie er sein Hauptwerk, das heute in New York aufbewahrte *Farnese-Stundenbuch* von 1546, aufgeschlagen in der Hand hält.[7] Clovio liebte helle Farben und eine eigentümliche Transparenz bis zur Auflösung von Konturen. Architekturen gestaltete er tatsächlich in einer durchaus recht verwandten Weise. An sie lehnte er nackte Gestalten, Putten oder Genien in der Nachfolge von Michelangelos *Ignudi* der Sixtinischen Kapelle auf ähnliche Weise, wie sich auf fol.

---

6 Ihr schloß sich zum Beispiel Antonietta Maria Bessone Aureli 1915 an.

7 Das Bildnis hängt heute mit anderem ehemaligem Farnese-Besitz im Museo di Capodimonte zu Neapel; das *Farnese- Stundenbuch* wurde 1903 von John Pierpont Morgan erworben: *M 69* der Pierpont Morgan Library, New York; es liegt in einem Halbfaksimile vor: Webster Smith, *The Farnese Hours*, New York 1976.

197 Putten um den triumphalen Bogen zum *Paradiso* scharen. Damit hat er seine Zeit beeindruckt und der Buchmalerei noch einmal neuen Glanz gegeben.

Im Vergleich mit dem Farnese-Stundenbuch (Abb. 13/14) überzeugt freilich nur das Beiwerk: Die satte Plastizität der Architekturen und die Körperlichkeit der nackten Gestalten stehen im Frontispiz des *Paradiso* auf überraschende Weise im Kontrast zum Blick in den Himmel, der unter dem Kassettengewölbe hindurch gewährt wird. Die Miniatur selbst wirkt kalt, die dort auftauchenden Gestalten erscheinen – nicht etwa durch himmlisches Licht, sondern durch eine andere Malweise – glatter, flacher, dünner. Dabei stellt sich ein Illusionswechsel ein, wie er in der zeitgleichen flämischen Buchmalerei an einer bemerkenswerten Stelle vorkommt: 1482, also ausgerechnet in jenem Jahr, in dem die Arbeit am *Dante aus Urbino* zum Erliegen kam, schuf der Brügger Meister von 1482 für Louis de Gruuthuse ein Frontispiz zu Colard Mansions *Dialogue des Créatures* nach Maino de Maineri, in dem das Bild zum ersten Textabschnitt als ein Blick in den Himmel gestaltet wurde (Abb. 23).[8] Wie der Blick durch das Tonnengewölbe im Frontsipiz zum *Paradiso* führt er beim Meister von 1482 durch das Zimmer, in dem Maino de Maineri als Autor den ersten Dialog entwickelt. Ein Gegensatz zwischen dem Interieur und dem eigentlichen Kern des Bildes stellt sich in der Brügger Miniatur auch deshalb ein, weil für den Blick nach außen ein Holzschnitt aus deiner Inkunabel kopiert wurde. Entsprechend dürfte das Bild von fol. 197 im Dante eine andere geistige und künstlerische Wurzel als der architektonische Apparat haben. Eine solche Diskrepanz macht es allerdings fast unmöglich, die historische und stilistische Stellung der Miniatur gegenüber dem Beiwerk zu beurteilen.

---

8 Privatbesitz, zuletzt Antiquariat Tenschert, Ramsen: Eberhard König, *Leuchtendes Mittelalter III*, Rotthalmünster 1991, Nr. 15, S. 216-261; die Miniatur von fol. 7 abgebildet auf S. 221.

Wenn Giordana Mariani Canova wiederholt schreibt, die Malerei im *Paradiso* stamme aus dem Cinquecento,⁹ wirkt die alte Zuschreibung an Giulio Clovio nach, auch wenn er nicht mehr genannt wird. Doch zumindest für Dante und Beatrice im Frontispiz und damit für die Vollendung des *Dante aus Urbino* kommt dieser große Meister der Buchmalerei des Cinquecento aus historischen Gründen nicht in Frage. Zunächst einmal ist da die Schrift unter den Zeichnungen; sie stammt nicht von Clovio persönlich und läßt paläographisch eher an die Zeit nach 1600 denken. Ein viel gewichtigerer Punkt ist Frage nach dem Herzog, den der Entwerfer mit „V.A.S." gemeint hat.

---

9 Mariani Canova 1995, S. 126.

Buchmaler des letzten Herzogs von Urbino

Guidobaldo II., der zu Clovios Zeiten regierte, hat verschwenderisch Geld ausgegeben, nicht nur für die Kunst; doch erst von seinem Nachfolger Francesco Maria II. della Rovere, dem letzten Herzog von Urbino (1549-1631, im Amt seit 1574), weiß man, daß er noch einmal versucht hat, auch im Buchwesen an das Mäzenatentum seines berühmten Vorgängers Federico da Montefeltro anzuknüpfen: Nachdem er mit eiserner Disziplin den katastrophalen Zustand seiner Staatsfinanzen behoben hatte, investierte er auf geradezu buchhalterische Weise in Kunstaufträge. Er führte persönlich Buch über seine Künstler und Kunsthandwerker und hielt auch Summen fest, die er für einzelne Aufträge ausgab.

Schon ab 1581 bemühte sich Francesco Maria II. della Rovere um Illuminatoren, die nicht nur die Urkunden der Kanzlei in Form bringen sollten, sondern auch Handschriften ausmalten. Das geschah in einer Zeit, die kaum noch über bemerkenswerte Könner verfügte. Von 1584 bis 1602 läßt sich am Hof ein „m⁰ Simone miniatore fiammingo" nachweisen; es gab also kurz nach Simon Benings Tod in Urbino einen flämischen Meister Simon, dessen Werk allerdings im Dunkeln liegt. Ein weiterer Buchmaler ähnlichen Namens, Simonzio Lupi aus Bergamo, war ebenfalls über ein Jahrzehnt lang in Urbino tätig (1591-1603); ihn löste Valerio Mariani aus Pesaro ab, den man in den Jahren von 1603 bis 1618 nachweisen kann.[10]

---

10 Der Herzog hat selbst Buch über seine Ausgaben geführt; aus ihnen geht die Anwesenheit Marianis in dem hier interessierenden Zeitraum hervor; siehe: Hermens 1993 und 2008, passim.

Valerio Mariani aus Pesaro im Dienst des Herzogs Francesco Maria II. de la Rovere

Nach Valerio Mariani (1565-1620/25) ist erst im Jahre 1620 ein weiterer Buchmaler, ein gewisser Boldone, unter den Hofleuten des letzten Herzogs von Urbino verzeichnet. Da sich Valerios Spur dann verliert, mag Urbino, wo man ihn bis etwa 1620 beschäftigte, für ihn die letzte Station seines Lebens gewesen zu sein. Lücken in der Dokumentation sind selbstverständlich immer möglich; doch da im zweiten Jahrzehnt noch Handschriften illuminiert wurden – eine von ihnen, *Urb. lat. 1764*, ist 1617 datiert – wird man auf ein lang andauerndes Engagement schließen können, zumal andere Quellen Valerio am Hof von Urbino erwähnen.[11]

Die Zuschreibung der nachgetragenen Miniaturen im *Dante aus Urbino* an Valerio Mariani aus Pesaro war bereits ein Gedanke von Luigi Michelini Tocci, der sie durch Vermutungen zur Herkunft des Malers wahrscheinlich zu machen suchte: Er wies zu Recht darauf hin, daß dieser Maler, von dem isolierte Miniaturen aus dem *Marienleben* im Florentiner Palazzo Pitti zu sehen sind, alten Quellen zufolge seine Ausbildung in Venedig erhalten hatte. Dort hat Clovios Kunst am intensivsten gewirkt, vor allem auf Giovanni Maria Bodino oder Boduino aus dem Friaul, bei dem der Maler aus Pesaro gelernt hat.[12] Stilistisch paßt dazu, daß noch Levi d'Ancona 1960, nachdem man die Zuschreibung an Clovio selbst aufgegeben hatte,

---

11 Amico Ricci, *Storia dell'architettura dal secolo IV al XVIII*, 1859, Bd. II, S. 547, berichtet vom Marchese Antoldo Antaldi, der eine Miniatur von Valerio Mariani bewundert habe, und sagt ohne das Jahr zu präzisieren, der Maler aus Pesaro lebe am Hofe von Francesco Maria II. della Rovere.

12 Das versichert bereits 1636 S. Lancelotti in der dritten Auflage von *l'Hoggidì*, Venedig 1636, Bd. II, S. 309 f.: "Valerio Mariani fu il suo discepolo e avanzo li maestro di pazienza e delle sue miniature hebbero i maggiori principi del mondo"; und dann heißt es über Werkstattgeheimnisse: "Havevano un segreto di macinar loro alla persiana per miniare, e per iscrivere, che stava saldo come l'antico." (hier zitiert nach Hermens 2008, Anm. 10).

daran dachte, Boduino für das *Paradiso* in unserem *Dante* verantwortlich zu machen.[13]

Rechte Substanz erhielt die Zuschreibung an Valerio Mariani erst gegen Ende des 20. Jahrhunderts. Auf den Künstler aufmerksam wurde jedoch nicht die Literatur zum *Dante*, sondern jene Forschung, die sich mit Traktaten zu technischen Fragen der Malerei beschäftigt; denn Valerio Mariani hat einen Text *Della Miniatura* hinterlassen, der heute vor allem die Restauratoren und Naturwissenschaftler interessiert. Erma Hermens ist auf ein Exemplar dieses Traktats in der Universitätsbibliothek Leiden gestoßen, hat zwei weitere ermittelt[14] und sich zur Überprüfung von Theorie und Praxis mit der späten Buchmalerei in Urbino beschäftigt.[15] Sie hält die Visionen im *Paradiso* des *Dante* ebenso wie die Entwürfe in *Urb. lat. 1763* für gesicherte Arbeiten von Valerio Mariani.[16]

Michelini Tocci hatte bereits auf eine kleine Gruppe von Handschriften aus dem Schatz der Urbinaten in der Vaticana hingewiesen, die 1658 unter Alexander VII. nach Rom geschafft wurden und sie als vermutete Werke von Valerio Mariani en bloc mit den Bildern zum *Paradiso* verbunden. Zu ihnen gehören Handschriften der *Historia de' fatti di Federico da Montefeltro* von Girolamo Muzio, *Urb. lat. 1765*, der *Vita* des Herzogs Francesco Maria I. della Rovere, *Urb. lat. 1764* (Abb. 21/22)

---

13 Levi d'Ancona 1960S, 43.
14 Erma Hermens hat ihre Sicht vom Werk des Malers 1993 immerhin in der Zeitschrift *Miniatura* mit Abbildungen aus Handschriften und von zwei Blättern des Marienlebens im Pitti dargelegt; 2008 ist sie auf die Überprüfung von Theorie und Praxis zurückgekommen; in Anm. 1 stellt sie die drei Handschriften zusammen: Leiden, *UB, Vos. Ger. Gall. 5q*; New Haven, Yale University, *Ms. Beinecke 372*, und natürlich in Rom, Vatikanische Bibliothek, *Urb. lat. 1280*. Zu Mariani siehe bereits den Beitrag von S. Meloni Trkuja im Ausst.-Kat. Pesaro 1981, S. 34-38, sowie Ezio Buzzegoli, R. Cardaropoli, D. Kunzelman, P. Moioli, L. Montalbano, P. Piccolo, C. Seccaroni, *Valerio Mariani da Pesaro, il trattato "Della miniatura". Primi raffronti con le analisi e le opere*, in: OPD Restauro 2000, S. 248-256.
15 Michelini Tocci 1965, S. 64; Hermens 1993.
16 Hermens 1993 mit zwei Abbildungen aus *Urb..lat. 1763*.

und des *Libro del Cortegiano* von Baldassare Castiglione, *Urb. lat. 1767*. Datiert ist das zuletzt genannte Manuskript; denn die Schlußschrift des *Cortegiano* nennt den 78jährigen Augustiner-Eremiten Fra Simone Ferri aus Urbino als Schreiber und das Jahr 1617.[17]

Damit ist auch die Zeitspanne erkennbar, in der Francesco II. della Rovere die Bebilderung des *Paradiso* abschließen ließ: die ersten beiden Jahrzehnte nach 1600. Dazu fügt es sich gut, daß in den Abrechnungen des Herzogs Zahlungen für ein *Paradiso* 1609 und 1617 vermerkt sind.[18] Das muß sich nicht zwingend auf *Urb. lat. 365* beziehen; denn auch die folgenden beiden Signaturen in der Vatikanischen Bibliothek, *Urb. lat. 366* und *367*, sind schließlich Handschriften der *Göttlichen Komödie* – und davon mag es noch mehr gegeben haben. Es wäre aber des Zufalls doch zu viel, wenn hier nicht Urb. lat. 365 gemeint sein sollte und gleichzeitig das Paradiso noch ein zweites Mal ausgemalt worden wäre.

Weitere Fakten kommen hinzu: Der *Dante*, der unter Guidobaldo I. (1482-1507) unter den nicht vollendeten und nicht gebundenen Handschriften als *Dantes comoediae tres ornatissimae quinter(ni) 30* wegen der dreißig Lagen zu zehn Blatt, also Quinionen faßbar ist,[19] wird 1616 zum ersten Mal als gebundenes Buch (in gelbem Brokat) inventarisiert.[20] Das läßt darauf schließen, daß damals die Illuminierung abgeschlossen war und man bei den Zahlungen an die Künstler mit Verzögerungen durch den strengen Haushalter Francesco Maria II. rechnen sollte.

Auf den ersten Blick sehen die Miniaturen in diesen Handschriften einander extrem ähnlich und verbinden sich schlüssig mit dem *Paradiso*. Ganzseitige Malereien eröffnen beispielsweise das handschriftliche

---

17 *Urb. lat. 1767*, fol. 311v: „Fra Simone Ferri da Vrbino dell'Ordine / Eremitano di Santo Agostino, scriue / nell' Anno del Sig(nore) MDCXVII / della Sua Età LXXVIII".
18 Ferrara, Archivio di Stato, Fondo Urbino, Classe III, Filza XXIII, fol. 762v und 777.
19 *Urb. Lat. 1761*, fol. 117, nach Stornajuolo 1913, Anm. 8, S. LXXXIV.
20 Stornajuolo III, 1895. S. XI.

Exemplar einer *Vita* des Herzogs Francesco Maria I. della Rovere, *Urb. lat. 1764*. Tizians berühmtes Bildnis, das erst 1630 aus Urbino in die Uffizien kam, wird auf fol. 1v wiederholt. Diese Porträtminiatur ist in Beschlagwerk, eine damals ganz moderne Dekorationsart, eingefügt, die es im *Dante aus Urbino* vielleicht nur deshalb nicht gibt, weil man dem Alter der Handschrift eine gewisse Reverenz erweisen wollte.

Auf der Titelseite der *Vita*, fol. 2 (Abb. 22), finden sich entscheidende Motive, wie sie auch das Frontispiz zum *Paradiso* bietet: Die alte Einrichtung der Buchseite nach einem Schema, das den Textspiegel zum Falz und nach oben verschiebt,[21] ist ebenso aufgegeben wie im *Dante*; gleich breite Randstreifen umgeben ein Bildfeld, das den Titel, wie in Renaissance und Barock üblich, als monumentale Inschrift an einer Architektur befestigt. Deren Aufbau mit dem breiten Sockel verbindet sich ebenso mit der Prachtseite zum *Paradiso* wie die Gestaltung der Bordüren mit dem bunten Akanthus, der – um Mittelachsen geordnet – auf dem Goldgrund prangt.

Valerio Mariani kommt selbst ins Spiel, weil er eine Einzelminiatur in den Uffizien „Valerius Mariani Pisaurensis F." signiert hat, die sich als getreue Kopie nach der Schlachtenszene fol. 63v in der *Vita* des Federico da Montefeltro, *Urb. lat. 1765*, erweist.[22] Methodisch mag es zwar ein wenig zweifelhaft sein, ausgerechnet die Signatur auf einer Kopie als Beleg für die Zuschreibung zu nehmen. Doch wer weiß, welches Exemplar zunächst entstanden ist? Die geschilderten Geschehnisse sind keineswegs so spezifisch, daß nur eine Tat des alten Herzogs von Urbino dargestellt sein mag, und nur dieser Umstand könnte der Fassung im Kodex der Vatikanischen Bibliothek den Vorrang vor dem Einzelblatt garantieren. 1608 wurde zumindest eine Miniatur mit Taten Federico da Montefeltros in *Urb. lat. 1765* bezahlt, wobei allerdings der Illuminator nicht genannt wird.

---

21 Siehe Schema und Erläuterungen in Gabriele Bartz und Eberhard König, *Das Stundenbuch. Perlen der Buchkunst. Die Gattung in Handschriften der Vaticana*, Stuttgart und Zürich 1998, S. 63.
22 Hermens 1993, Abb. 3, S. 99.

Freilich führt jeder Zugewinn an Kenntnis auch zur Unterhöhlung einer vermeintlichen Sicherheit. Der Text der *Vita* des Francesco Maria I. della Rovere (Abb. 21/22) richtet sich, wie schon Stornajuolo 1913 erkannte, nach einem Druck aus dem Jahr 1605; die Datierung wird präzisiert durch eine von Hermens 1993 ermittelte Zahlung für dieses Buch aus dem Zeitraum 1607/08 – wieder an Unbekannt. Wir würden in diesem Unbekannten erneut gern denselben Valerio Mariani erkennen, der die anderen Handschriften für Francesco Maria II. ebenso wie die Paradiesesbilder gemalt hätte, auch wenn der Malerei in *Urb. lat. 1764* die pralle Kraft fehlt, die vor allem das Beiwerk des Frontispizes ausstrahlt. Die große Herausforderung, die für Illuminatoren des letzten Herzogs von Urbino die Vollendung der *Göttliche Komödie* bedeutete, könnte die Qualitätsunterschiede bereits zu aller Zufriedenheit erklären. Doch da stellen sich gerade durch die Lektüre von Marianis Traktat bei Erna Hermens Zweifel ein: Sie meint, eine Quadrierung unter den Miniaturen erkennen zu können, findet Spott über dieses Verfahren in Marianis Ausführungen, muß deshalb einen anderen Künstler suchen und kommt für *Urb. lat. 1764* auf jenen Simonzio Lupi aus Bergamo, der bis 1605, also gerade ein wenig zu kurz, in den Diensten des Herzogs von Urbino nachzuweisen ist.[23]

Wir machen hier das Faß des unglücklichen Attributionismus nicht noch einmal neu auf: Wenn Simonzio Lupi, wie Erna Hermens meint, noch gleichsam nach seinem Ausscheiden aus den schriftlichen Nachweisen weiter in Urbino beschäftigt war und die Ausmalung von *Urb. lat. 1764* sein Werk ist, erübrigt sich jede Nachfrage, woher denn die Buchmalerei der späten Urbinaten stammen mag: Sie sind dann Vertreter eines Ortsstils, der von Simonzio Lupi aus Bergamo auf Valerio Mariani aus Pesaro übergegangen wäre. Der geradezu mythische Simon aus Flandern hätte als Begründer einer letzten Buchmalerei zu gelten,

---

23 Hermens 1993, S. 100.

deren Prinzipien im Traktat des letzten faßbaren Vertreters am Ort, bei Valerio Mariani, auch noch nachzulesen sind.

Ich selbst glaube eher an die formende Kraft des Einzelnen, erkenne in den Anweisungen zu den Zeichnungen von *Urb. lat. 1763* einen Werkstattleiter, der zumindest – dem Eintrag auf fol. 20 zufolge – Gold von Gehilfenhand auflegen ließ. Die Mitarbeiter im Atelier mögen schuld daran sein, daß die Miniaturen mit den Himmelsvisionen nicht alle von gleicher Qualität sind. Doch so viel Arbeit, daß man damit eine ganze Schar ernähren konnte, scheinen mir die heute noch erkennbaren Aufträge des letzten Herzogs von Urbino nicht mit sich gebracht zu haben.

Momente des Übergangs zwischen Frührenaissance und Manierismus im Dante aus Urbino

Einfluß des schon Vorhandenen: Sonne in Gold?

Eberhard König

Wie schon gesagt, finden sich für alle neu zu malenden kleinen Miniaturen mit Ausnahme der nur zu repetierenden des 15. Gesangs Vorzeichnungen. Daß zum 10. Gesang bereits ein Bild vorhanden war, wurde trotz des krassen Gegensatzes akzeptiert. Das Verfahren läßt auf eine Sparsamkeit schließen, wie sie offenbar für Francesco Maria II. della Rovere charakteristisch war. Die ältere Miniatur sorgte aber zugleich für Kosten, die der letzte Herzog eher vermied. Zum 5. Gesang treten Dante und Beatrice vor Planeten, die in Silber gezeigt werden; eine Bemerkung auf fol. 20 in *Urb. lat 1763* überläßt dem Fürsten die Entscheidung, ob für die Sonne Gold eingesetzt werden solle, wenn es heißt, man habe zu warten, ob die Sonne in Gold oder Farbe nach Willen der Hoheit ausgeführt werden soll. Die alte Miniatur auf fol. 223v zeigte den Kreis der himmlischen Gestalten vor Blattgold; und deshalb wird sich Francesco Maria II. nicht haben lumpen lassen; deshalb hat er dafür gesorgt, daß auch in den folgenden Miniaturen der Lage 23 Gold eingesetzt ist, freilich nicht mehr als polierte Folie, sondern als Pigment mit einem Bindemittel; schon im letzten Bild dieser Lage, auf fol. 238v, kehrt man zu Silber zurück, in das allerdings ein goldenes Kreuz eingeschlossen ist.

Die letzte Miniatur zum Purgatorio

Nur eine Vorzeichnung ist zum *Purgatorio* erhalten; sie entwirft das Bild zum letzten Gesang (fol. 192), das zugleich neben dem Frontispiz von fol. 197 die einzige Malerei in Lage 20 ist (Abb. 15/16): Der ausführlichen Beschreibung zufolge, die offenbar vom Künstler selbst verfaßt worden ist, weil sie in ihren kurzen Sätzen und den Angaben zu Licht und Raum Gestaltungsprobleme anspricht. Demnach sollte – ich paraphrasiere – die Miniatur die Sieben Tugenden zeigen; dabei sollten die theologischen Tugenden Glaube, Hoffnung und Liebe gleich gekleidet und ohne ein Attribut in der Hand erscheinen. Die vier Kardinaltugenden sollten unter einer Eiche, also dem Baum, den man aus dem Wappen der della Rovere kennt,[1] im Schatten stehen, und der Schatten sollte sich aus dem Sonnenlicht ergeben, mit einer weiten ebenen Landschaft ohne Berge mit zwei Flußläufen. Die vier Kardinaltugenden sollten dabei etwas weiter entfernt den Mittelgrund aber die drei größeren einnehmen. Beatrice und Dante sollten hinter den drei auftauchen; gemeinsam mit Statius und Mathilda von Tuszien. Die vier Tugenden schließlich sollten alle in Rot gekleidet sein; dazu wollte der Künstler ein wenig künstlerische Freiheit zugestanden bekommen. Der Schatten schließlich sollte zwischen den drei theologischen und den vier Kardinaltugenden wachsen.[2]

---

1 Wir überlassen es hier anderen, ob die Stieleiche oder die Traubeneiche mit „rovere" gemeint ist.
2 Transkription nach Cozza-Luzi 1894, S. LXXXI-II: "S'hanno a fare le sette virtù, Fede, Speran(za) e Charità hanno a essere insieme vestite come vanno senza cosa alcuna in mano. L'altre quattro hanno a essere sotto una rovere all'ombra et che l'ombra nasca dal lume del sole con il paese vaghissimo piano et senza monti con doi rami di fiume. Le quattro virtù hanno a essere un poco lontane e in mezo al disegno le tre più grandi. Beatrice e Dante dietro alle tre ma che pur si vedano scolpiti. Statio e Metelda lor doi assieme. Le 4 virtù hanno a esser tutte vestite di rosso, et se a me pare per vaghezza dell'arte fargli altra sorte de pagni sotto mi è concesso. L'ombra venga a nascere fra le tre, e quattro virtù. Die Zeichnungen

Das ist dann anders gemacht worden: Beatrice und Dante sind vor Mathilda und Statius gerückt; die drei theologischen Tugenden werden nicht mehr in Reih und Glied gestellt; Fides wendet sich nun in die Bildtiefe und scheint den beiden anderen den schattigen Platz unter dem Baum zu zeigen, unter dem sich in der Miniatur bereits eine der Kardinaltugenden niedergelassen hat; dabei kann keine Rede davon sein, daß diese vier alle in Rot gekleidet wären.

Für genaue Identifizierung sorgen im Bild die Anfangsbuchstaben der Namen; sie sind durch Linien mit den Gestalten verbunden. Solche Kennzeichnungen verwendeten damals Kupferstecher, beispielsweise in den *Evangelicae Historiae Imagines* des spanischen Jesuiten Jeronimo Nadal, die seit den 1590er Jahren immer wieder in Antwerpen aufgelegt wurden und rasch weltweit verbreitet waren.[3] Was in der Vorbereitung für fol. 192 wie ein System wirkt, unterbleibt in den anschließenden Szenen des *Paradiso* häufiger. Das mag teilweise daran liegen, daß es des Guten zu viel gewesen wäre, bei einfachen Gegenüberstellungen von Beatrice und Dante auch noch ein B und ein D einzuschreiben.

Doch ist der Verzicht auf die Bezeichnung der Gestalten durch ihre Initialen nicht der einzige Unterschied zu der einen Vorzeichnung des *Purgatorio*; denn im gesamten *Paradiso* begnügt man sich mit dem, was die Entwürfe bieten. Umstellungen der Figuren, gar Dramatisierung wie bei Fides oder Beruhigung wie unter dem Baum kommen nicht mehr vor. Das läßt einerseits darauf schließen, daß die Aufgabe bei fol. 192 noch neu und aufregender war als in der Folge. Zudem mag sich auch ein Vertrauen des Fürsten eingestellt haben, das dem Entwerfer für die Ausführung freie Hand ließ.

---

sind auf Taf. XXXV-XXXIX abgebildet, je 6 pro Seite, leider ohne Folio-Angaben aus *Urb. lat. 1763* und ohne Angaben zu Material und Größe.

3 Zum Beispiel: *Evangelicae Historiae Imagines*…, Auctore Hieronymo Natali Societatis IESV Theologo. Antuerpiae Anno Dni M.D.XCVI.

Die beiden vorletzten Lagen im Purgatorio, Lage 18 und 19

Mit fol. 169, der Miniatur zum 25. Gesang, endet die sorgfältige Ausarbeitung der Malereien aus den Zeiten des Herzogs Federico da Montefeltro und seines Buchmalers Guglielmo Giraldi. Einer der Mitarbeiter des Ateliers aus Ferrara, der sich entschieden dem mantegnesken Sinn für das Reliefhafte in der Malerei verschrieben hatte, zeigt dort in einer wunderbaren Wendung, wie Vergil in Rot vorausschreitet, von Statius in Grün gefolgt, während man Dante, der sein blaues Gewand schürzt, um den steinigen Gang besser zu meistern, die Mühe ansieht.

Bis zu diesem Punkt war vom Feuer auf dem Läuterungsberg, das den Begriff des Fegefeuers erst rechtfertigt, bei Dante nichts zu lesen und deshalb in den Miniaturen nichts zu sehen. Der Übergang ist abrupt; denn im nächsten Bild, auf fol. 171v wogen plötzlich die Flammen auf, bilden eine Wand, aus der Köpfe von Seelen herausschauen, die vom Feuer geläutert werden. Das Bild fügt sich wie der linke Teil eines Panoramas mit der Miniatur auf der folgenden Seite fol. 172. Wie man an den zwei zusätzlichen Steinlagen unten sieht, werden die drei Dichter dort mit leicht erhöhtem Blickpunkt gezeigt. Sie schreiten vor den Flammen einher, aus denen sich zwei der Seelen zu Dante wenden, um ihn anzusprechen. Im nächsten Bild (fol. 176) sind die drei Dichter selbst in den Flammen verborgen, ehe sie eine steinerne Treppe erreichen, die zum Gipfel des Läuterungsbergs führt.

Nun könnte man meinen, den Unterschied dieser Miniaturen zu den vorausgegangenen Malereien mache allein das Feuer aus; denn scharf geschnittene Felsen umgeben die Flammenmauern im Vorder- wie im Hintergrund; sie sind zumindest auf fol. 171v/172 noch vom selben Werkstattmitglied, das auch auf fol. 169v wirkte, ausgemalt. Bei den Köpfen mag der eine oder andere unsicher werden, was er da vor sich hat. Doch spätestens an den gleitenden Bewegungen der drei Dichter vor dem Feuer auf fol. 172 wird deutlich: Hier hat die spätere Zeit für den Abschluss der Malereien gesorgt. Wie die Miniatur über hundert

Jahre lang ausgesehen haben mag, zeigt die Bordüre auf fol. 176: Dort war im Stück unter der Initiale ein Putto geplant, der nur in zarten Strichen umrissen ist; man hat bereits in mehreren Arbeitsgängen Farbe in diesen Bordürenstreifen hineingemalt; den Körper und vor allem das Köpfchen der menschlichen Gestalt hob man sich bis zum Schluß auf.

Valerio Mariani und seine Leute fanden also zwei Miniaturen vor, deren Himmel und Felsen fertig gemalt waren, wobei ich nur zu gern wüßte, ob die Flammen schon vollendet waren. Die hart und schematisch gesetzten Goldhöhungen sprechen gegen eine späte Ausführung. Doch stellt sich die Frage nach dem Zustand beim Abbruch der Arbeiten 1482 noch entschiedener beim Bild auf fol. 176; denn dort gehören Himmel und Wiese zur alten Malerei; doch sind die Felsen so weich modelliert, daß es schon einen inhaltlichen Grund geben müßte, wenn man sie in solch geschwungenen Formen noch vor 1482 in Urbino oder Ferrara gemalt hätte; dafür spräche immerhin der mit Felsbrocken und Kieseln besäte Boden.

Die anschließende Miniatur, auf der Verso-Seite von fol. 176bis, scheint hingegen einschließlich der Köpfe noch zur Epoche Giraldis zu gehören. Ihr steht ein Bild auf fol. 177 gegenüber, in dem zum ersten Mal der neue Stil dominiert. Für diese Komposition wäre eigentlich ein gesonderter Entwurf nötig; doch mag man die Szene bereits in ihren Umrissen vor 1482 festgelegt haben; für eine Festlegung schon im 15. Jahrhundert spricht, daß die gegenüberliegenden Miniaturen den gleichen aufwendigen Bildrahmen haben. Dann wäre aber noch kein Tropfen Farbe auf dem Bildfeld gewesen; denn der Himmel, mit dem man meist bei der Ausmalung begann, weil er oben ist und man dann nicht mehr mit Blau kleckern konnte, stammt ebenso wie Landschaft und Boden aus Marianis Zeit.

In den Miniaturen der anschließenden Lage fehlt jede Spur von Farbe aus der Frührenaissance. Die Proportionen verändern sich gegenüber dem alten Grundbestand: Die Gestalten werden recht klein, noch entschiedener als auf fol. 177, wo sich diese Tendenz bereits ankündigte; sie stehen zunächst am vordersten Bildrand (fol. 180) bilden einen Block, der zur Frührenaissance nicht schlecht paßt (fol. 183), und sind auch auf fol. 186 so eigenartig in den Raum eingefügt, daß vielleicht doch bereits eine Skizze im Bildfeld bestand, die den Figuren ihren Platz anwies, aber offenbar wenig zur Umgebung festlegte. Mit diesem Bestand wäre Valerio Mariani dann ganz frei umgegangen; er hätte die grundlegende Disposition akzeptiert, die beispielsweise im Raum immer auf eine bildparallele Orientierung hinarbeitet, wie sie um 1600 ganz und gar überwunden war. In der schönen Vorzeichnung für das letzte Bild des *Purgatorio*, das einzige in Lage 20, war Valerio Mariani dann frei zu tun, was seiner Zeit angemessen war, weil Giraldi und dessen Werkstatt einfach nicht so weit gekommen waren, auch dort bereits eine Skizze einzutragen.

Ein Blick auf die Randmalereien

Es würde sich lohnen, den Illuminatoren nachzugehen, die sich wenigstens zum Teil lagenweise unterscheiden lassen: In den ersten beiden Lagen haben die Leisten komplexe Konturen; glatte Bänder herrschen ab fol. 22v vor; dabei meint man den Unterschied zweier Maler zu spüren, die für die Gegensätze im Randschmuck der ersten beiden Frontispizien verantwortlich waren; mithin hätte jener, der fol. 1 gestaltet hat, gleich den Dekor in den ersten beiden Lagen mit besorgt.

In der 11. Lage kommt ein Akanthus-Schmuck auf fol. 103 und 109 auf, der hier noch neben den Weißranken auf fol. 105v besteht, sich danach aber bis zur 14. Lage allein durchsetzt. In der 15. liegen die beiden Systeme wieder im Streit; denn auf fol. 142 kehren die Weißranken zurück, lassen noch auf fol. 145 den Akanthus zu und bestimmen dann das Bild, wobei auf fol. 160, dem letzten Blatt der 16. Lage, erneut Akanthus zu finden ist.

Unklar bleibt der Fertigungsgrad am Ende des *Purgatorio*; denn in der Bordürengestaltung kann das Weiß ohne Ausmalung, nur ein wenig durch Konturen und Binnenlinien gegliedert, ausreichen. Ab fol. 177, also von der 18. Lage an, fehlt bei den hier häufiger auftretenden Putten dann doch zu viel an Oberfläche, als daß man von der Vollendung des ursprünglich Geplanten sprechen dürfte. Der Zeitpunkt ist interessant; denn hier setzt die Malerei des 15. Jahrhunderts langsam aus. Offenbar wollte man die für Bilder zuständigen Maler heranziehen, die Putten zu Ende zu malen; dafür aber fehlte Valerio Mariani und seinen Leuten zunächst der Sinn. Wo sie dann für das Paradies zuständig wurden, ändert sich ihre Einstellung und es kommt zu lustigen Putten einer viel späteren Zeit, so auf fol. 268v.

Im *Paradiso* kehren übrigens alle drei Spielarten von Bordüren wieder: Nach Weißranken auf fol. 199 setzt sich in der 21. Lage wieder Akanthus durch, um auf fol. 208v plötzlich die Weißranken in der Art der ersten beiden Lagen des *Inferno* zuzulassen. Die Weißranken in glatten

Konturen kommen auf fol. 211v, der Akanthus auf fol. 214v wieder. Hier scheint die Leiste so wenig vollendet gewesen zu sein, daß der Putto zweifelsfrei erst in Marianis Werkstatt Gestalt bekam. Das gilt auch für den Pfau auf fol. 216v in einer Bordüre der ersten Art, während man auf fol. 220v auf Akanthus der Zeit vor 1482 und auf fol. 223v eine prächtig vollendete Ranke findet, wie sie in den beiden ersten Lagen vorkommt.

Wenn man den Gedanken an Francesco dei Russi fortspinnt, könnte man ihn sogar für die Rankenmalerei hier wie am Anfang des *Inferno* fassen. Giraldis Neffe wäre somit im *Dante* zunächst mit Illuminierung beschäftigt gewesen und erst recht spät zur Miniaturenmalerei gestoßen. Seine Art, oder besser die aus den ersten beiden Lagen, bestimmt Lage 23.

In Lage 24 kehrt der Akanthus zurück; nun sind Marianis Leute, die schon auf fol. 214v Initiale und Putto gestaltet hatten, zunehmend für den Randschmuck zuständig. Sie gestalten Akanthus, teilweise mit hinreißend hübschen Putti, so auf fol 235v. Sie beherrschen auch einigermaßen den Weißrankenschmuck: Auf fol. 241v zeigt das musizierende Engelchen in der Initiale an, daß es der spätesten Kampagne entstammt. Die war auch für die gesamte Zierleiste zuständig; denn die Weißranken werden hier gleichsam nur zitiert. Danach aber beherrscht die versuchsweise mit Franco dei Russi verbundene Form der Weißranken in gezacktem Kontur wieder das Bild, wo nicht – wie wohl auf fol. 262v – Marianis Leute leer gebliebene Felder ausfüllen mußten.

fol. 1: Vergil und Dante mit den drei wilden Tieren (Inf. 1)

Textgliederung und Bebilderung im Dante aus Urbino

Die Systematik des Layouts

Eberhard König

Dante hat sein Gedicht sorgfältig berechnet: Er hat jeweils drei Verse zu Terzinen geordnet; dabei reimen sich die erste und die dritte Zeile. Der mittlere Reim beherrscht dann die äußeren Verse der nächsten Terzine, aus deren Mitte der Reim der folgenden hervorgeht. Diese Disposition führt dazu, daß am Ende einer jeden Einheit eine weitere Zeile folgen muß, um den letzten Reim aufzufangen, der dann nur doppelt, nicht dreifach erscheint.

Schreiber begriffen die Einheit der Terzinen als das eigentliche Grundmaß der Dichtung; deshalb haben sie ebenso wie manche moderne Drucker nicht jeden Vers, sondern nur jede Terzine mit einem Großbuchstaben versehen, den man eigentlich Versalie nennt. Die Tinte wechselt nicht; doch werden die Versalien zur Verdeutlichung der Terzinenstruktur herausgerückt und vor den Textspiegel gesetzt. Dazu dienen Großbuchstaben eines der Antiqua verpflichteten Alphabets; hinzu kommt das uns heute noch vertraute Zeichen &, das hier ganz seinem kulturellen Ursprung entsprechend als Et (und) zu lesen ist. Daß der Textspiegel auf dreißig Zeilen pro Seite eingerichtet ist, geht von den Terzinen aus und garantiert, daß sie beim Seitenumbruch nicht auseinander gerissen werden.

Klassische Epen des Altertums wie die Werke Homers oder auch Vergils Aeneis waren in einzelne Gesänge geteilt; der Canto ist deshalb die Einheit, die man auch bei Dante findet; in moderner Prosa wäre das ein Kapitel. In hundert Gesänge hat der Dichter den umfangreichen Text gegliedert. Dabei kannte er aber noch eine größere Einheit, die drei Cantica (nicht zu verwechseln mit dem lateinischen Plural Cantica für biblische Gesänge); sie entspricht dem, was in der Prosa als Buch bezeichnet wird. Auch dieses Prinzip ist der Antike entlehnt, freilich nicht dem Epos, sondern der Geschichtsschreibung beispielsweise eines Livius. In drei große Cantiche hat Dante seine Commedia geschieden; sie entsprechen den drei Bereichen oder Reichen, die die Verstorbenen aufnehmen werden; es sind Hölle (*Inferno*), Fegefeuer (*Purgatorio*) und Himmel (*Paradiso*). Da bei einer einheitlichen Aufteilung dreimal 33 nur 99 ergeben hätten, die Hundert aber erreicht werden soll, wird der Hölle ein zusätzlicher Gesang gegeben, so daß aus deren 34 und zweimal 33 die runde Zahl 100 entsteht.

Zwei Künste gliedern die Texthierarchie; man unterschied sie – mit aus dem Mittelalter stammenden Begriffen – als Illumination und Historisierung, wobei mit dem Illuminieren das Leuchten von Gold und Farben ins Buch gebracht wurde, während beim Historisieren, das man heute am besten Illustrieren nennt, der Text in gemalte Geschichten übertragen wird. Im Kodex aus Urbino erhalten die einzelnen Gesänge beides: vom Illuminator einen Prachtbuchstaben und von den Illustratoren große Miniaturen, die man noch lange Historien (istorie) nannte und die der höchsten Gattung der monumentalen Malerei, der Historienmalerei, den Namen gaben.

Die Anfänge der Gesänge richteten die Gestalter des Kodex aus Urbino gern so aus, daß die rechteckige Fläche für die Miniatur über drei Terzinen, also über neun Zeilen steht. Da Dantes einzelne Gesänge aber unregelmäßig lang sind, erzwang der Übergang vom einen zum anderen gelegentlich die Entscheidung, wie viele Zeilen man am Ende ungenutzt frei lassen mochte. Ausgeschlossen blieb, die Miniatur in die Mitte der Seite zu stellen, also nach vier oder sieben Zeilen ein Bildfeld freizulassen und darunter dann noch mit der ersten Terzine des folgenden Gesanges anzufangen.

Zudem galt noch zur Entstehungszeit dieser humanistischen Handschrift das aus dem Mittelalter stammende Prinzip des Horror vacui. Es verlangte, Leerstellen im Textverlauf, wenn nur irgend möglich, zu vermeiden. Ihm zuliebe wurden Bildfeld und Textanfang getrennt, wenn sich unter den letzten Versen eines Gesanges noch genügend Platz für die Miniatur ergab. Meist respektierte man dabei als Maß drei Terzinen und die erforderliche zehnte Zeile. Zuweilen ergaben sich jedoch größere Bildräume, so schon beim zweiten und dritten Gesang, fol. 3v und 9, wo das Bild auf nur sieben Zeilen Text folgt. Doch ausnahmsweise ergaben sich auch recht kleine Räume, so auf fol. 43v, wo nach fünf Terzinen und der Schlußzeile nur noch 14 Zeilen für das Bild übrig blieben.

Während der Arbeit am Kodex begriffen die Buchmaler rasch, daß man an solchen Stellen noch ein Bild mehr schalten konnte. Daß jeweils nur ein Anfangsvers (initium) eine einzelne Initiale verdiente, versteht sich; aber der Gedanke, daß man bei der Bebilderung ein wenig mehr tun konnte, setzte sich recht bald durch. So hat man, nicht ganz systematisch, an vielen Stellen dem Textende ein Bild folgen lassen, das sich aber genauso gut auf den folgenden Gesang beziehen kann. Daraus ergab sich zum Teil die Möglichkeit, wie auf fol. 14v/15 zwei Szenen in raffinierter Weise einander gegenüber zu stellen. Doch zeigt fol. 46 mit zwei extrem gegensätzlichen Miniaturen auf Recto und Verso, daß die Gestaltung der Schlußbilder keineswegs durchweg von einem filmischen Gedanken bestimmt war.

Die Zuordnung solcher Bilder hing allein vom Verlauf der Schreiberarbeit ab; mit Gewichtung von einzelnen Gesängen hat sie nichts zu tun. Doch sollten die drei großen Teile der Dichtung, die Cantiche, monumental hervortreten. Dafür sah man, durchweg auf einem Recto, eine Prachtseite vor, die schon beim flüchtigen Durchblättern leicht aufzufinden war. Zwar bleibt die Bildgröße konstant; doch umgeben nun vierseitige Bordüren mit Bildern in Medaillons das Schriftfeld. Ihr Randschmuck wirkt derartig beherrschend, daß man den im linken Rand geradezu verborgenen Zierbuchstaben für die erste Zeile nur mit besonderer Aufmerksamkeit wahrnimmt. Im Frontispiz weicht schon der Illuminator des 15. Jahrhunderts mit seiner Eröffnung des Paradieses von dieser Konzeption deutlich ab: Die Initiale L steht nun auf einem kleinen Schild, dem ein zweites rechts entspricht; ergänzende Szenen in Randmedaillons läßt er ganz weg, um sich entschieden auf die Heraldik mit Wappen und Helmzier sowie Emblemen zu konzentrieren, die noch ganz Federico da Montefeltro vertreten und verraten: Noch bewegt man sich in dessen Lebenszeit; doch die lebendigen Wesen, die Putten und das Hauptbild mit Beatrice und Dante verraten die Hand des frühen 17. Jahrhunderts.

Bebilderung von Texten verstand sich in aller Regel als Initialdekoration; das Bild kündigt den folgenden Text an und veranschaulicht, worum es gehen wird. Das gilt auch für die meisten Miniaturen, die in Resträumen am Ende einzelner Gesänge Platz fanden; doch an einigen Stellen in Inferno und *Purgatorio* im 15. Jahrhundert bricht man mit diesem Prinzip, indem ein Thema aus den vorausgehenden Versen entwickelt und die Miniatur damit zum Schlußbild wird. Besonders auffällig geschieht das am Ende des Inferno auf fol. 95v, ohne daß noch ein entsprechender Text folgt. Im Anschluß an Fegefeuer und Paradies wäre für entsprechende Miniaturen Platz gewesen; doch nur bei der Hölle interessierte, wie die beiden Dichter wieder zurück ins Freie finden.

Die Bildfolge

Dantes *Göttliche Komödie* hat Bildphantasien in zwei ganz und gar unterschiedlichen Richtungen hervorgerufen: Heute berühmt sind, vor allem durch Darstellungen aus dem 19. Jahrhundert, Motive, von denen bei Dante nur gesprochen wird: Da gibt es das grauenvolle Schicksal Ugolinos oder die fatale Liebe von Paolo und Francesca, die Carpeaux und Rodin zu erschütternden Skulpturen angeregt haben oder Ingres zu verschiedenen Episoden von Liebe und Mord inspirierten.

Solche Bilder wird man in einer Handschrift mit Dantes Text vergeblich suchen; denn ihre Miniaturen verbildlichen den Weg des Dichters durch die drei Bereiche des Jenseits; sie zeigen deshalb in aller Regel Dante mit seinen Begleitern, Vergil, Statius und Beatrice. Dazu schildern sie den Weg, die Sensationen, denen der Dichter ausgesetzt ist, und nicht selten Persönlichkeiten, die sich auf ein Gespräch mit ihm einlassen.

Blau sind Gewand und Gelehrtenkappe des Florentiners im Kodex aus Urbino; in Gelb mit rotem Mantel gehüllt erscheint hingegen Vergil. In grünem Gewand gesellt sich ihnen Statius zu; und auch Beatrice wird ein grünes Gewand tragen. Diese Farben sind schon in früheren Handschriften für die Protagonisten üblich gewesen – mit Ausnahme von Bartolomeo di Fruosinos Dante, ms. ital. 74 der Pariser Nationalbibliothek. An ihnen erkennt man die Gestalten leicht. Sie erscheinen nicht oft einander zugewandt, sondern meist gleichsam als Betrachter im Bild – damit dem Apokalyptiker Johannes und dessen Engel vergleichbar, wie sie sich in zahlreichen Handschriften der Offenbarung am Rand des Geschehens zeigen.

Dante und Vergil bestimmen zugleich die wesentliche Dimension fast aller Bilder; denn getreu der Maxime, die Leon Battista Alberti schon mehr als eine Generation früher aufgestellt hat, richten die Buchmaler ihre Miniaturen nach deren Körpergröße aus. Sie nimmt bei den normal großen Miniaturen in der Regel die halbe Bildhöhe ein. Da die Protagonisten selbstverständlich nicht direkt auf dem unteren Bildrand stehen, ragen sie mit ihren Häuptern hinaus in die Bildmitte, die meist auf ihrer Augenhöhe liegt. Davon weichen die kleiner bemessenen Miniaturen aus Platzgründen ab; wenige Bilder aus der Hölle wie die Überfahrt über den Styx auf fol. 20 wählen eine andere Sicht, und die im 17. Jahrhundert frei konzipierten Visionen aus dem Paradies lösen sich stilistisch von diesem Konzept, was ihnen vom Inhalt her gesehen durchaus gut tut.

Inferno

Jeder Illustrator der Göttlichen Komödie hatte sich mit einer Besonderheit von Dantes Text auseinander zu setzen: Ob man in der Hölle den Himmel sehen kann, der sich über der Erde wölbt, scheint nicht ganz sicher zu sein, steigt der Dichter doch mit Vergil in die Tiefe hinab, die Boccaccio und Piero Bonaccorsi ebenso wie die Eingansminiatur von ms. ital. 74 in Paris sogar als ein gewaltiges System von Höhlen oder Stollen verstanden. Er gelangt von Höllenkreis zu Höllenkreis immer tiefer und entfernt sich von der Erdoberfläche. Doch italienische Maler wie die Ferraresen um Guglielmo Giraldi, die den Dante aus Urbino gestalteten, konnten sich ein Bild ohne Himmel kaum vorstellen. Da sie in der Nachfolge von Andrea Mantegna überdies gelernt hatten, Wolken als gestalterische Elemente einzusetzen, ziehen denn auch in ihrer Hölle an bunten Himmelszelten die sonderbarsten Wolken vorüber; sie stärken die Wirkung und sind, wenn man die Handschrift kennt, aus diesem Inferno gar nicht mehr wegzudenken.

fol. 1: Frontispiz zum I. Gesang: Vergil kommt Dante vor den drei wilden Tieren zu Hilfe, mit Initiale N und vier historisierten Medaillons in der Bordüre

Die ersten drei Terzinen des ersten Gesangs stehen unter dem Hauptbild; die Initiale N erscheint als goldenes Blattwerk in einem blaugrundigen Medaillon, ganz ins System der Bordüre integriert und durch die braune Randleiste, die Text und Bild umgibt, deutlich aus dem Zusammenhang der Verse gelöst. Die Versalien zu Beginn der beiden folgenden Terzinen rücken in den Textspiegel; das werden sie auch auf anderen Bildseiten tun.

Hauptszene ist Dantes Begegnung mit Vergil. Der Dichter hat sich in der Mitte seiner Lebensbahn in einem finsteren Wald verloren, trifft am Fuß eines Hügels auf einen Panther mit fleckigem Fell, einen Löwen und eine Wölfin, die ihm den Weg zur Höhe versperren. Bei der Flucht zurück ins Tal oder in den Wald erblickt er Vergil und schließt sich ihm an. Gezeigt ist das nicht. Vielmehr dürfte sich der Maler an der fünften und sechsten Terzine inspiriert haben, die in Inf. I, 13 mit einer Raumschilderung beginnt, die Dante an den Fuß des Hügels führt, während Inf. I, 16-17 schildern, wie der Bergrücken im Sonnenlicht erstrahlt. Das hat der Illuminator zu erfassen gesucht; sein Bild aber spielt nicht mit dem Aufstrahlen des Bergrückens im Licht, sondern mit dem Aufgehen der Sonne. Vielleicht hat er deshalb in dieser Miniatur auf sonst im ganzen Kodex nicht zu findende Art mit Goldhöhungen gespielt.

Nicht nur in dieser Hinsicht muß sich Malerei von Dichtung lösen. Wie Dante seine Begegnung mit dem Dichter der Antike schildert, wäre kaum würdig zu fassen gewesen, Inf. I, 61 ff. zufolge müßte er in die Tiefe gestürzt aufblicken zu Vergil und diesem dann folgen. Schlüssiger im Bild war die freie Erfindung: So muß sich Dante denn überrascht zu Vergil umdrehen, der ihm in höchster Not von hinten zu Hilfe eilt, während die Tiere ihn schrecken. Hübsch ist dabei zu beobachten, daß der Maler der Zeit um 1480 kaum mehr vom Panther wußte als der Dichter des frühen 14. Jahrhunderts, während er den Löwen aus der Heraldik nimmt und der Wölfin das Maul eines Dachses gibt, vielleicht um sie noch schrecklicher erscheinen zu lassen.

Die Medaillons zeigen, wie wenig filmisch die Vorstellung des Illustrators an dieser Stelle war; anders als in den großen Miniaturen variiert er dort die Figurengröße und hält sich nicht an das sonst gängige Verhältnis zum Raum: Aus dem Bild von Berg und der Begegnung mit den wilden Tieren schöpft er drei Varianten in unterschiedlich gestaltetem Gelände; sie spielen alle unter Sternen, als gehe die Nacht dem Sonnenaufgang im Hauptbilde voraus, was in der Dichtung so nicht zu finden ist.

Rechts oben wird die gesamte Situation zwischen Vers 11 und 28 geschildert; denn dort kauert Dante am Fuße des Berges und am Rande des wahren Weges. Im zweiten Medaillon hat sich Dante wieder auf den wahren Weg zum Berg hin begeben, wird aber vom Panther wie von einem frechen Hund angekläfft, während ihn im dritten Medaillon rechts unten der Löwe geradezu zum Berg hin treibt.

Im Medaillon unten links hingegen wendet sich der Illustrator geradezu zeitgleich der Situation zu, in der Vergil aufgefordert wird, Dante zu Hilfe zu eilen: Da sitzt der Dichter in denselben Signalfarben wie im Hauptbild, und man erkennt, wie stark ein Buchmaler die Disposition seiner gesamten Seite im Blick hat, wenn er auf ihr Figuren und Situationen verteilt. Vergil hat sich auf einem Stein niedergelassen und blickt auf zu einer jungen Frau, die ihn mit hoch erhobener Rechter beschwört. Es ist Dantes verstorbene Geliebte Beatrice, die ihn im ersten Höllenkreis, dem Limbus, aufsucht. Man rechnete so wenig damit, sie an dieser Stelle zu erkennen, daß man sie am Ärmel beschriftet hat. Im I. Gesang ist von ihr nicht die Rede; auf Inf. II, 67 dürfte sich ihr Erscheinen beziehen.

Prachtvoll präsentiert der Buchmaler dazu die heraldischen Zeichen seines Auftraggebers: Ein gekrönter Adler trägt das mächtige Wappenschild, dessen Zentrum auf Rot die Auszeichnung Federico da Montefeltros als Gonfaloniere, also Heerführer, des Papstes bildet. Putten winden zudem das mit Perlen gesäumte Hosenband des englischen Order of the Garter, der im zentralen Medaillon oben noch einmal wiederholt wird. Doch nicht genug damit, eine goldene Inschrift bezeichnet dann auch noch einmal unten, welchem hohen Herrn diese herrliche Handschrift zugedacht war.

Auf die eigene Kunst macht der Maler schließlich aufmerksam, indem er Hasen und Affen, einen Wiedehopf und einen Vogel Strauß sowie weitere Tiere und Vögel in kleinen Rauten und Kreisen zeigt. Noch zahlte es sich für Künstler aus, mit Proben ihrer treffenden Wiedergabe der Natur die Auftraggeber zu beeindrucken. So blättert man hier gleichsam ein wenig im Musterbuch der Illuminatoren.

Eigentümlich ist schließlich auch der Schmuck der Bordüre: Ihr festes Gefüge aus goldenen Leisten hat ein wenig mit der traditionellen Einrichtung der Buchseite zu kämpfen; denn nach einem Modul, das den Goldenen Schnitt auf die Verhältnisse von Rand und Textspiegel überträgt, ist die Seite mit von innen nach oben, außen und unten zunehmend größer werdenden Rändern versehen. Die Architektur des goldenen Gitterwerks gleicht den inneren dem oberen Rand an; sie läßt sich nicht auf den unteren Streifen übertragen. Die ornamentale Wirkung der an Mittelachsen orientierten Medaillons könnte letztlich auf Pariser Buchmalerei des mittleren 15. Jahrhunderts zurückgehen. Eine ganz andere Welt aber wird mit dem dichten Netzwerk aus weißen Ranken beschworen. Sie, die man im Italienischen bianchi girari nennt, füllen die einzelnen Kompartimente mit unterschiedlichen Grundfarben. Aus keltischer Tradition stammen sie; aus karolingischen Handschriften dürften Humanisten solche Ornamente kennen gelernt haben. Man hielt sie für antik und deshalb für besonders geeignet, würdigen Buchschmuck abzugeben.

fol. 3v: Inferno, II. Gesang: Dante und Vergil im Gespräch, mit Initiale L auf fol. 4

Der Berg, den Dante eigentlich besteigen wollte, rückt in die Ferne. Fragend steht er vor dem altrömischen Dichter, der mit entschiedener Geste nach oben weist, als wollte man sich wirklich nun an einen Aufstieg wagen. In dieser Unterredung wird der Berg zur Metapher für die schwer zu bewältigende Aufgabe, der Dante hilflos gegenüber steht, während Vergil an den Mut appelliert. Tatsächlich spricht der letzte Vers (Inf. II, 142) vom „steilen, ungebahnten Weg". Man hat den Eindruck, diese zweite Miniatur fasse bereits das ganze Konzept der Göttlichen Komödie zusammen; denn der sorgfältig terrassierte Berg ist wohl als ein früher Hinweis auf den Läuterungsberg zu verstehen, den Vergil schon in Inf. I, 118 f. ankündigt.

fol. 6v: Inferno, III. Gesang: Dante und Vergil unter der Höllenpforte, mit den Unentschiedenen

Die Pforte zur Hölle bildet den Rahmen der Miniatur; bekrönt ist sie von einem Segmentbogen, dessen Zier in den Rand ausstrahlt und dort sogar Schatten wirft. Die goldene Inschrift im schwarzen Bogenfeld lautet: PER ME SI VA NELA CITA DOLENTE. PER ME SI VA NEL E/TERNO DOLORE. PER ME SI VA NELA PERDV/TA GIENTE. GIUSTITIA MOSSE IL MIO/ ALTO FACTORE. FECEME/ LA DIVINA PODEST. Dieselben Worte folgen dann als erste fünf Verse des Textes (Inf. III, 1-5); sie standen bereits auf der Buchseite, als der Maler seine Arbeit begann; beide Texte unterscheiden sich nur wenig, sind aber dennoch bezeichnend für den lockeren Umgang mit der Orthographie.

Dante führt seinen Leser vor dieses Tor, indem er ihn die Inschrift lesen läßt, die in der Ich-Form spricht: „Durch mich geht es in die Stadt des Leidens,/ durch mich geht es in das ewige Leid,/ durch mich geht es unter die verlorenen Scharen./ Gerechtigkeit bewog meinen hohen Schöpfer;/ mich schuf die göttliche Allmacht." Das entscheidende Wort folgt dann eigentlich erst im neunten Vers, mit dem die Buchseite im *Dante aus Urbino* endet: „Gebt alle Hoffnung auf, die ihr eintretet." Der räumliche Zusammenhang zwischen dem Tor und der eigentlichen Hölle bleibt schon beim Dichter ungeklärt; und dessen traumähnliche Disposition setzt der Illuminator um.

Behende schreitet Dante voran; denn Vergil hat ihn nach dem Zögern in Vers 19 bei der Hand genommen, um ihm Mut zu machen. Den Betrachtern der Miniatur wenden sie den Rücken zu. Auf sie kommen von rechts nackte Seelen zu. Sie gehören nicht in die eigentliche Hölle und irren unerlöst vor jener Anlegestelle herum, von der aus alle übrigen Verdammten den Acheron überqueren, sie aber müßen bleiben. Unter ihnen läßt eine purpurne Mitra einen Prälaten erkennen; es ist jener Papst, in dem man gern Cölestin V. erkennt, der nur vom 15.7. bis zum 13.12. 1294 regierte, um dann durch seinen Amtsverzicht Bonifaz VIII. Platz zu machen.

Man blickt mit Dante und Vergil wie von einem abschüßigen Felsengestade auf das Wasser hinunter, wo Charon als bärtiger Fährmann im leeren Nachen steht und auf Seelen wartet, die weiter hinten von rechts an ihn herantreten. Sein Ziel ist offenbar die von mächtigen Mauern umgebene Stadt auf einer Insel im Hintergrund; es ist die Stadt Dis, die erst bei Übergang vom fünften zum sechsten Kreis betreten werden wird. Ein großes Tor unter einem hohen Turm beherrscht den Eindruck; es gleicht auf irritierende Weise dem Tor mit der Inschrift, das in die Miniatur hineinführt. Die großzügige und geradezu heitere Atmosphäre der Miniatur erstaunt; ihr Maler taucht nur an dieser Stelle auf.

fol. 9: Inferno, IV. Gesang: Drei römische Dichter, angeführt von Homer, begegnen Vergil und Dante im ersten Höllenkreis, dem Limbus, mit Initiale R auf fol. 9v

In Inf. IV, 83 kommen vier große Schatten auf die beiden zu; Homer führt sie mit einem Schwert in der Hand an, mit einem Kopfputz versehen, der an die beiden Kronen der ägyptischen Pharaonen erinnert. Doch könnte man auch vom weißen Untergewand, das wie eine Albe aussieht, und dem Mantel, der sich trotz des Kragens wie ein Pluviale um die Schultern legt, eine Art Prälaten hier erkennen. Nicht weiter charakterisiert sind die drei bartlosen, die sich wie Schüler hinter dem bärtigen Homer drängen; es sind, wie Vergil ab Inf. IV, 85 erläutert, Horaz, Ovid und Lukan. Durch diese Begegnung fühlt sich Dante in deren Schar als Sechster aufgenommen (Inf. IV, 102). Hinter ihnen lagern und wallen all jene, die nicht ihres Lebens wegen verdammt sind, sondern nur vor dem Erlöser geboren und deshalb nicht erlöst sind. Hinter ihnen türmt sich eine Befestigung auf. Deren sieben Mauern hat der Illuminator gerade noch erfaßt. Das erst ist der Limbus.

fol. 12: Inferno, V. Gesang: Minos und die neuen Verdammten mit Dante und Vergil im zweiten Höllenkreis

Minos sitzt auf einem Stein, um die Seelen in die ihnen geziemenden Orte der Hölle einzuweisen. Teufel als Henkersknechte führen die Seelen wie Gefangene vor. Dante betritt mit Vergil gerade die Szene. Der mythische König von Kreta ist hier ein dunkelhäutiges Teufelswesen mit großen Bockshörnern; er ist nackt, sein Schlangenschwanz windet sich um seinen Bauch. Mit der Anzahl, in der sich dieser um ihn herumwickelt, gibt er die Zahl des für jeden einzelnen Sünder vorgesehenen Kreises an. Dantes Beschreibung sollte noch in Michelangelos Sixtinischem Weltgericht weiter wirken, wo Minos entsprechend mit dem Schlangenschwanz dargestellt ist. Die zwei Seelen, bei der ein Mann eine Frau kopfüber stürzt, erstaunen insofern, als Dante in Inf. V, 15 sagt, die Seelen würden anschließend in die ihnen zugewiesenen Bereiche hinabgestürzt; das aber müßte eher durch Teufel als durch andere Seelen ins Werk gesetzt werden. Ein Grundproblem der Höllenvorstellung wird anschaulich beim Blick in den Himmel; er ist von feurig beleuchteten Wolkenschwaden durchzogen; Seelen schweben hier; es sind die von der Höllenwindsbraut umher geblasenen Seelen der Liebenden, mit denen Dichter das Gespräch sucht.

fol. 14v: Inferno, V. Gesang, Schlußbild: Francesca und Paolo vor Dante und Vergil

Von der dramatischen Schilderung im Text kann der Buchmaler nicht viel fassen. Da schweben aus der Luft unglückliche Verliebte heran, deren Geschichten zu Herzen gehen, und Vergil bemerkt, daß Dante die Sinne verliert; deshalb stützt er ihn mit der Hand. Während Paolo, ohne ein Wort zu sprechen, weint, antwortet Francesca und erzählt die berühmte Geschichte aus Rimini, von beider Liebe und dem grausigen Ende durch den eifersüchtigen Ehemann aus dem Hause Malatesta. Es ist das erste Schlußbild im Dante aus Urbino; die in ihm geschilderte Geschichte gehört zu den bekanntesten in der Göttlichen Komödie, zugleich wirft sie ein böses Licht auf die Malatesta von Rimini. War es nun die Rivalität des Montefeltro mit seinem verfeindeten Nachbarn oder die Poesie Dantes, die hier eine Miniatur entstehen ließ, die unvermeidlich an die Ursituation von Adam und Eva erinnert?

fol. 15: Inferno, VI. Gesang: Cerberus und die Gefräßigen im dritten Höllenkreis

Wieder spielt der Himmel beim weiteren Abstieg eine Rolle: Hinten gibt der Maler den Anschein „des ewigen,/verfluchten, kalten und schweren Regens", von dem der Dichter spricht (Inf. VI, 7-8). Dort treffen die beiden Dichter Cerberus vor dessen Grotte, und in der entfernten Szene ist zu erkennen, wie Vergil eine Hand voll Erde „in die gefräßigen Schlünde" des dreiköpfigen Höllenhundes wirft (Inf. VI, 27). Vorn verändert sich die Vision; der Regen ist gleichsam ausgeblendet, und mit einem Male besetzt Cerberus die Mitte einer Gruppe von Gefräßigen, die der Regen niederzwingt. Nun kann Dante mit ihnen sprechen. Wer den Text nicht filmisch versteht, sondern begreift, daß bei den Dialogen die Umgebung ganz aus dem Auge verloren wird, kann solch eine Umsetzung ins Bild durchaus adäquat finden: Vor dem Hintergrund des Treffens mit Cerberus im Regen spielt dann das Gespräch mit einigen Verdammten vorn.

fol. 17v: Inferno, VII. Gesang: Geizige und Verschwender im vierten Höllenkreis

Hier wäre Gelegenheit gewesen, Pluto zu malen, der auftaucht und die ersten Worte des Gesangs spricht; doch stattdessen wird zum ersten Mal eine Höllenstrafe in den Vordergrund einer Miniatur gerückt: Geizige und Verschwender müssen in einer gewissen Analogie zur Geschichte des Sisyphus unabläßig Lasten bewegen. Sie können mit Dante nicht sprechen; deshalb übernimmt es Vergil, das Geschehen zu erklären; und das hat der Buchmaler auch treffend dargestellt; denn er gibt ihm die Geste des Sprechers. Dazu charakterisiert er durch die Männer mit Tonsuren direkt vor den beiden Dichtern, welche Rolle die Kleriker unter den Verdammten dieses Höllenkreises spielen.

fol. 20: Inferno, VIII. Gesang: Fahrt über den Styx im fünften Höllenkreis und Ankunft vor den Mauern von Dis

Vorn befördert Phlegias mit seinem Boot, einer recht gut getroffenen Gondel, die beiden Dichter von einem Ufer, das von einem großen Turm beherrscht wird, zu den Mauern der Stadt Dis. Verdammte schwimmen im schmutzigen Sumpf, einer von ihnen drängt zum Boot, es ist der Florentiner Filippo Argenti, den Dante zurückweist. Während vom Turm links zwei Fackeln die Ankunft der beiden Dichter ankündigen, sind sie rechts bereits aus dem Boot gestiegen.

fol. 22v: Inferno, IX. Gesang: Vergil und Dante an den Särgen der Ketzer im sechsten Höllenkreis

Innerhalb der Mauern von Dis, mit einem Tor im Hintergrund, dem wohl bewußt dieselbe Form gegeben wurde wie dem rahmenden Höllentor in der dritten Miniatur (fol. 6v), schreiten die beiden Dichter an brennenden Särgen vorbei. Vergil hat die Führung übernommen. Die entsprechende Schilderung beginnt schon im vorhergehenden Gesang; dort wird auch in Vers 127 auf die oben schon gezeigte „Todesschrift" erinnert; denn wieder stellt sich Dante die Frage, ob er je aus den Mauern der Hölle wieder entlassen werden kann. Die von Feuer erfüllten Gräber erklären sich hingegen aus dem Ende des IX. Gesanges; dort zieht Dante Vergleiche zu berühmten Gräberfeldern seiner eigenen Zeit wie den Alyscamps von Arles. Im *Inferno* bergen diese Sarkophage die Erzketzer, wie Vergil in Vers 127 erläutert. Damit kann der Maler etwas Handfestes schildern, wo im Text wilde Visionen beispielsweise von den höllischen Furien ganz andere Bilder verlangt hätten.

fol. 25: Inferno, X. Gesang, Vergil und Dante vor Cavalcante und Farinata, mit Initiale H auf fol. 25v

Dante spricht mit zwei Florentinern: Farinata degli Uberti (1239-1264) und Cavalcante Cavalcanti, Vater von jenem engen Freund Dantes, Guido Cavalcanti (um 1259-1300), der im Jahr der fiktiven Höllenfahrt gestorben ist, was zu einer schwer deutbaren Sequenz im Text führt. Bemerkenswert treffend ist dagegen in der Miniatur das Auftauchen zweier Körper geschildert: Bis zum Gürtel ragt aus dem Sarkophag Farinata

(Inf. X, 28), nur bis zum Kinn Cavalcante (Inf. X, 53). Farinata war Anhänger Kaiser Friedrichs II. und wurde von den Florentinern wegen seiner antipäpstlichen Haltung noch posthum als Ketzer verurteilt; deshalb taucht er hier auf. Ihm legt der Dichter eine Prophezeiung über die eigene Verbannung in den Mund. Die Szene ist deshalb von großer Bedeutung für Dante selbst; die ungewöhnliche Größe der Miniatur (etwas mehr als 25 Zeilen) erklärt sich allein aus dem Zufall, daß über ihr nur noch vier Zeilen vom vorigen Gesang stehen.

fol. 28: Inferno, XI. Gesang: Dante und Vergil vor dem Sarkophag des Papstes Anastasius II., am Abgrund zum siebten Höllenkreis

Die Nase hält sich Dante zu, als es vom sechsten in den siebten Höllenkreis hinab geht; Vergil wendet sich zu ihm um, um ihm den Ort zu erklären. Die Dichter sind am äußeren Rand eines hohen Ufers angekommen, das große Felsenriffe ringsum formten. Sie erscheinen gerade vor einem Sarkophag, dessen goldene Inschrift den darin von Feuer Gepeinigten verrät: ANA/STA/GIO/PP.G.//QVEL CHE/TRASSE FOTI(N)/DE LA VIA DRITA. Eigentlich müßten sich die beiden Dichter wegen des schaurigen Gestanks, der aus dem Abgrund aufsteigt, hinter den Deckel des Grabes zurückziehen, und auf diesem - nicht auf der Front – hätte die Inschrift zu stehen. In Inf. XI, 8-9, also in den letzten beiden Zeilen auf dieser Seite, spricht der Sarg selbst: „Anastagio papa guardo / il qual trasse Fotin de la uia dritta" („Den Papst Anastasius bewahre ich, /welchen Photinus vom geraden Weg abzog"). Aus diesen Versen hat der Maler die Inschrift mit dem darin kaum noch verständlichen „PP.G." gebildet. Anastasius II. (amtierte als Papst 495-498) hatte Photin von Thessaloniki in Rom aufgenommen und durch seine Toleranz gegenüber dessen griechischer Christologie den Vorwurf der Ketzerei auf sich gezogen. Bemerkenswert ist dennoch die Kühnheit, mit der sich Dante herausnimmt, nachdem er Cölestin V. vor dem Acheron herumirren ließ, nun einen Papst direkt in die Hölle zu verdammen. Das hat es vor ihm nicht gegeben, wird aber beispielsweise in Höllenbildern von nun an zum Gemeinplatz.

fol. 30v: Inferno, XII. Gesang: Dante auf dem Rücken des Kentauren Nessos am Blutstrom Phlegeton im ersten Ring des siebten Höllenkreises mit den Gewaltsamen gegen andere

Mit Beiszenen hinten wird der ganze zwölfte Gesang in dieser Miniatur dargestellt: Auf der Spitze des Berges galoppiert Minotaurus, am Rinderschwanz erkennbar. Er müßte eigentlich am Felsabhang lagern, folgt hier aber einer in Urb. lat 365 (wie übrigens auch in der zweiten Dante-Handschrift aus Urbino, Urb. lat 366, die bilderlos blieb) zu findenden Textvariante: In ihr lautet das Endwort von Inf. XII, 12 nicht „distesa", sondern „discesa", also hinab gestiegen. Am Fuße der Berge tauchen hinten in einem Hohlweg dichte Scharen von Kentauren auf; drei von ihnen erscheinen am Ufer, mit Pfeil und Bogen zielen sie gegen einander; einer von ihnen, der größere rechts, dürfte Cheiron sein, Sohn des Chronos und bei Dante die führende Autorität unter seinesgleichen. Sie bewachen den Blutstrom Phlegeton, dessen Name erst im folgenden Gesang (XIV, 131, 134 f.) genannt wird. In seinen kochend heißen Fluten werden jene bestraft, die Gewalt gegen andere übten. Die Passage ist noch stärker Furcht erweckend als manche andere. Deshalb übernimmt es der Kentaur Nessos, der Dejaneira entführte und an Herakles Rache nahm, auf Vergils Bitte hin, Dante auf seinem Rücken zu befördern. Der Maler betrachtet die Szene vom Saum des Waldes der Selbstmörder aus; denn die Dichter sind mit Nessos schon am jenseitigen Ufer, also am äußeren Saum des zweiten Rings des siebten Kreises angelangt.

fol. 33: Inferno, XIII. Gesang: Vergil und Dante im Walde der Selbstmörder, im zweiten Ring des siebten Höllenkreises, mit Initiale N auf fol. 33v

Unter dumpfem Himmel stehen spärlich belaubte Bäume, in deren Kronen Harpyen mit blonden Frauenköpfen Platz genommen haben. Vergil läßt Dante einen Zweig von einem der Bäume abbrechen, damit dieser erfährt, daß die Bäume stöhnen und bluten. Der Baum, den Dante verletzt, erweist sich als Piero della Vigna, von 1223 bis 1247

Kanzler Kaiser Friedrichs II., danach zwei Jahre Logotheta des Reiches (eigentlich Kanzler), danach eingekerkert, geblendet und damit zum Selbstmord getrieben.

Im Hintergrund aber, und das unterbricht im Text die Auseinandersetzung mit dem Selbstmörder, jagen zwei Nackte vorbei; es sind Vergeuder, die im Gegensatz zu den Verschwendern des vierten Kreises das eigene Geld verprasst haben; sie werden von schwarzen Hündinnen gehetzt: Lano aus Siena, der 1287 auf der Flucht ums Leben kam und einen zweiten Tod sucht, sowie Jacopo di Sant' Andrea aus Padua, der Häuser angezündet haben soll, um Gästen den Weg zu weisen oder einer in den Regen gekommenen Jagdgesellschaft die Kleider zu trocknen.

Auf dem Saum von Vergils Gewand sind die Lettern zu lesen: POETA FVI ET CANT (Dichter war ich und Sänger).

fol. 36: Inferno, XIV. Gesang: Dante und Vergil mit Kapaneus unter den Gotteslästerern, im dritten Ring des siebten Höllenkreises

In vier Gesängen geht es um jene, die Gewalt gegen Gott und die Natur übten; darunter faßt Dante Gotteslästerer, Homosexuelle und Wucherer. Die Gotteslästerer sind dazu verdammt, auf einer weiten Sandwüste mit Feuerflocken zu liegen; inspiriert ist das von Lukan, der im IV. Gesang auftaucht. Er hatte die Durchquerung der lybischen Wüste unter Cato von Utica beschrieben. In der danach konzipierten Höllenqual müßen die Gotteslästerer still liegen. Unter ihnen erscheint Kapaneus, der riesenhafte unter den Sieben gegen Theben. Er lästerte bei der Eroberung von Theben die Götter und wurde von Zeus mit dem Blitz erschlagen.

Zwischen brennenden Bäumen und der Sandwüste schreiten die beiden Dichter einen steinernen Pfad entlang; sie sind genial als Rückenfiguren begriffen. Auf der Schulterpartie von Vergils Gewand liest man seinen Namen: VIRGILIVS MARO.

fol. 38v: Inferno, XV. Gesang: Vergil folgt Dante, der mit Brunetto Latini spricht, mit Gruppen von Homosexuellen, im dritten Ring des siebten Höllenkreises, mit Initiale H auf fol. 39

Vergil und Dante schreiten weiter auf einem befestigten Pfad. Vergil bleibt einen Schritt zurück und wendet sich nach links. Dante schreitet voran, aufmerksam dem nackten Manne zuhörend, der ihn am Rande der Sandwüste ein Stück begleitet, während Scharen von Männern im Mittelgrund vorbei eilen. Die einen tauchen gerade am linken Bildrand auf, die anderen, durchweg Geistliche mit Tonsur, haben den rechten erreicht.

Dantes gesenktes Haupt mag Ehrfurcht vor seinem Gesprächspartner ausdrücken; es ist sein Lehrer Brunetto Latini (1220/40-1294), der von Florenz verbannt, zwischen 1260 und 1267 in Frankreich verbrachte und dort in französischer Sprache sein Hauptwerk Le Trésor verfasste, ein an Vinzenz von Beauvais orientiertes Buch über die Welt, zu dessen Einfluß auf das eigene Werk sich Dante am Ende des Gesanges indirekt bekennt, indem er dem Autor Brunetto die Worte in den Mund legt: „mein Tesoro ..., in dem ich fortlebe" (Inf. XV, 120).

fol. 41: Inferno, XVI. Gesang: Dante und Vergil mit den drei Florentinern, im dritten Ring des siebten Höllenkreises, mit Initiale G auf fol. 41v

In einer der größten Miniaturen baut sich imponierend ein Panorama aus wilder Felsenlandschaft auf. Wieder führt in einem Bogen ein befestigter Felsenpfad an der Sandwüste vorbei; er begleitet als Damm den Fluß, der links neben ihm fließt. Feuerflocken fallen vom Himmel, gezielt nur rechts, um auf die nun grünliche Wüste zu regnen; sie breiten sich aber wie ein Schleier auch über die Felsen in der Ferne, die am anderen Ufer liegen. Das Wasser links müßte dem Dichter nach eigentlich der blutige Phlegeton sein; er wird hier zum Fluß, weil im ersten Vers nur ein Brausen erwähnt ist. Sonst bleibt es bei derselben Situation wie in der vorigen Miniatur; und auch im Text ist die Zäsur zwischen den Gesängen nicht von Bedeutung.

Vom Text direkt inspiriert, aber bildlich wie eine männliche Variation zu den drei tanzenden Grazien erscheinen vorn drei Florentiner, Guido Guerra, Tegghiaio Aldobrandini und Jacopo Rusticucci, die sich an die Hände fassen, um nicht mit den anderen, die in der Ferne noch gerade auftauchen, wieder in ihrer wilden Jagd über die Wüste weiter getrieben zu werden. Ihre Nachfrage gibt Dante Gelegenheit zu einer eindrucksvollen Terzine (Inf. XVI, 73-75), in der er seine ganze Verzweiflung über den Zustand seiner Heimatstadt ausdrückt: „Die neuen Leute und die plötzlichen Gewinne haben/ in dir, Florenz, Hochmut und Maßlosigkeit erzeugt,/ so daß du schon darüber weinst."

Der Saum von Vergils Gewand trägt wieder den Namen des Dichters VIRGILIVS MA.

fol. 43v: Inferno, XVII. Gesang, Dante bei den drei Wucherern, Vergil bei Geryon, im dritten Ring des siebten Höllenkreises, mit Initiale E auf fol. 44

Ungewöhnlich klein ist der Bildraum mit nur vierzehn Zeilen Höhe. Dantes aufgerichtete Gestalt am linken Rand wirkt deshalb besonders mächtig, und die Perspektive des Weges, den Vergil schon ein gutes Stück vorausgegangen ist, erscheint bezwingend. In einer selten so konsequent angewendeten Umsetzung von Prinzipien, die Leon Battista Alberti erläutert hat, werden zudem der Horizont und die Augenhöhen der beiden Dichter aufeinander bezogen. Doch das steht in gewissem Gegensatz zur Aufgabe, den Weg noch einmal um die Sandwüste herum zu führen. Nun liegt sie linker Hand, während der Fluß, der eigentlich als Phlegeton blutig sein müßte, nun rechts fließt. Der Platz für die Verdammten ist zu einer Art runden Insel in der Landschaft und damit in der Bildmitte geworden.

Zwei Szenen sind zu einer zusammengefaßt: Vergil hat Dante ermuntert, zu den Leuten zu gehen, die in der Wüste sitzen, während er selbst weiter schreitet, um jenen Strick, mit dem Dante „einstens hatte fangen wollen/ den Panther mit dem buntgefleckten Felle (Inf. XVI, 107 f), zu Geryon herabzulassen, um mit ihm zu sprechen. Gerade taucht das Haupt des Riesen aus den Fluten hinten rechts auf. Die Schilderung Geryons nimmt den Anfang des Gesanges ein.

Dantes drei Gesprächspartner tragen Beutel um den Hals, die mit Zeichen besetzt sind, wie sie die Dichtung schildert: Rechts außen erkennt man einen steigenden Löwen in Blau auf Gelb, links eine weiße Gans auf Rot und in der Mitte ein Säugetier, das blau auf Weiß erscheint; es ist eher dem Text als dem Bild nach eine Sau. Die Reihenfolge stimmt nicht mit der Dichtung überein; denn Inf. XVII, 60 spricht vom Löwen, Inf. XVII, 63 von der Gans und erst Inf. XVII, 65 von der Sau. Da deren Träger, Reginaldo Scrovegni, das Wort führt, hat ihn der Maler in die Mitte gesetzt. Durch die Wappen sind die adligen Familien erkennbar; den Löwen trugen die Gianfigliazzi, die Gans die Ubriachi; die blaue Sau aber weist nach Padua, zu den Scrovegni, aus deren Reihen Enrico berühmt wurde, weil er für die Sünden seines Vaters Reginaldo die Arena-Kapelle errichten und 1305 von Giotto ausmalen ließ. Im Gespräch läßt Dante den Scrovegni verkünden, daß der paduanische Podestà Vitaliano del Dente, der damals noch lebte, hier seinen Platz haben sollte. Auf den Bankier Giovanni Buiamonte aus Florenz, den Dante in dieser Reihe mit seinem Wappen aus drei Böcken erwähnt, hat der Maler verzichtet, wohl weil die drei eine bessere Komposition ergaben.

fol. 46: Inferno, Schlußbild zum XVII. Gesang: Geryon trägt Dante und Vergil über das Wasser oder die Wolken des Phlegeton, im achten Höllenkreis

Geryon ist ein weißbärtiger Greis mit dem Gesicht des Biedermannes, den Vorderläufen eines Pferdes und einem Schwanz, der in der giftigen Gabel eines Skorpions endet. Die Vorstellung vom Kentauren mit Schlangenschwanz überlagert beim Bild Geryons die präzise Lektüre von Inf. XVII, 10-27; denn Arme, Brust und Rücken entsprechen dem klassischen Bild. Zottig ist nichts, und von Pranken wird man bei diesem Bilde nicht reden. Das Ungeheuer müßte beide Dichter mit dem Rücken in gewaltigem Sturzflug in die Tiefe bringen; doch schwimmt es auf nur mäßig bewegtem ebenen Gewässer zwischen felsigen und von Feuern besetzten Bergen bei einer Art Sonnenuntergang, als sei es gerade auf ebenem Gewässer gelandet. Gemeint ist wohl der Moment, da er auf einem Nebenarm des Phlegeton gelandet ist, um die beiden Dichter auf seinem Rücken Platz nehmen zu lassen.

fol. 46v: Inferno, XVIII. Gesang: Das Gedränge der Betrüger in der ersten Bolgia, im achten Höllenkreis

Um ein kreisrundes Loch, das zum neunten Höllenkreis herunter führt, ist der achte in zehn konzentrische Kreise geteilt; Dante nennt sie Malebolge; und dieser Begriff hat sich auch in den fremdsprachigen Übersetzungen durchgesetzt, weil er nur ungenügend als Gruben oder Säcke des Übels übersetzt werden kann. Felswände begrenzen einen schmalen Weg, der unter einem großen Steinbogen hindurch führt. In strengem Rechtsverkehr streben auf der linken Seite unzählbare Scharen von Seelen auf den Betrachter zu, während rechts alles nach innen strebt, so auch die beiden Dichter, die im Getümmel durch die Farben ihrer Gewänder in der Bildmitte auf ihrem Weg ins Innere zu erkennen sind. Das Getümmel selbst vergleicht Dante mit dem Gedränge der Pilger auf der Engelsbrücke im Jahre 1300, das Bonifaz VIII. zum Heiligen Jahr ausgerufen hatte.

fol. 49: Inferno, XIX. Gesang: Im Ring der Simonisten, der dritten Bolgia, im achten Höllenkreis, mit Initiale O auf fol. 49v

Die Gräben der Malebolge überquert man mit Brücken; darauf erscheinen Vergil und Dante; sie blicken von einer solchen Brücke von hinten auf eine Bolgia hinunter und tauchen rechts noch einmal auf, wo Vergil den hilflosen Dante trägt. Dann erscheinen sie ein drittes Mal vorn; nun kniet Dante neben aus dem Boden reckenden Beinen, aus deren Fußsohlen Feuer schlägt.

Mit ihren Oberkörpern im Boden stecken die Simonisten, also die Prälaten, die kirchliche Ämter gegen Geld erschachert oder verschachert haben. Vorn kniet Dante nieder, um die aus der Unterwelt kommenden Stimmen besser zu hören. Anlaß ist die bitterste kirchenkritische Episode in der Göttlichen Komödie: Er spricht mit Nikolaus III., also einem weiteren Papst, den er in der Hölle ortet. Dieser, der von 1277 bis 1280 regierte, regt sich in seinem Höllenloch, weil er - fiktiver Zeitpunkt von Dantes Höllenreise ist das Jahr 1300 - überrascht ist, den damals regierenden Papst Bonifaz VIII. bereits an diesem ihm vorbestimmten Orte ankommen zu hören, obwohl der ja erst 1303 gestorben ist. Der von Dante besonders verachtete Bonifaz ist damit gleich der vierte Papst, für den der Dichter sich einen Platz in der Hölle ausgedacht hat.

fol. 51v: Inferno, Schlußbild zum XIX. Gesang: Übergang von der dritten zur vierten Bolgia, im achten Höllenkreis

Aus der Tiefe der dritten Bolgia, aus der die entflammten Füße der Simonisten sprießen, wird wieder aufgestiegen, in einem eindrucksvollen Blick auf die Rückenfiguren von Vergil und Dante, der wieder von Vergil getragen wird.

fol. 52. Inferno, XX. Gesang: Die Wahrsager, in der vierten Bolgia, im achten Höllenkreis

Nachdem in der gegenüber stehenden Miniatur nur der Weg der beiden Dichter geschildert wurde, erscheinen sie diesmal sehr klein auf der steinernen Brücke rechts oben. Die Miniatur zeigt, was sie sehen: einen dichten Zug von vorwiegend grauhaarigen Männern, also weitgehend Greisen, und Frauen mit üppig lockigem Blondhaar, die alle gegen die Leserichtung dem Betrachter von rechts entgegenkommen, aber mit ihren Gesichtern unnatürlich nach rechts gedreht sind. Das ist Dantes Bild für die gerechte Strafe für Wahrsager. Weil sie in die Zukunft blicken wollten, wird ihnen der Kopf ein für alle Mal brutal umgedreht. Vergil benennt einige von ihnen; erkennbar macht sie der Maler nicht; er zeigt nicht, daß diese Gestalten weinen, obwohl das bei Paolo und Francesca (fol. 14v) durchaus zu erkennen ist.

fol. 54v: Inferno, XXI. Gesang: Die Bestechlichen, in der fünften Bolgia, im achten Höllenkreis

In kochendem Pech, das sich wie ein Fluß am steinigen Rand entlang zieht, werden die Bestechlichen gestraft, die sich auf Kosten der Allgemeinheit bereichert haben. Hier wird von Dante geschildert, wie ein Neuankömmling behandelt wird. Es ist ein Ratsherr aus Lucca, die hier die Stadt der heiligen Zita heißt. Ihn schultert ein Teufel, um ihn zunächst in die Höhe zu tragen und dann von jenem natürlich gebildeten Bogen hinab zu werfen, auf dem rechts hinten der verwunderte Dante und hinter ihm Vergil stehen. Der Künstler zeigt aufeinander folgende Bewegungen einer Figur in verschiedenen Momenten der Aktion. Danach taucht der Verdammte mit dem Kopf aus dem Pech wieder auf, während drei Dämonen bereit sind, ihn mit ihren Speeren unterzutauchen. Identifiziert wird der Luccheser Ratsherr mit Martino Bottaio, der in der Nacht von Gründonnerstag auf Karfreitag 1300, also just in jenem Moment starb, den Dante für seine Höllenfahrt imaginiert hat.

fol. 57: Inferno, Schlußbild zum XXI. Gesang: Dante im Versteck und Vergil im Gespräch mit den Malebranche, in der fünften Bolgia, im achten Höllenkreis

Aus einer dramatischen Situation rettet sich der Maler in die anschließende Ruhe: Dante kauert links, weil er sich versteckt hält, während besonders aggressive Teufel, die Malebranche, zunächst über Vergil herfallen, dann aber von ihm ablassen, weil die Höllenreise von höherer Autorität genehmigt wurde. Der Anführer der wilden Gesellen, Malacoda, läßt zum Zeichen, daß er nachgibt, seinen Haken fallen, was der Maler auch zeigt. Im Gespräch mit den Teufeln geht es um den Übergang zur sechsten Bolgia, dessen Brücke durch das Erdbeben beim Tode Christi zusammengebrochen ist. Deshalb wohl spielt die Unterredung mit Blick auf eine Brücke und eine weitere hinten; doch von der eingestürzten Verbindung zum nächsten Ring, der zudem erst im XXIII. Gesang erreicht wird, ist nichts zu sehen.

fol. 57v: Inferno, XXII. Gesang: Dante, Jean Paul von Navarra und Vergil, im Geleit von zehn Teufeln, in der fünften Bolgia, im achten Höllenkreis

Über dem felsigen Ufer des Pechs umringen zehn Teufel drei menschliche Gestalten: Dante, eine nackte Seele und Vergil. Man muß genau nachzählen und das Fragment einer Teufelsfratze zwischen dem Verdammten und Vergil mitzählen und erfährt dabei etwas über die versteckte Texttreue des Malers. Zwei Momente derselben Episode sind sukzessiv dargestellt: Zunächst sprechen die beiden Dichter mit einem Manne, der bei Dante Ciampolo von Navarra, also Jean Paul heißt; der als Vertrauter seinen Herrn, den Grafen Thibault II. der Champagne (bei Dante Tebaldo) betrog, als dieser auch König von Navarra war (1253-1270).

Der Aufenthalt im Pech ist den Verdammten lieber als die Quälereien der Malebranche; Ciampolo war zu langsam; deshalb kann Dante mit ihm sprechen. Dann aber spießt Libicocco, einer der Teufel, in dessen Schulter, und der Verdammte stürzt sich selbst in das Pech, was in der zweiphasig angelegten Miniatur ebenso gezeigt wird wie die Tatsache, daß durch den Hieb des Teufels Blut fließt. Die burleske Situation, in der Ciampolo der Sprung ins Pech gelingt, kann der Maler freilich nicht schildern.

fol. 60v: Inferno, XXIII. Gesang: Die Heuchler mit dem gekreuzigten Kaiphas, in der sechsten Bolgia, im achten Höllenkreis

Die sich vorwärts bewegenden Heuchler mit müdem und gebrochenem Ausdruck sind schon in der Einleitung des Gesangs angekündigt. Sie sind in – dicht mit Gold gehöhte – Bleimäntel mit tief ins Gesicht gezogenen Kapuzen gehüllt. Auf eine Gruppe von ihnen warten Dante und Vergil; deshalb wirkt es, als führten sie eine Schar an. Danach schreiten sie über den aus der Passion Christi bekannten Hohenpriester Kaiphas hinweg, der am Boden liegt, mit Nägeln in Händen und Füßen, aber ohne ein Kreuz. Wie er sind auch die anderen Priester und Schriftgelehrten gekreuzigt; sie liegen so im Weg, daß die anderen Heuchler mit ihrem schweren Blei unabläßig über sie hinweg schreiten müßen. Vergil kannte diese Marter noch nicht; denn er hat die Hölle vorher nur einmal, noch vor Christi Kreuzestod durchstreift; deshalb nimmt er die Gekreuzigten hier besonders aufmerksam wahr.

fol. 63v: Inferno, XXIV. Gesang: Vergil bei der Begegnung Vanni Fuccis mit Dante, bei den Dieben in der siebten Bolgia, im achten Höllenkreis

Um die von der Brücke aus nicht erkennbaren Qualen der Diebe zu ermessen, steigen die beiden Dichter in die siebte Bolgia hinab. Dort finden sie die Diebe, deren Hände von Schlangen gefesselt werden und die den unsäglichsten Qualen durch Schlangenbisse ausgesetzt sind. Vier von ihnen eilen in dem öden Graben mit auf den Rücken gebundenen Armen umher. Zwölf Schlangen ringeln sich am Boden, die meisten in der Art des Mailänder Wappens der Visconti und später Sforza. Im Staub des Bodens sind weitere Verdammte enthalten; denn die Diebe werden von Schlangen zu Staub zersetzt, ehe diese unabläßig für neue Qualen wieder erstehen.

Vergil und Dante wenden sich aber zu einer fünften Gestalt, mit ganzem Namen heißt er Vanni Fuccio de' Lazerio; 1293 den Domschatz von Pistoia geraubt hatte, das Diebesgut bei einem Freund versteckt und diesen dann als Dieb denunziert hatte. Gerade war mitzuerleben, wie Vanni Fucci von einer Schlange durchfressen wurde und in Feuer aufging, um dann sogleich wie der Phönix aus der Asche wieder aufzustehen und sich Dante zum Gespräch zuzuwenden. Der Dichter legt ihm als Prophezeiung aus dem Jahre 1300 eine Schilderung in den Mund, wie es mit den Parteiungen in Florenz und Pistoia weiter gehen wird; so kommt er auch auf Dantes eigene Verbannung aus der Heimatstadt im Januar 1302 zu sprechen.

fol. 66v: Inferno, XXV. Gesang: Vanni Fuccis Gotteslästerung und Metamorphosen bei den Dieben, in der siebten Bolgia, im achten Höllenkreis

Mit der für gotteslästerlich und obszön gehaltenen Geste beider ausgestreckten Hände, bei der er den Daumen zwischen Zeige- und Mittelfinger steckt, endet Vanni Fucci; sogleich machen sich die Schlangen wieder über ihn her; das zeigt der Maler. Es folgt der Kentaur Cacus, der als Viehdieb aus der Herkulessage bekannt ist; hierhin ist er verdammt, weil er als Dieb nicht mit den anderen Kentauren den Phlegeton bewachen darf; ihn zeigt der Maler im Hintergrund, wie ihm ein Feuer speiender Drache auf den Schultern sitzt. Es folgen fünf Diebe aus Florenz, von ihnen fällt nur ein Name, es ist Cianfa Donati. Metamorphosen sind diese Gesellen unterworfen; sie verwandeln sich, indem sie miteinander oder mit Reptilien verschmelzen; das ist dargestellt, ohne daß der konkrete Bezug zum Text eindeutig präzisiert werden könnte. Bemerkenswert ist die Tatsache, daß die Schlangen nun nur noch bei Vanni Fucci vorkommen; für die Qualen der übrigen spielen sie keine Rolle, folglich auch nicht für den Maler.

fol. 69v. Inferno, XXVI. Gesang: Die falschen Ratgeber, in der achten Bolgia, im achten Höllenkreis

Unter der Brücke im Tal sind Flammen wie Glühwürmchen zu sehen; jede verkörpert einen Menschen, der als falscher Ratgeber die Verdammnis verdient hat. Zwei sind hervorgehoben; sie züngeln auf der Brücke. Als Odysseus und Diomedes geben sie sich zu erkennen, die mit ihrem listigen Ratschlag den Bau des Trojanischen Pferdes angeregt haben und damit Troja zu Fall brachten, dem die Sympathie des Italieners Dante sicher ist. Was Odysseus hier als Ulysses ausführt, beweist, wie weit für Dante Homer noch in Vergessenheit geraten war; denn hier berichtet er, nach dem Jahr bei Circe nicht mehr sein heimisches Ithaka gesucht zu haben.

fol. 72v: Inferno, XXVII. Gesang: Die falschen Ratgeber, in der achten Bolgia, im achten Höllenkreis

Noch verweilen Vergil und Dante auf der Brücke über den achten Graben der Malebolge. Weiter blicken sie hinab auf die Flammen. Aus ihnen steigt eine bis zum Scheitel des Bogens hervor; es ist die Seele des Guido da Montefeltro; er war der wichtigste Vorfahr jenes Herzogs von Urbino, der den Kodex hat schreiben und illuminieren lassen. Nur durch ihre, verglichen mit Odysseus und Diomedes, erstaunliche Größe hebt sich diese Flamme im Bilde von den anderen ab. Guido, der berühmte Gefolgsmann der Staufer, schildert, wie er zu Tod und Verdammnis kam, durch Bonifaz VIII., der ihm lügnerisch mit höchster kirchlicher Autorität für ein Schurkenstück göttliche Vergebung versprochen und ihn damit aus dem beschaulichen Leben in einem Franziskanerkloster gelockt hatte, in das sich dieser Führer der Ghibellinen zurückgezogen hatte.

fol. 75: Inferno, XXVIII. Gesang: Die Stifter von Zwietracht vor Dante und Vergil, in der neunten Bolgia, im achten Höllenkreis, mit Initiale C auf fol. 75v

Die grabenartige Felsenarchitektur der Malebolge ist nun aufgegeben. Vor wirr aufstrebenden Bergen, in denen sich ein Weg über die Höhen abzeichnet, erscheinen dicht gedrängt die Seelen zahlreicher Männer. Es sind die Stifter von Zwietracht, die im Leben die Menschen spalteten und nun in der Hölle von Teufeln so zerhackt werden, daß Dante an die gräßlichsten Schlachtfelder seiner Epoche denken muß. Der Maler zeigt nicht die Teufel, nur ihre Opfer: Einer von ihnen hält sein eigenes Haupt in der Hand, während ein zweiter durch einen Turban als Orientale kenntlich ist, ein dritter die Nase verloren hat und ein vierter mit aufgerissenem Leib und herabhängenden Gedärmen dargestellt ist.

Dieser ist offenbar der wichtigste von allen. Er trägt eine Krone wie Homer auf fol. 9, nur in anderen Farben, faßt zur offenen Brust, aus der Blut fließt, und spricht zu Dante: Mohammed ist gemeint. Vielleicht soll der Mann mit dem Turban neben ihm den Schwiegersohn Ali darstellen, auf den sich die Schiiten berufen; er müßte aber ein gespaltenes Gesicht haben. Auch das entstellte Gesicht zwischen beiden ist nicht eindeutig zugeordnet; vielleicht ist der Tribun C. Curio gemeint, der von Pompeius zu Caesar übergelaufen ist. Sicher erkennbar ist Bertran de Born (um 1140-1215), der gegen Heinrich II. von England dessen ältesten Sohn zum Aufstand angestachelt haben soll. Die fortdauernde Enthauptung in der Hölle steht für die Trennung von Kopf und Körper in der menschlichen Gesellschaft.

fol. 78: Inferno, XXIX. Gesang: Fälscher und Alchemisten, in der zehnten Bolgia, im achten Höllenkreis

Wieder auf einem felsigen Gelände ohne die charakteristische Architektur der Malebolge treten Dante und Vergil an Männer heran, die auf unterschiedliche Weise am Boden liegen, sich kratzen oder wie die Hauptgruppe Rücken an Rücken hocken und sich scheuern, weil sie von gräßlicher Krankheit gepeinigt sind (Inf. XXIX, 58-139). Vergil wendet sich an Griffolino, einen Alchemisten, der vergeblich versucht hatte, Albero, einem Bastard des Bischofs von Siena, das Fliegen beizubringen. Da schaltet sich Capocchio ein, der mit dem Rücken zu Griffolino sitzt, um noch mehr über Siena zu spotten.

fol. 80v: Inferno, XXX. Gesang: Myrrha und Gianni Schichi, in der zehnten Bolgia, im achten Höllenkreis

Die Zäsur im Text ist am Übergang zum XXX. Gesang eher willkürlich; deshalb kann der Maler auch ein ähnlich unwirtliches Felsgebiet wie in der vorhergehenden Miniatur zum Schauplatz machen. Dort begegnet Dante, wie in Versen 22-45 geschildert, eine Frau mit aufgedunsenem Leib, in deren Schulter ein Mann beißt. Gianni Schicchi und Myrrha sind dargestellt: Der eine konnte Leute so gut nachahmen, daß er sich als Sterbender ausgegeben hat und damit ein Testament fälschte. Die andere hat sich, Ovid zufolge, verkleidet bei ihrem Vater eingeschlichen und mit ihm ein Kind gezeugt. Ihr schwangerer Leib müßte von anderen Sündern gehalten werden. Mit der wild nach rechts Schreitenden könnte die dem Irrsinn verfallene Hekuba gemeint sein.

fol. 81: Inferno, XXX. Gesang: Fälscher, in der zehnten Bolgia, im achten Höllenkreis

Vor einem ähnlichen Felsengrund liegen noch immer Fälscher am Boden; jener, der mit Dante spricht, müßte Meister Adamo sein, ein Falschmünzer aus Brescia, der die Florentiner Gulden verfälscht hat. Er müßte aber bewegungslos mit aufgedunsenem Bauch dort liegen. So könnte er auf den Griechen Sinon, der die Trojaner verleitete, das hölzerne Pferd in ihre Stadt zu holen, und die Frau des Potiphar weisen, die neben ihm stehen. Doch ist der Sprecher rank und schlank; den unförmigen Bauch hat der stehende Mann ebenso wie die Gestalt neben ihm. Selbst für Dante überschreitet das Geschehen in diesem Gesang alles Faßbare; da ist dann auch der Maler nicht recht mitgekommen.

fol. 84. Inferno, XXXI. Gesang: Die drei Giganten Nimrod, Ephialtes und Antaios, im neunten Höllenkreis

Wie die Türme über dem Mauerkranz der toskanischen Stadt Monteriggioni ragen in der Ferne Gestalten auf, deren Menschengestalt Dante erst durch Vergils Erklärung erkennt. Es sind die Giganten, zu denen Dante auch die alttestamentliche Gestalt Nimrod zählt, den man nachbiblisch für den Erbauer des babylonischen Turmes hielt. Als Jäger trägt er ein Jagdhorn, ist also mit der Gestalt rechts gemeint. Ephialtes, Sohn des Poseidon oder des Aloeus und der Iphimedeia, wollte gemeinsam mit seinem Bruder den Olymp stürmen und wurde deshalb in Ketten gelegt. Friedfertig hingegen ist Antaios, auch er ein Sohn Poseidons, der im Kampf mit Herakles in dem Augenblick unterlag, wo er nicht mehr die Erde und damit die Kraft seiner Mutter Gaia unter sich spürte. Diese drei ragen mit ihren Oberkörpern weit über den Brunnenrand hinaus. Die Abfolge im Bild löst sich von der Abfolge im Text, unterwirft sich dann aber doch einer sinnvollen Leserichtung; denn offenbar treten die beiden Dichter von links an die Riesen heran: Vergil spricht Antaios an, der sich zu ihnen herabbeugt und sie aufhebt, um sie dann in der Tiefe abzusetzen, die sie mit eigener Kraft nicht erreichen können. Hier sitzen sie wie Püppchen auf seinen Armen, Dante noch dazu auf Vergils Schoß, als ob das gerade seit der Zeit Sixtus IV. um 1475 neu belebte Bild der Anna Selbdritt ein wenig in der Phantasie des Malers mitgespielt habe.

fol. 87. Inferno, XXXII. Gesang: Vergil und Dante auf dem Eis der Verräter, im neunten Höllenkreis

Der neunte Höllenkreis, der Kokytos, ist eine Eisfläche, in den Acheron, Styx und Phlegeton münden. Vier Zonen machen ihn aus; sie sind nach dem Brudermörder Kain, dem für das Mittelalter trojanischen Verräter Antenor, einem jüdischen Amtmann Ptolemäus und nach Judas benannt.

Das Bild zeigt die beiden Dichter auf der ein wenig welligen Eisfläche von Antenora; Vergil sieht zu, wie sich Dante hinkniet, um Bocca degli Abbati am Schopfe zu fassen (Inf. XXXII, 79f.). 1260, in der Schlacht von Montaperti, kämpfte er auf Seiten der florentinischen Guelfen, paktierte aber mit den Ghibellinen, schlug dem eigenen Bannerträger die Hand ab, so daß die Guelfen flohen. Dante hatte den Verdammten vorher schon ins Gesicht getreten und begegnet ihm in ungemein rüder Art, über die er sich selbst nicht recht Rechenschaft geben kann.

fol. 89v. Inferno, Schlußbild zum XXXII. Gesang: Ugolino in Erzbischof Ruggieri verbissen, im neunten Höllenkreis

Die Miniatur illustriert die Verse 124-139, in denen die berühmte Geschichte von Ugolino della Gherardesca, Graf von Donoratico, beginnt (um 1205-1289). Dieser war als Ghibelline Statthalter der Staufer auf Sardinien gewesen, war nach dem Untergang der Staufer aber zu den Guelfen gewechselt. Für Pisa verlor er die Schlacht von Meloria 1284;

danach wurde er dennoch zum Alleinherrscher der Stadt, konnte sich aber nicht behaupten. 1289 wurde er mit seinen Söhnen zum Hungertod verurteilt. Von den Qualen im Turm berichtet er. Auf Ewigkeit im Eis des neunten Höllenkreises, in der Antenora, festgefroren, muß er sich im Nacken seines letzten Widersachers, des Pisaner Erzbischofs Ruggieri degli Ubaldini, verbeißen. Auch wenn er im Urbinaten eher die Tonsur des ghibellinischen Prälaten zerfleischt, ist die Situation gut getroffen.

fol. 90: Inferno, XXXIII. Gesang: Ugolinos Bericht, im neunten Höllenkreis

In den Versen 1-78 schildert Ugolino sein gräßliches Ende. Dazu setzt der Maler ein geradezu filmisches Mittel ein: Er rückt weiter nach links, sieht die Szene deshalb aus etwas verändertem Blickwinkel. Vergil und Dante haben sich ein wenig bewegt, und Ugolino hat von seinem Opfer abgelassen, um nun aufgerichtet sprechen zu können. Dabei tauchen links dieselben Füße und im Hintergrund dieselben eingefrorenen Männer auf, die schon in der vorigen Miniatur zu sehen waren; und die beiden Dichter reagieren entschiedener auf die Worte als auf das stumme Geschehen.

fol. 93: Inferno, XXXIV. Gesang: Luzifer in der Giudecca

Mit einer grandiosen Vision endet Dantes Höllenfahrt; er erschaut im tiefsten Zentrum der Hölle, in der nach Judas benannten Giudecca Luzifer, den Herrscher des schmerzerfüllten Reiches, wie ihn der 28. Vers schildert. Die hierher Verdammten, Verräter an Wohltätern und an Gott, stellt der Künstler nicht dar, sie stecken zu tief im Eis. Vergil nennt den Höllenfürsten Dis, das ist ein lateinischer Name für Pluto; er wird hier mit der Geschichte von Luzifer und dem Sturz der rebellischen Engel verbunden. Aus Luzifers drei Mäulern ragen die Erzverräter heraus; es sind Brutus und Cassius, die mit der Ermordung Caesars das Imperium verraten haben, und Judas, der sich mit der Auslieferung Jesu gegen das Sacerdotium versündigt hat.

Die drei Gesichter des teuflischen Gegenbildes zur Trinität werden vom Dichter farblich unterschieden; und der Maler erfaßt den Text richtig: feuerrot färbt er das mittlere, als Mohren vom Nil gibt er das beim Dichter linke, das im Bild selbstverständlich rechts erscheint, während das rechte ausreichend weißlich ausfällt, auch wenn die Nuance von Vers 43 „bianca et gialla" durch das Rosa nicht ganz getroffen ist. Judas steckt als größter Sünder kopfüber in dem scheußlichen Rachen; vom Betrachter aus rechts erscheint Brutus, links Cassius.

fol. 95v: Inferno, Schlußbild zum XXXIV. Gesang und zum ganzen Inferno: Ausstieg aus der Hölle

Zum Abschluß des Gesangs verlassen die Dichter die Hölle; sie sind an dem Punkt angelangt, an dem Luzifers Krallenfüße und die struppigen Beine in die Luft ragen. Einem Bächlein, das im Felsen hinab fließt, können sie folgen. Vergil schreitet voran, Dante folgt, beide gesenkten Kopfs und ohne sich umzuschauen, weder zum Höllentrichter noch zu den Betrachtern der Miniatur. Daß beide den Erdkern durchquert haben und Dante davon ganz verwirrt ist, vermochte der Maler nicht ins Bild zu setzen.

Purgatorio

fol. 97: Purgatorio, I. Gesang: Vergil und Dante vor Cato, mit Initiale P in einer Bordüre und drei Nebenszenen am Fluß

Strenger als die Eingangsseite zum *Inferno* nach architektonischen Prinzipien gestaltet erweist sich das Frontispiz zum *Purgatorio*: Um die Seite breitet sich ein blaues Flechtband mit heraldischen Medaillons in gleich bleibender Breite, dessen goldener Grund allerdings nach innen konturlos fortgesetzt werden kann. Eine Sonderrolle für die Initiale, hier ein P, ist dadurch garantiert, daß ihr ein Feld in voller Höhe der drei Terzinen des Textes zugestanden wird, das aus der Ordnung ausbricht, neben sich den Rahmenstreifen nicht mehr duldet und farblich wie motivisch allein steht, dazu noch durch leichte Überschneidung des Randes mit den Textfeld kommuniziert.

Randbilder sind wiederum nur in den beiden breiteren Bordüren möglich; sie werden ebenso wie zwei Wappenschilde in massiven, kräftig modellierten rosafarbenen Rahmen gefaßt, die ihrerseits mit den geraden Leisten zusammengehören, die den Eindruck schaffen, der Seite sei ein steinernes Gerüst aufgelegt. Von Stein wird man schon deshalb sprechen können, als dasselbe Rosa in dem Bogen wiederkehrt, der die Hauptminiatur rahmt. Wer die Heimat der Buchmaler, Ferrara und seine Umgebung, kennt, wird die kräftige Farbe des dort so gern verwendeten Backsteins leicht assoziieren.

Die Hauptminiatur spielt mit dem alten Grundgedanken, Bild und Text derselben Einrichtung (Justifikation) zu unterwerfen, löst sich aber ein Stück weit davon; denn der breite goldene Rand, in den ihre Rahmenarchitektur eingeschrieben ist, greift links zu weit aus. In der Art der im 15. Jahrhundert entwickelten monumentalen Einfassungen von Bildern, die man zunehmend als eine Art Ädikula begriff, werden Säulen und Pfeiler, Bogen und Architrav kombiniert. Das geschieht gegen die von Masaccio im Trinitätsfresko und Donatello in der Ludwignische schon in den 1420er Jahren entwickelte Konzeption, die außen die Pilaster setzte, sie den bekrönenden Architrav tragen ließ, während die Säulen nach innen gestellt und vom Bogen überfangen sind. Der florentinische Verstoß gegen klassische Regeln ist hier in einer kräftig bunten Kombination aufgehoben: Grüne Säulen auf hohen marmorfarbenen Piedestalen tragen ein weißblaues Gebälk. Sie umfassen rosafarbene, also offenbar aus Backstein gemauerte Pilaster, die einen gedrückten Segmentbogen derselben Art aufnehmen. Goldene Kapitelle und ein goldener Keilstein im Scheitel beleben die Farbwirkung noch. Ein niedriger blauer Segmentgiebel über dem Abschlußgesims wird durch eine zentrale weiße Muschel sowie zwei Putten, die im Scheitel der Komposition Wappen halten, zur Nebensache. Von den flankierenden Voluten hängen an roten Schnüren Festons vor dem Goldgrund herab. Doch während sich das architektonische Gebilde oben frei entfalten kann, sind die Piedestale unten nach außen abgeschnitten, als lugten sie hier aus imaginären Bildrändern hervor.

Die vier Bilder sind durchweg von den beiden Dichtern, ihren Hauptfarben und einer grünen Landschaft unter heiterem, nur wenig bewölktem Himmel bestimmt, der vielleicht auf Dantes Wort gemünzt ist: „Liebliche Farbe morgenländischen Saphirs,/ die im heiteren Anblick des Himmelsraumes,/ lauter bis zum Horizont sich ausbreitete." (Purg. I, 13-15). Dantes eigenes Blau ist die dominierende Lokalfarbe; bei Vergil wird wirksam, daß er im Hauptbild den Mantel geschlossen hat, also eine große Fläche, heute sagt man Pink, bildet, während er in den drei Bordürenbildern mit dem Goldton seines Gewandes auftritt. Offenbar bewußt sind unterschiedliche Landschaften und Tageszeiten charakterisiert.

Durch ein liebliches leicht hügeliges Land schlängelt sich in der Hauptminiatur ein Weg nach vorn, während hinter dem einzigen Berg bald die Sonne aufgehen wird. Hier treffen Vergil und Dante auf einen würdigen Greis mit dem weißen Haar und Bart eines biblischen Patriarchen. Dabei sorgt Vergil dafür, daß Dante in seiner Gebärde dem jüngeren Cato (95-46 v. Chr.) Ehrfurcht erweist (Purg. I, 49-52).

Nachdem gerade die Caesarmörder in der tiefsten Hölle als Erzverräter auftauchten, erscheint damit hier dessen anderer großer Gegner: Obwohl sich Cato in Utica entleibte, weil er die römische Republik nicht untergehen sehen wollte, also eigentlich zu den Selbstmördern in die Hölle gehört, hat ihn Dante als Wächter des Läuterungsbergs eingesetzt. Seine Gestaltung in der Miniatur zeigt, wie wenig die Buchmaler noch von antiquarisch richtiger Wiedergabe der Antike wissen. Vier Sterne erscheinen links über den beiden Dichtern; im Text ist erwähnt, sie seien nur von den ersten Menschen je gesehen worden (Purg. I, 23 f.). Wie Dante beschreibt, würden sie aus ihrer Position, wenn der Maler es denn in Lichtmalerei umsetzen könnte, das Gesicht des Greises erleuchten.

Die drei Bordürenbilder schildern Catos Auftrag an Vergil: Der Dichter soll hinab gehen zum Fluß, Dantes Gesicht waschen und ihn mit Binsen umgürten; denn das Schilf ist Sinnbild der Demut, weil es unabläßig von den Wellen geschlagen wird.

Rechts oben sind die beiden noch in der Nacht, die hier keine Aufhellung am Horizont kennt, in eine flache Wiesenlandschaft getreten, die von Bächlein durchzogen ist. Hinten wölbt sich silbrig das Meer, als wolle der Maler die Rundform des Wassers betonen, die kurz vor der Entdeckung Amerikas und dem Nachweis der Kugelform der Erde von vielen Menschen des 15. Jahrhunderts anhand von Meeresbeobachtungen diskutiert wurde. Vergil hat sich hingekniet auf das Gras, von Dante beobachtet.

Noch runder wölbt sich der Horizont in der Randminiatur rechts unten; nun taucht die Sonne direkt über dem Meeresspiegel auf. Vergil hat sich aufgerichtet und wäscht Dantes Antlitz, der sich ihm mit gekreuzten Armen zuwendet.

Schließlich treten beide vor einen hoch aufgetürmten Berg, hinter dem wiederum die aufgehende Sonne ihr gelbes Licht ausstrahlt. Vergil ist erneut hingekniet; nun schneidet er am Rande eines Gewässers Binsen, während ihm Dante stehend zuschaut.

fol. 99v: Purgatorio, Schlußbild zum I. Gesang: Vergil gürtet Dante mit Binsen

Noch fehlt die letzte der von Cato aufgetragenen Handlungen; denn in der Bordüre zum Frontispiz hat Vergil nur die Binsen geschnitten. Im Schlußbild befolgt er Catos Rat nach Vers 133. Nun ist heller Tag, und die Miniatur zeigt, wie weit die Buchmaler bereits in der Gestaltung der Natur gekommen sind: Pflanzen beleben den unteren Bildrand. Steine liegen auf dem Weg, auf den die beiden Figuren knappe Schatten werfen. Binsen säumen den felsigen Abbruch des Ufers. Das Meer schlägt feine Wellen, und die Berge in der Ferne wirken wie Wolken. Das Panorama ist in deutlicher Aufsicht gegeben, so daß auch der besonders schön beleuchtete Läuterungsberg in der Ferne mit seinem starken Spiegel noch tief im Wasser eingebunden ist.

fol. 100: Purgatorio, II. Gesang: Ankunft von Seelen und Begegnung mit dem Sänger Casella

Freilich fehlt es zuweilen an Feinabstimmung mit dem Text, vielleicht aber auch zwischen den beteiligten Buchmalern; denn eigentlich spielt der ganze erste Gesang noch vor vollem Sonnenaufgang, beginnt doch erst der zweite mit den Worten: „Nun hatte die Sonne den Horizont erreicht."

Die Zeitfolge setzt im Hintergrund ein; dort erscheint am Horizont ein Engel, als sei er die gerade aufgehende Sonne; denn der Himmel ist nächtlich dunkel, von goldenen Strahlen erfüllt, die vom Engel ausgehen und gleichzeitig mit einer weißen Lichterscheinung durchzogen, die dem sonderbaren Gefährt am Horizont himmlische Autorität gibt. Ihn begrüßt Dante kniend, mit gefalteten Händen, wie Vergil es verlangte (Purg. II, 28f.).

Seelen bringt dieser Himmelsbote ans Land, die nicht wissen, wohin sie sich wenden sollen; sie irren deshalb in dichten Gruppen über einen Damm. Andere laufen nach rechts fort. Derweil naht Cato links unten, um Dantes Gespräch abzubrechen. Dieser ist mit Vergil auf eine

Gruppe von Seelen zugetreten. Aus ihnen löst sich ein Sänger, Casella, heraus, um mit dem Dichter zu sprechen. Ein wichtiges Element der Dichtung widerspricht dabei der hier praktizierten Malerei: Wer sich wie die Buchmaler in Ferrara an Mantegna schulte, konnte nackten Leibern nur entschiedene Körperlichkeit geben. Dante will den von ihm verehrten Sänger und Jugendfreund umarmen und muß feststellen, daß ihm kein Körper mehr eigen ist.

fol. 102v: Purgatorio, III. Gesang: Die Seelen am Fuße des Läuterungsberges

Ein steiniger Pfad führt am Fuße von Felsen herum, die sich hoch auftürmen zu einem Berg, dessen Spitze nicht mehr in die Miniatur paßt. Das ist ein grundsätzlich moderner Bildgedanke, der im Folgenden immer wieder eine wichtige Rolle spielen wird. Nun ist man am Fuße des Läuterungsberges angekommen. Von links nahen dicht gedrängt Seelen, die auf den Einstieg warten. Dante dreht sich zu ihnen um, während Vergil nach rechts blickt, um weiter zu schreiten.

fol. 103: Purgatorio, III. Gesang: Das Gespräch mit Manfred

Filmisch ist die Konzeption; denn in diesem Bild schreitet man nur ein Stück weiter; Dante tritt hinter Vergil und dreht sich so um, daß man nun sein Gesicht sehen kann; denn wieder hat sich aus der Schar der Seelen einer gelöst, um mit dem Dichter zu sprechen. Es ist der Staufer Manfred (1231-1266), der König von Sizilien und Neapel war und in der Schlacht von Benevent gegen Karl von Anjou fiel. Seinen Vater Friedrich II. nennt er nicht; er bezeichnet sich nur als Enkel der Königin Konstanze, die mit dem Staufer Heinrich VI. verheiratet war. Dabei erstaunt, wie stark sich die Vegetation verändert hat: Pflanzen sprießen, wenn auch spärlich, auf dem Felsenweg, während die aufsteigenden Anhöhen des Berges fruchtbar begrünt und mit Bäumen bestanden sind. Hier möchte man annehmen, daß zwei unterschiedliche Maler eine Zeichnung ausführten, in der wohl die Felsen, nicht aber die Spuren von Vegetation angegeben waren.

fol. 106: Purgatorio, IV. Gesang: Der Aufstieg der Dichter

Wieder wird der Fuß des Läuterungsberges gezeigt, erneut variiert, was die Vegetation anbelangt. Eindrucksvoll weitet sich nach links hin der Blick auf das diesmal tiefblaue Wasser, das den Berg umgibt. Den hier angetroffenen Seelen, die im Leben säumig waren, ist aufgetragen, in unendlicher Geduld auf die Möglichkeit zu warten, überhaupt zum Aufstieg eingelassen zu werden. Deshalb müßen sie unentwegt im Kreis herumgehen und nach rechts weiter schreiten, nachdem sie den beiden Dichtern die Felsspalte gezeigt haben, durch die man sich zwängen muß. Dante und Vergil erscheinen zweimal, unten noch vor dem Eingang und oben, auf einem sich um den Felsen schlängelnden Pfad, erschöpft sitzend. Von hier aus betrachten sie den Himmel, der dieses Bild so eindrucksvoll nach links hin weitet. Der Blick auf das Wasser wie in den Himmel geht auf den Text zurück; denn Dante erwähnt den Strand in der Tiefe (Purg. IV, 55) und wundert sich dann über den Sonnenstand (Purg. IV, 57-60); sie scheint von Norden!

fol. 108v: Purgatorio, Schlußbild zum IV. Gesang: Gespräch mit Bevilaqua bei den faulen Seelen

Eigentlich noch vor dem Berge spielt die Szene des Schlußbildes; sie wird im Text aber auch erst nach dem Einstieg durch die Felsspalte geschildert: Im Schatten eines Felsen kauert eine Gruppe träger Seelen; es sind die Faulen, die bis zum Lebensende gewartet haben, ehe sie sich zu Gott bekannten. Das erfährt Dante von seinem Jugendfreund Duccio di Bonavia, den man allgemein Bevilaqua nannte. Er mag mit jenem gemeint sein, der im Profil am Boden sitzt und den Kopf nur wenig hebt. Dante weist auf ihn, und Vergil wiederholt die Geste.

fol. 109: Purgatorio, V. Gesang: Gespräch mit Jacopo del Cassero, Buonconte di Montefeltro und Pia de' Tolomei

Zu Vergil und Dante, die im Mittelgrund links erscheinen, schicken die Seelen, die hier verharren, zwei Boten. Vorn drängen sich vier Männer und eine Frau um Dante, während Vergil entschlossen seinen Weg weiter schreitet. Gemeint sind Gestalten wie Jacopo del Cassero, Buonconte di Montefeltro und Pia de' Tolomei, die ihre irdischen Erlebnisse erzählt haben und dann Dante darum bitten, die auf der Erde Verbliebenen zur Fürbitte zu bewegen. Damit greift die Miniatur Elemente auch vom Beginn des folgenden sechsten Gesanges auf.

fol. 111v: Purgatorio, VI. Gesang: Dante und Vergil gehen auf Sordello zu

Dante und Vergil umschreiten einen Felskegel und erblicken am Wegrand einen auf einem Felsensitz ruhenden Mann. Mit freudig erhobenen Armen geht Vergil auf ihn zu. Stehen müßte die Gestalt; doch hat der Maler eine poetischere Pose vorgezogen.

fol. 112: Purgatorio, VI. Gesang: Dante bei der Umarmung Vergils und Sordellos

Filmisch im Grundgedanken, aber nicht ganz schlüßig, was die Landschaft anbelangt, zeigt das anschließende Bild die Begegnung. Dabei ist der Blick um 90 Grad nach rechts verschoben. Zunächst war man auf die einsame Seele zugegangen, um nach dem weiteren Weg zu fragen; dann aber erkannte Vergil in ihr einen Dichter aus seiner Heimatstadt Mantua. Ohne den Namen zu kennen, begrüßt er ihn überschwänglich. Für Dante ergibt sich die Gelegenheit, seiner hohen Verehrung für die provenzalische Dichtung Ausdruck zu verleihen. Denn man begegnet hier Sordello, einem Dichter aus Mantua, der mit Karl von Anjou nach Italien gezogen und dort 1270 gestorben sein soll. Die Begegnung des augusteischen Dichters mit dem Gefolgsmann des Anjou gibt auch Gelegenheit zu einer ausführlichen Klage über den Zustand Italiens. Christliches und Heidnisches vermischt sich in der höchst eigenartigen Anrufung Gottes, die Vers 118-119 bieten „o höchster Jupiter, / der du auf Erden für uns gekreuzigt wurdest".

fol. 115: Purgatorio, VII. Gesang: Sordellos Demut gegenüber Vergil

Noch ist man an derselben Stelle; wieder ist die Landschaft ein wenig umgeschichtet. Von Dante ist Vergil einen Schritt weiter gegangen; nun steht er da und blickt auf Sordello hinab, der ihn demütig umarmt, „wo ein Geringerer anfaßt" (Purg. VII, 15). Sordello ist nämlich niedergekniet und umfaßt Vergils Knie, während ihm dieser die Linke auf das Haupt legt und mit der Rechten eine fast segnende Geste macht.

fol. 117v: Purgatorio, Schlußbild zum VII. Gesang: Sordello zeigt Vergil und Dante das Tal der Fürsten

Sordello hat die beiden Dichter auf einem felsigen Weg so geführt, daß sie aus der Bildtiefe mit untergehender Sonne hinter ihnen auf ein grünes Tal herabblicken können, das voller golden glänzender Pflanzen ist; und in der Tat beginnt Dantes Beschreibung mit dem Wort Oro, also Gold (Purg. VII, 73). Hier lagern Fürsten; und es interessiert den Maler nicht, die nackten Seelen einzeln als Rudolf von Habsburg, Ottokar II. Przemysl, Philipp III. von Frankreich, Heinrich I. von Navarra, Peter III. von Aragon, dessen Sohn Alphons II., Karl von Anjou und Heinrich III. von England zu charakterisieren. Auch das Salve Regina, das sie singen, kann er nicht darstellen. Vielleicht ist mit der isoliert sitzenden Gestalt rechts unten der Markgraf Wilhelm VII. von Montferrat (1240-1292) gemeint, der aber nicht aufblickt, wie im Text beschrieben.

fol. 118. Purgatorio, VIII. Gesang: Die Nachtruhe im Tal der Fürsten mit der Erscheinung Lucias

Die einander gegenüber stehenden Miniaturen, zu denen sich immer dann Gelegenheit ergibt, wenn der vorausgehende Text mit nur wenigen Zeilen auf Verso endet, werden im *Purgatorio* konsequenter aufeinander bezogen als im *Inferno*, als hätten die Buchmaler erst mit der Zeit die darin liegende Chance begriffen. Zumindest in der zugrunde liegenden Zeichnung, nicht aber im jeweiligen Kolorit, das nicht immer von derselben Hand ausgeführt wurde, paßen die Illustrationen nun meist ausgezeichnet zueinander.

Die Landschaft wird mit den üblichen Freiheiten wiederholt; nur hat sich der Blick geweitet, so daß der felsige Weg in der Wiese endet. Die Dichter sind nun hinab gestiegen. Die Nacht ist hereingebrochen; goldene Sterne erscheinen vor dunkelblauem Himmel. Zwei Engel schweben oben, mit Schwertern, aus deren Spitzen Flammen schlagen. Die Seelen verharren zum Teil in ihren Posen. Dante liegt erschöpft im Gras und schläft. Vergil wacht und erblickt eine junge Frau, die in rosafarbenem Kleid mit grünem Mantel von rechts das Tal der Fürsten betritt, während sich links vorn eine Schlange mit Frauenkopf ringelt.

Das komplexe Bild versucht, Elemente aus dem achten und neunten Gesang zu fassen. Dem Text wird nicht genau gefolgt: Schon von einem Tal kann nicht wirklich die Rede sein, ist die Wiese doch eher ein gartenähnlich vom Felsenband umschlossener Locus amoenus. Die Engel müßten sich an den beiden Eingängen aufstellen; es gibt keine Eingänge, und die Engel schweben. Grün sollten ihre Gewänder sein und grün die Flügel (Purg. VIII, 28f.), Rot aber schien dem Maler vor dem tiefen Blau angemessener. Die Spitzen der Schwerter sind im Text abgebrochen, von Feuer ist da keine Rede.

Derweil taucht eine Schlange auf, „vielleicht jene, / die Eva die bittere Speise gab" (Purg. VIII, 98f.); deshalb war der Maler berechtigt, sie so zu zeigen, wie man sie aus Bildern des Sündenfalls kennt. Erst im neunten Gesang fällt Dante in den Schlaf, und erst nach seinem Aufwachen, zwei Stunden nach Sonnenaufgang (9, 44), erzählt ihm Vergil von der Erscheinung der Frau. Es ist Lucia, jene Heilige von Syrakus also, die im Martyrium ihre Augen verlor und deshalb für das Licht steht; bei Dante gehört sie mit der Muttergottes und der Geliebten Beatrice zu einer bis heute nicht ganz erklärten Trias von Frauen. Man hat in ihrem Mantel in goldener Stickerei das B als Monogramm Beatrices erkennen wollen; sie trüge dann gleichsam deren Livree; doch ist nicht einmal sicher, daß die auffälligen Zeichen wirklich ein B sein sollen.

fol. 120v: Purgatorio, IX. Gesang: Bitte um Einlaß in die Pforte zum ersten Kreis

Nachdem bereits in der Eingangsminiatur zum achten Gesang wesentliche Partien des folgenden aufgenommen waren, ergibt sich für die Buchmaler beim Bildpaar zum neunten Gesang die Gelegenheit zu besonders bedächtiger filmischer Schilderung. Diesmal ist die Beschreibung im Text so präzise, daß auch die Umgebung genau erfaßt wird, freilich mit dem genialischen Kunstgriff, den Blick um 90 Grad zu verschieben.

Im ersten Bild sieht man links, wie Lucia Dante den steilen Felsanstieg hinauf trägt; sie hält den hier wieder schlafend gezeigten Mann quer über die Arme, während Vergils Antlitz gerade noch hinter ihnen auftaucht. Aus weißem Marmor, einem rauen versengten Gestein und aus Porphyr sind die drei Stufen, die vorn zu einer verschlossenen Pforte in eine aus groben Felsen gefügte Mauer hinein führen. Davor sitzt ein flügelloser Engel in weißem Gewand mit über der Brust gekreuzter blauer Stola und einem Schwert in der Rechten. Dessen Gestaltung mußte sich der Maler selbst ausdenken. Vor dem Engel kniet Dante, zum ersten Mal barhäuptig, die blaue Kappe über den Händen, von Vergil nur mit den Fingerspitzen an der Schulter berührt.

fol. 121. Purgatorio, IX. Gesang: Eintritt in die Pforte zum ersten Kreis

Dante betritt als letzter die blaue Schwelle zur Türöffnung; Vergil ist bereits ins Freie getreten, während sich Dante noch einmal ehrfürchtig und dankbar zum Engel hin verneigt, der das Tor aufgeschlossen hat. Dazu hat der Engel sein Schwert mit zwei Schlüsseln vertauscht; die ihm der Apostelfürst Petrus verliehen hat. In der Miniatur sind sie golden und blau, wobei das Blau für den Maler vielleicht das im Text geforderte Silber ersetzt.

fol. 124. Purgatorio, X. Gesang: Dante und Vergil vor der Marmorwand mit einem Verkündigungsbild

Die beiden Dichter haben einen ersten Felsenkranz erreicht, der sich aus weißem Marmor eigentlich ganz um den Berg schmiegen müßte. Aus dem Marmor sind Reliefs gebildet, die den Dichter zum rhetorischen Wettstreit der Bildbeschreibung, der Ekphrasis, herausfordern und den Maler zu einem Paragone mit der Skulptur bringen. Dabei preist Dante die Werke, „daß nicht nur Polyklet, sondern die Natur/ hier beschämt sein müßte" (Purg. X, 32f.).

Zunächst begegnet den beiden ein Bild der Verkündigung an Maria, das der Buchmaler wie auf ein um den Felsen gelegtes Pergament malt, Ton in Ton, ohne Angabe des Raums. Da ist der Engel mit Schwung herangetreten, ins Knie gesunken, um Maria das Ave zu entbieten. Hinter ihrem Betpult beugt Maria sacht beide Knie, kreuzt die Arme und senkt demütig das Haupt. Ein Abgleich mit dem Text erübrigt sich, weil die Verse 34-45 nichts wirklich Anschauliches sagen, der Maler also gut daran tat, ein ihm geläufiges Bildmuster seiner eigenen Zeit zu wählen.

fol. 126v. Purgatorio, Schlußbild zum X. Gesang: Vergil und Dante vor dem Zug mit der Bundeslade

Auf die Verse 55-59 bezieht sich das Relief; das nach rechts an die Marienverkündigung anschließt; es müßte dem Text nach auf der Seite erscheinen, die Vergil einnimmt; das tut es auch, wenn man die vorige Miniatur noch im Sinne hat. In der Art eines Triumphzuges wird das Volk Israel mit der Bundeslade gezeigt. Dantes Führer ist nun nach links gegangen, weil dort am Ende des Weges Seelen hocken mit schweren Lasten auf den Häuptern.

fol. 127: Purgatorio, XI. Gesang: Vor Trajans Großmut erblicken Dante und Vergil die hoffärtigen Christen

In einer genialen Kombination läßt der Maler, der offenbar am Paragone mehr Gefallen gefunden hat, als Dante an der Ekphrasis, das Reliefband noch weiter laufen, um ausgerechnet vor Trajans Großmut die hoffärtigen Christen mit ihrer schweren Pein zu malen. In einer lebendigen Schilderung nahen im Marmor von links die römischen Reiter mit dem jugendlichen Kaiser an ihrer Spitze. Ihnen ist eine Frau entgegen gekommen, die nun niederkniet, um Trajan um Gerechtigkeit angesichts ihres toten Sohnes zu bitten. Ganz mit der Schilderung im Text stimmt das nicht überein; denn die Mutter müßte in die Zügel greifen. Geistvoll aber ist die Konfrontation mit den Scharen von auf dem Boden kauernden Seelen, die von schweren Lasten niedergedrückt sind, weil sie für ihre Hoffart büßen müssen, noch ganz und gar ungewiß, ob sie je erlöst werden.

Dabei kommt indirekt auch die Kunst des Buchmalers ins Spiel; denn Dante beugt sich selbst zu den unter den schweren Lasten Gebeugten nieder, um mit einem von ihnen zu sprechen. Es ist der seiner Zeit hoch berühmte Buchmaler Oderisi, der erst Purg. XI, 79 auftritt. Er ist für Dante „die Zierde von Gubbio, und die Zierde der Kunst, / die man in Paris illuminieren nennt" (Purg. XI, 79-80). Vielleicht bezieht also der Buchmaler die eigene Kunst mit ein in diesem Spiel von Wettstreit zwischen Skulptur an der Wand, farbiger Schilderung in der Miniatur und Erinnerung an einen durch Dante unvergessen gewordenen Vorgänger unter den Illuminatoren!

fol. 130: Purgatorio, XII. Gesang: Dante und Vergil eilen an den hoffärtigen Christen vorbei

Vergil hat Dante angespornt, sich zu beeilen und beide bewegen sich aufrechten Gangs, aber eiligen Schritts vorwärts. Hier haben die Buchmaler offenbar vor der Fülle der im Text gebotenen Anregungen kapituliert und nur die unter ihren Lasten niedergedrückten Seelen am Wege und auf der Seite des Betrachters die eilig nach rechts laufenden Dichter gemalt. Ein fast unfreiwillig komisches Bild ist dabei herausgekommen.

fol. 132v. Purgatorio, Schlußbild zum XII. Gesang: Vergil und Dante mit dem Engel, der den nächsten Übergang hütet

Das schöne Wesen, das den Übergang zur nächsten Höhe hütet, wird von Dante als weiß gewandet beschrieben (Purg. XII, 89). Es hat Flügel (Purg. XII, 91) und ist deshalb zu Recht als Engel gemalt, wiederum mit der gekreuzten Stola, die schon der flügellose Wächter der ersten Pforte trug (fol. 120v/121).

fol. 133: Purgatorio, XIII. Gesang: Die Neidischen im Schatten, im zweiten Kreis

In deutlich abweichender Malweise ausgeführt, aber in der Zeichnung ähnlich konzipiert ist die gegenüber stehende Miniatur: Nun haben Vergil und Dante die Felsenpforte hinter sich gelassen und schreiten auf Seelen zu, die auf ungewöhnliche Weise in lange graubraune Gewänder mit Kapuzen gehüllt sind, die wie Kutten von Kapuzinern wirken. Vers 58f. nach sind sie in gemeines Sackleinen gehüllt, kaum vom Stein zu unterscheiden. Ihnen scheint die Sonne nicht, weil ein Eisendraht ihre Lider schließt – und das hat der Maler auch grausam genau gezeigt. Die Neidischen sind gemeint; und ihre Qual wird gerade mit dem schönen Licht der Sonne konfrontiert, das der Dichter, leider aber nicht der Maler hier sieht; denn die Miniatur ist von einem dumpfen Himmel überwölbt.

fol. 136: Purgatorio, XIV. Gesang: Die Neidischen im Gespräch mit Dante und Vergil

Das filmische Element, mit dem die Buchmaler zuweilen den Weg der beiden Dichter verfolgen, wird diesmal sehr geschickt eingesetzt: Nun reihen sich die im Schatten sitzenden Verhüllten bildparallel; Dante und Vergil werden im Profil gesehen, und ein Gespräch mit den Seelen kann entstehen. Zwei von ihnen, Guido del Duca und Rinieri da Calboli, wenden ihren Kopf zu Dante, um mit ihm zu sprechen. Der Ghibelline Guido del Duca aus Ravenna lebte in der ersten Hälfte des 13. Jahrhunderts; er vertritt adelige Werte und bereut den Neid, den er auf Erden hatte. Rinieri da Calboli, ein Guelfe, zeigt neben dem ehemaligen Feind, daß Parteiungen im Jenseits nicht mehr die Rolle wie auf Erden spielen. Rinieris Worte sind als dunkle Prophezeiungen für Dantes weiteren Lebensweg zu verstehen; denn sein Neffe war Podestà in Florenz, als der Dichter vertrieben wurde.

fol. 139: Purgatorio, XV. Gesang: Dante, Vergil und der Engel als Wächter zum dritten Kreis

In Variante zur Miniatur auf fol. 132v nahen die beiden Dichter wieder von links; ein Engel weist ihnen den Weg, und mit einer komplizierten Wendung finden sie hinauf zum Felsentor, durch das sie schreiten, um oben noch einmal aufzutauchen. Der Himmel spielt eine große Rolle in diesem Bild, und deshalb auch werden die Hauptfiguren noch einmal wiederholt, wie sie sich über dem Horizont gegen das Himmelslicht abheben. Unten ist Dante vom Licht geblendet; deshalb faßt er zu seinen Augen. Vergil erläutert ihm, daß man sich erst an das Licht gewöhnen müße, das von den Engeln ausgestrahlt wird. Eindrucksvolle Überlegungen zum Licht bestimmen den Anfang des Gesangs.

fol. 142: Purgatorio, XVI. Gesang: Marco Lombardo, Dante und Vergil im Dunkel von Rauchschwaden

Nun umgibt Dunkelheit die Gefährten. Der Himmel wird zum niedrigen Horizont hin tief nachtblau, von Wolken durchzogen. Finster sind die Felsen. Die Figuren vorn aber behalten, wie im Kodex aus Urbino üblich, ihre Signalfarben, an denen man sie immer wieder leicht erkennen kann. Man ist in eine dichte Rauchwolke gehüllt; denn hier warten die Zornigen auf Erlösung. Da Dante mit seinen sterblichen Augen nichts durch Rauchschwaden sieht, muß er sich auf Vergils Schultern stützen. Hinter ihm her kommt Marco Lombardo. Er spricht mit Dante über die Folgen von Führungslosigkeit, was sich schön zum Bild der durch das Dunkel irrenden Gestalten fügt. Diese Gestalt läßt sich anders als die meisten Figuren der Göttlichen Komödie nicht historisch einordnen. Ihr werden wichtige Überlegungen zur Zwietracht zwischen weltlicher und geistlicher Macht in den Mund gelegt; deren Folgen erläutert Marco an seiner Heimat, der Lombardei zu Zeiten Kaiser Friedrichs II.

fol. 145: Purgatorio, XVII. Gesang: Dante, Vergil und der Engel als Wächter zum vierten Kreis

In Variation zur Miniatur von fol. 139 wird Dante erneut vom Licht geblendet gezeigt; er folgt Vergil, der den Engel anspricht. Nun wird der Zugang nicht mehr durch eine Felsenpforte markiert, sondern ist nur eine nicht weiter kenntliche Stelle des von einer schroffen Felswand umgebenen Weges. Nachdem die Dichter diese überschritten haben, tauchen sie am rechten Bildrand noch einmal auf, recht groß, also noch ganz nah. Der Engel ist als eine Antizipation des Paradieses, als reines Licht zu verstehen. Der Künstler verläßt sich hier jedoch einfach auf ein schon erprobtes Werkstattmuster. Die zentrale Bedeutung der Textstelle in der Mitte der Göttlichen Komödie nehmen die Buchmaler nicht wahr.

fol. 147v: Purgatorio, Schlußbild zum XVII. und Übergangsbild zum XVIII. Gesang: Vergil und Dante am vierten Kreis

Mit Bezug auf Purg. XVII, 73-139 sowie Purg. XVIII, 1-87 wird gezeigt, wie die beiden Dichter in finsterer Nacht unter Sternen am Weg hinauf zum vierten Kreis sitzen. Vergil doziert; denn Dante hat ihn gefragt, welches Vergehen in dem vor ihnen liegenden Kreis gebüßt wird.

fol. 148: Purgatorio, XVIII. Gesang: Vergil und Dante mit den Säumigen, im vierten Kreis

Wieder filmisch, und dabei sehr wirkungsvoll im Gegenüber mit der vorausgehenden Miniatur, versteht sich die nächste Szene: Vergil dreht sich in die Tiefe, während Dante noch im Profil auf ihn einredet. Von links ist eine dichte Schar von Seelen herangekommen. Es sind die Säumigen und Trägen.

fol. 151: Purgatorio, XIX. Gesang: Dante, Vergil und der Engel als Wächter zum fünften Kreis mit Papst Hadrian V. und den Geizigen

Das Handwerk des Buchmalers triumphiert über die Subtilität des Textes. Wieder wird das schon eingeführte Bildschema eingesetzt, wie es für die Miniaturen auf fol. 139 und 145 diente. Doch erscheint die Vorlage gescheit variiert: Vorn links schläft Dante, während Vergil hinter ihm wacht. Dann schreiten beide auf den bereits bekannten Engel zu, diesmal geht Dante hinter Vergil so verdeckt, daß man nicht mehr erkennt, ob er nun das in der Miniatur nicht darstellbare Licht des Engels besser erträgt. Oben erkennt man sie ein drittes Mal. Dante kniet nieder, während sich Vergil zu ihm zurückwendet. Nun treffen die beiden Dichter im fünften Kreis auf Hadrian V.; der liegt ausgestreckt, von der Tiara bekrönt, auf dem steinigen Pfad. Dieser als Ottobono Fieschi zwischen 1210 und 1215 geborene Papst, der nur 38 Tage im Jahr 1276 den Stuhl Petri innehatte, galt als einer der reichsten Männer seiner Zeit.

fol. 154: Purgatorio, XX. Gesang: Dante und Vergil bei den Geizigen im fünften Kreis

Wie der eben isoliert gezeigte Papst liegen die Geizigen mit dem Gesicht zum Boden gekehrt, in dichten Reihen auf dem Weg, so daß Dante und Vergil vorsichtig an ihnen vorbei schreiten müßen. Im Bild ist für die Andeutung eines Gesprächs kein Platz.

fol. 157: Purgatorio, XXI. Gesang: Statius gesellt sich zu Dante und Vergil bei den Geizigen im fünften Kreis

Wieder in anderem Winkel und erneut variiert erscheint die Landschaft. Die Wirkung bleibt filmisch; denn der Weg ist weiter mit den ausgestreckten Leibern der Geizigen geradezu gepflastert. Die beiden Dichter wenden sich um; denn hinter ihnen kommt der römische Dichter Publius Papinius Statius (um 45-96) daher. Unter Kaiser Titus, dem Eroberer und Zerstörer von Jerusalem, hat er gewirkt; im Mittelalter galt er als Christ oder wenigstens als der Bekehrung nahe.

fol. 159v: Purgatorio, Schlußbild zum XXI. Gesang: Dante und Vergil erkennen Statius, im fünften Kreis

Auf einem Wegesstück, das nicht mehr von den Geizigen belegt ist, halten die drei Dichter an; Statius stellt sich den beiden vor, um Dante dann bei den letzten Stationen auf dem Läuterungsberg zu begleiten. Eben noch war er im Begriff, auf die Knie zu sinken, um wie oben Sordello auf fol. 115 im siebten Gesang des *Purgatorio* Vergils Füße zu umarmen; der angebetete Meister hält ihn jedoch davon ab (Purg. XXI, 131f.).

fol. 160: Purgatorio, XXII. Gesang: Die drei Dichter am wundersamen Baum im sechsten Kreis

Von Statius erläutert wird ein wundersamer Baum, der im felsigen Gelände des Läuterungsberges sprießt und durch eine Quelle von oben benetzt wird. Herrliche Früchte wachsen dort; doch die Sünder müßen an ihm vorbeiziehen und sich deren enthalten. Dazu werden sie durch eine Stimme aus dem Baume angehalten, die fünf Beispiele von Enthaltsamkeit preist.

fol. 163: Purgatorio, XXIII. Gesang: Die Schlemmer im sechsten Kreis

Ungewohnt dürr sind die Menschen, die sich hier um die drei Dichter scharen. Es sind Schlemmer, und einer von ihnen, Forese Donati, wendet sich im Lauf zu Dante, während Vergil und Statius voraus schreiten. Trotz der entstellten Gesichtszüge erkennt er den Freund seiner Jugend, mit dem er früher aus Spaß wildeste Beschimpfungen in Form von Sonetten ausgetauscht hatte. Diese Dichtungen spiegeln die Ausgelassenheit des Lebens wider, für das Forese nun büßt. Dabei greift der XXIII. Gesang mit der Schilderung der Schlemmer auf den folgenden über.

fol. 165v: Purgatorio, XXIV. Gesang: Die Schlemmer am wundersamen Baum im sechsten Kreis

Wie der Baum der Erkenntnis im Paradies, steht nun der wundersame Baum im sechsten Kreis losgelöst vom Felsen und damit ohne seine Quelle, die ihn von oben benetzt. Männer umstehen ihn, einer rechts außen trägt die päpstliche Tiara; es ist Martin IV., der zuvor als Schatzmeister der Kathedrale von Tours berühmt für seine kulinarischen Interessen war und von 1281 bis 1285 auf dem Stuhl Petri saß.

fol. 166: Purgatorio, XXIV. Gesang: Dante, Statius und Vergil vor dem Engel, der als Wächter zum siebten und höchsten Kreis wirkt

Nach den Miniaturen von fol 139, 145 und der besonders inhaltsreichen Variation auf fol. 151 wirkt dieses Bild als eine eher phantasielose Wiederholung des schon gewohnten Schemas: Von links treten nun die drei Dichter heran; der Engel wird vom Bildrand abgeschnitten. Der Weg windet sich von links hinten nach rechts, als träfe er sich dort wieder mit seinem Ausgangspunkt.

fol. 169: Purgatorio, XXV. Gesang: Dante, Statius und Vergil beim Aufstieg zum siebten Kreis

Wunderbar gemeistert ist diesmal der in einer kühnen Diagonale nach rechts aufsteigende Weg, der zu einem triumphalen Felsenbogen führt. Vergil schreitet voran, von Statius gefolgt, während Dante ganz in sich gekehrt als letzter den Blick senkt. Dem tiefsinnigen Charakter des Gesanges mit seinen Fragen um die Seelenlehre wird dieses nachdenklich stimmende Bild gut gerecht.

fol. 171v: Purgatorio, Schlußbild zum XXV. Gesang: Die Flammenwand des siebten Kreises

Von Vers 109 an wird, nachdem das im Deutschen als Fegefeuer bekannte *Purgatorio* in Dantes Schilderung so ganz ohne Feuer ausgekommen war, eine Flammenwand auf der Ringebene des siebten Kreises beschrieben. Darin sühnen die Wollüstigen, sie besingen die Keuschheit der Muttergottes und paraphrasieren deren Frage aus dem Verkündigungstext nach Lukas 1,34: „Wie soll das zugehen, da ich doch von keinem Mann weiß?" in Purg. XXV, 128 mit den Worten „Ich weiß von keinem Mann".

fol. 172: Purgatorio, XXVI. Gesang: Vergil, Statius und Dante eilen an der Flammenwand des siebten Kreises vorbei

Diesmal ist nur der Textbeginn illustriert: „Während wir so am Rand, einer vor dem anderen dahingingen." Filmisch ist die Gegenüberstellung der beiden Miniaturen verstanden; dennoch wandelt sich die Berglandschaft hinter der Flammenwand erheblich, ohne daß sich inhaltlich etwas veränderte. Wichtiger aber ist ein Blick auf die Gesichter der drei Dichter: Sie unterscheiden sich deutlich von allen Varianten, die man in den bisher betrachteten Miniaturen findet, sind um die Augen lebendiger; Brauen und Lider wirken, wenn man es respektlos sagt, schwarz geschminkt. Weicher fließen die Falten der Gewänder und geschmeidiger treten die Gliedmaßen im Relief hervor. Ein Abstand von über 120 Jahren trennt die älteren Malschichten der Landschaft und des Feuers von den Köpfen im Feuer und den Figuren vorn. So lange blieb die Miniatur unvollendet liegen, um 1480 hat man sie planvoll daraufhin angelegt, daß die Köpfe und die Protagonisten zuletzt ausgeführt werden sollten.

fol. 175: Purgatorio, XXVII. Gesang: Die Dichter in der Flammenwand vor dem Aufgang zum Gipfel des Läuterungsberges

Dicht und zur Bildfläche parallel wie in den vorhergehenden Miniaturen schiebt sich die Flammenwand von links ins Bild. Darin stecken nur noch die Köpfe der Dichter; nun hat man Dante in die Mitte genommen; Vergil geht wie gewohnt voraus, Statius folgt. Danach werden die drei Gefährten die steinerne Treppe zum Gipfel des Läuterungsberges hinaufsteigen und vor dem Plateau mit einer von sieben Bäumen bestandenen Wiese rasten, um Dante unter dem bestirnten Himmel ein wenig

Schlaf zu gönnen. Konzipiert ist die Miniatur noch um 1480; ausgeführt wurde sie erst um 1615, was sich schon in der Abplatzung oben links verrät; so etwas ist den älteren Illuminatoren nicht passiert, weil sie die alte Technik viel sicherer beherrschen als der Vollender des Kodex.

fol. 176^{bis}v: Purgatorio, Schlußbild zum XXVII. Gesang: Dantes Krönung auf dem Gipfel des Läuterungsberges

Die letzte wohl noch ganz zu Federico da Montefeltros ausgeführte Miniatur zeigt unter strahlend hellem Himmel bei erstaunlich niedrigem Horizont die drei Dichter auf dem Plateau, das den Gipfel des Läuterungsberges bildet. Der Blick ist bewußt auf Untersicht angelegt, damit man Dantes Krönung durch Vergil in Ehrfurcht so von unten sieht, daß die Häupter der drei Dichter gegen den Himmel stehen. Eigentlich müßte der augusteische Dichter den Toskaner mit Krone und Mitra krönen; doch der Maler setzt den letzten Vers – Purg. XXVII, 142 – wahrhaft poetisch um, in dem Vergil sagt: „darum verleihe ich Krone und Mitra dir über dich selbst". Man stelle sich den Dichter mit Zeichen von Imperium und Sacerdotium vor, als königlichen Bischof oder bischöflichen König! So aber erhält Dante im klugen Bild der Ferraresen um 1480 schlicht den Lorbeerkranz, der ihm wirklich gebührt.

fol. 177: Purgatorio, XXVIII. Gesang: Die drei Dichter treffen auf Matelda im Irdischen Paradies

In der anmutigsten Miniatur aus dem frühen 17. Jahrhundert treten die drei Dichter, diesmal von Dante angeführt, direkt an den Fluß des Vergessens, Lethe, heran, der aus einem Hain voller Frucht tragender Bäume entspringt. Ihnen tritt auf dem rechten Ufer eine Frau entgegen. Mit ihr führt Dante ein ausführliches Gespräch, in dem er ein Beispiel nach dem anderen aus der antiken Mythologie bemüht, sie aber mit Beispielen aus der Bibel antwortet. Die Sonne erscheint nun als Gesicht über den höchsten Bäumen, ein Wind weht und Vögel flattern durch die rosafarbenen Lüfte. Ähnlich wie Lucia bleibt bis heute ungeklärt, wer mit der italienischen Namensform für Mathilde oder auch Mechthild gemeint ist: Denkt Dante an Mathilde von Tuscien (1046-1115), die gebieterische Gegnerin Kaiser Heinrichs IV., die diesen zum Gang nach Canossa zwang, oder sind Mystikerinnen wie die 1280 verstorbene Mechthild von Magdeburg oder die 1299 verstorbene Mechthild von Hackeborn gemeint? Eher wird man eine Art Verschlüsselung vermuten, deren innerer Sinn nicht mehr aufzuklären ist.

fol. 180: Purgatorio, XXIX. Gesang: Dante und Statius werden von Matelda über den Triumphwagen belehrt

Der Gipfel des Läuterungsberges mit dem Irdischen Paradies wölbt sich kräftig gegen den Horizont, von zwei schlanken Bäumchen flankiert. Vergil kann Dante nun nicht mehr begleiten; nur Statius bleibt bei ihm, weil Dante ihn für einen Christen hielt. Beide treten von links ans Ufer eines breiten Flußes und blicken hinüber zu Matelda, die ihnen einen Wagen erläutert, den Engel begleiten und in dessen Geschirr ein geflügelter Löwe gespannt ist. Noch steht der Wagen am Ufer, und das Bild erklärt das Wesen des Wagens nur unzureichend; denn das Zugtier erkennt nur, wer mehr als diese Miniatur kennt: Es ist der Greif, als Adler dem Himmel, als Löwe der Erde zugehörig, mithin ein Symbol für Christus. Die Evangelisten, verkörpert durch Gestalten, die nur mit ihren Häuptern die Evangelistensymbole assoziieren, begleiten den Wagen; zu sehen sind der Engel des Matthäus, der Stier des Lukas und der Adler des Johannes; nur der Löwenkopf für Markus kann nicht gezeigt werden, weil er hinter dem Wagen schreitet. Dantes Entlehnungen aus der biblischen Offenbarung mit den Sieben Leuchtern und den Vierundzwanzig Ältesten bringt der Maler hier nicht ein.

fol. 183: Purgatorio, XXX. Gesang: Dante und Statius erblicken Beatrice auf dem Triumphwagen

Wieder verweilen Dante und Statius links am Ufer, nun vor Bäumen, die einen kleinen Hain bilden. Auf der anderen Seite ist die mystische

Prozession der Vierundzwanzig Ältesten mit Beatrice auf dem Triumphwagen bereit; erneut wird der Wagen von einem schwarzen Greifen gezogen, der nun auch besser zu sehen ist.

fol. 186: Purgatorio, XXXI. Gesang: Dante von Matelda in die Lethe getaucht

Statius ist nicht zu sehen; Dante aber ist ins Wasser des Flußes Lethe gestiegen; zu ihm beugt sich in etwas linkischer Analogie zum Täufer Johannes Matelda nieder, um seinen Kopf unterzutauchen, damit er vom Wasser des Vergessens trinkt. Wieder wird der Triumphwagen vom Greifen gezogen; Beatrice blickt aus ihm heraus. Sieben Frauen, vier zur Linken und drei zur Rechten des Wagens (im Bild also seitenverkehrt) versprechen Dante, ihn zu Beatrice zu führen. Die vier sind im Irdischen Paradies Nymphen, im Himmel Sterne und zugleich Mägde Beatrices; die drei hingegen sind bereit, des Dichters Augen zu schärfen, damit er das Licht in Beatrices Augen ertragen kann. Kreuz und Anker als Attribute in ihren Händen machen die eine zur Fides (Glauben), die andere zur Spes (Hoffnung) und alle drei zu Tugenden.

fol. 189: Purgatorio, XXXII. Gesang: Beatrice unter dem wieder erblühten Baum

Der Wagen hält links hinten; kein Zugtier ist mehr vor ihn gespannt. Unter einem Baum hat Beatrice Platz genommen, umgeben von den sieben Frauen, die freilich ihren Platz getauscht haben, so daß die vier Nymphen nun links stehen, wo Dante und Statius in den Kreis zugelassen sind. Mit dem Baum ist der Baum der Erkenntnis aus dem Paradies gemeint. In einem grandiosen Frühlingsbild beschreibt Dante, wie sich der Baum wieder belebt und insgesamt, nicht nur in seinen Blättern einen Farbton zwischen Rot und Violett erreicht, der an kaiserlichen Purpur erinnert. Eher rostrot fällt er in dieser Miniatur aus, als habe der Maler Feuer assoziiert.

fol. 192: Purgatorio, XXXIII. Gesang: Dante mit Beatrice, gefolgt von Matelda und Statius im Geleit der sieben Frauen am Ursprung der Flüsse Lethe und Eunoë

Die ganze Leichtigkeit des aus dem Manierismus gespeisten Stils vom Anfang des 17. Jahrhunderts kommt dem fulminanten Bilde zugute, auch wenn es rechts durch Feuchtigkeit und die geringe Solidität der nachmittelalterlichen Farben gelitten hat. Die Figuren fliegen geradezu in eleganten Bewegungen über eine Ebene hin, unter gewaltigem Himmelslicht. Hier wirkt Dante, der bisher meist nachdenklich und zögernd, erschüttert und angestrengt erschien, zu einer großen Geste seiner Linken befreit, als könne er nun erklären, was sich hier abspielt. Doch ganz so ist es nicht; er ist nur von der übersinnlichen Liebe zur wiedergefundenen Beatrice erfüllt. Vorn fließt Wasser in zwei Flußbetten; Matelda wird Dante erklären müssen, daß es sich um die Paradiesesflüsse Lethe und Eunoë handelt, deren einer das Vergessen bringt, während der andere die Erinnerung an gute Taten wieder wachruft.

Paradiso

Ganz von dem späteren Buchmaler gestaltet, der das Frontispiz bereits vom Bordürenmaler präpariert, ansonsten aber in dieser Cantica nur einmal, auf fol. 223v, eine Komposition aus dem 15. Jahrhundert vorfand, werden die Miniaturen mit den Paradiesesvisionen ganz von einer beschwingten Zartheit beseelt, die sich außerhalb der großen Trends der Kunstgeschichte bewegt. Lichtphänomene reizten den namenlosen Maler, der über eine für das zweite Jahrzehnt des 17. Jahrhunderts erstaunlich solide Technik verfügt und phantastische Effekte zu erreichen versteht. Dabei ist der Text sehr viel weniger anschaulich als in den beiden vorausgegangenen Cantiche; und man hat auch den Eindruck, daß er schon, weil oft die Grenzen des Verständlichen überschritten sind, selten so gründlich gelesen wurde wie *Inferno* oder *Purgatorio*. Der erste Kommentator des Urbinaten hat es rundum abgelehnt, die Miniaturen genauer zu untersuchen. Das hat ihrer Beliebtheit im Reproduktionswesen jedoch keinen Abbruch getan. Im *Paradiso* gibt es nur 20 Miniaturen; Restfelder ergaben sich kaum; wo sie entstanden, wurden sie nicht genutzt

Bei der zarten Körperlichkeit der oft schwebend, zuweilen wie in der Luft tanzend wirkenden Figuren darf man eines nicht vergessen: Sie zeigen Körper, die Dante gar nicht sieht; denn fast alle, die ihm im Paradies begegnen, sind Flämmchen, wie es Botticelli in seinen Zeichnungen zur Göttlichen Komödie so irritierend texttreu gezeigt hat.

fol. 197: Paradiso, I. Gesang: Beatrice und Dante im Himmel, in triumphaler Architekturbordüre mit Initiale L

Triumphbögen, wie sie aus der Antike erhalten waren, faszinierten schon im frühen Mittelalter; denn schon Einhard hat für Karl den Großen das Motiv aufgegriffen, allerdings nur im Format eines Modells aus Elfenbein und anderem edlen Material. Die Renaissance aber widmete sich in ungezählten Varianten dem Thema, das sich besonders für

Frontispizien eignete. Zentral hatten solche Architekturen angelegt zu sein; dem widersprach die traditionelle Einrichtung der Seiten, gegen die schon im Frontispiz des *Purgatorio* verstoßen wurde.

Entschiedener löst man sich zu Beginn des *Paradiso* von der alten Vorgabe: Das Textfeld wird als eine monumentale steinerne Attika verstanden, in die asymmetrisch links die Schrift und rechts ein heraldisches Medaillon eingeschrieben sind. Die Initiale wird auf eine Art Stele links geschrieben, der eine zweite rechts symmetrisch entspricht.

Diese Attika ruht auf einem Sockel, dessen die ganze Seite überspannender Spiegel ein noch größeres Medaillon mit dem Wappen Federico da Montefeltros und flankierend Schilde heraldischen Inhalts faßt. Über derartigem Aufbau erhebt sich in der oberen Hälfte der Seite ein Bogen, der in kräftiger Untersicht gezeigt ist, so daß das vergoldete Tonnengewölbe mit seinen Kassetten eine prachtvolle Bekrönung bildet, flankiert von goldenen Spiegeln und Kandelaber-Ornamenten auf den begleitenden Leisten. Ein starkes Gebälk schließt die Komposition nach oben ab. Ihr wichtigster Effekt besteht im räumlichen Geschiebe.

In der ersten Arbeitskampagne, die vor dem Tod des ersten Auftraggebers im Jahre 1482 anzunehmen ist, wurde die Architektur nicht ganz fertig; zum Falz hin blieb es beispielsweise neben der Initiale nur bei der schwachen Vorzeichnung. Daß Teile der dekorativen Malerei damals bereits ausgeführt wurden, beweist ein Vergleich der Initiale mit ihrer Entsprechung zu Beginn des *Purgatorio* (fol. 97): Beide Buchstaben gehören zur selben Familie, erscheinen in demselben Grün, auf demselben Blau mit den gleichen stilisierten Blattformen in Weiß mit roten Stempeln im Zentrum der Blüten. Doch gehören die anmutigen Putten durchweg erst dem 17. Jahrhundert an; und damals ist auch erst die Miniatur gestaltet worden.

In einer Illusion, wie sie im 16. Jahrhundert bereits von Veronese ausprobiert wurde, blickt man aus Untersicht in die Höhe des Himmels und findet schwebend Beatrice im grünen Kleid über einem rosafarbenen Untergewand. Sie weist Dante, der sich ihr en face zuwendet, auf die

Sonne hin, die rechts im Bild etwa auf Kniehöhe der beiden erscheint. Vom Feuersee und Sphärenklang, die Beatrice erklärt, kann hier freilich nicht die Rede sein.

fol. 200: Paradiso, II. Gesang: Dante und Beatrice in der ersten Himmelssphäre, der des Mondes

Mit bezwingender Einfachheit setzt der Maler das weiße Gesicht des Mondes gegen den blauen Himmel, der vom Rund des Himmelskörpers aufgehellt wird. Beatrice steht links und erläutert mit lebhaftem Redegestus, während Dante betroffen, die Rechte zum Herzen führend, zuhört.

fol. 203: Paradiso, III. Gesang: Beatrice und Dante in der ersten Himmelssphäre, der des Mondes, mit einer Gruppe von Erlösten

Beatrice und Dante treten eng zusammen, um nach rechts hinüber zu schauen, dort erscheint eine Frauengruppe, angeführt von einer gekrönten Kaiserin. Doch zunächst spricht der Dichter die Nonne Piccarda Donati an, die Schwester zweier ungleicher Brüder, Forese und Corso, die dem Dichter aus seinen florentinischen Jugendjahren bekannt sind; Forese hatte er bereits im *Purgatorio* getroffen (Purg. XXIV, 13). Piccarda verweist auf die Kaiserin; es ist Konstanze, die Tochter Rogers von Sizilien und Mutter Friedrichs II. Dante ehrt an Konstanze vor allem die Zeit, in der sie nach dem Tod Heinrichs VI. für den dreijährigen Friedrich die Regierung führte.

fol. 205v: Paradiso, IV. Gesang: Dante und Beatrice in der ersten Himmelssphäre, der des Mondes

Beatrice spricht heftig auf Dante ein; dieser wendet sich weg und beugt dabei leicht seinen Körper. Seine Haltung verrät, wie stark er von seinen Fragen umgetrieben wird; doch von deren Inhalt läßt sich hier nichts im Bilde schildern.

fol. 208v: Paradiso, V. Gesang: Dante und Beatrice in der zweiten Himmelssphäre, der des Merkur, mit einer Gruppe von Erlösten

Merkur wird als silberne Kugel mit sechzehn silbernen Sternspitzen gezeigt; der vom Adler des Zeus bekrönte Heroldstab, der Caduceus, in der unteren Sternspitze läßt den Gott dieses Planeten benennen. Wieder ist der Stern vor den blauen Himmel gestellt; sein heftigeres Licht führt zu greller Aufhellung am blauen Himmel, der übrigens an einigen Stellen schadhaft ist, wo das Weiß des Pergamentgrundes durchschaut. Hier begegnen Beatrice und Dante einer Gruppe von Seelen. Dazu gehört Kaiser Justinian, als würdiger Greis mit einer Krone ganz dem westeuropäischen nachmittelalterlichen Kaisertum verpflichtet. Das wichtigste Thema des Gesangs, Dantes Ablehnung von juristischen Spitzfindigkeiten zur Befreiung von geistlichen Gelübden, kann nicht im Bild gefaßt werden.

fol. 211v: Paradiso, VI. Gesang: Kaiser Jusitinian zwischen Beatrice und Dante, mit weiteren Erlösten

Justinians Bild kam in der vorigen Miniatur ein wenig verfrüht; denn nun erst sind ihm die 27 Anfangsverse des Gesangs gewidmet. Dante widmet sich im Text dem berühmten Gesetzgeber und den Zeichen kaiserlicher Macht wie dem Adler, ehe er zu Romeo von Villebeuve kommt, der schon im vorigen Gesang erwähnt und wohl auch auf fol. 208v dargestellt war. Um ihn rankt sich die Legende vom Pilger, der in die Provence zu Graf Raimund Berengar kommt, dessen Haus bestellt, dessen Töchter an die Könige von Frankreich, England, Deutschland und Sizilien verheiratet, dann aber einer Verleumdung weicht und als Bettler von dannen geht, ohne daß man wüßte, welches Ende er gefunden hat.

fol. 214v: Paradiso, VII. Gesang: Dante und Beatrice in der zweiten Himmelssphäre, der des Merkur, nach dem Abgesang der dort weilenden Erlösten

Justinian stimmt den Abgesang an. Dante bleibt im Feuer des Zweifels zurück, um dann Beatrices Lehre von der Erlösung zu hören. Genial wirkt die perspektivische Entfernung der Seelen in die Tiefe Merkurs; schadhaft hingegen der blaue Grund.

fol. 217v: Paradiso, VIII. Gesang: Dante und Beatrice in der dritten Himmelssphäre, jener der Venus, im Gespräch mit Karl Martell von Anjou und dessen Gemahlin Clemenza

Die Venus ist für den Buchmaler des frühen 17. Jahrhunderts genau so ein Stern wie der Merkur; nur leuchtet sie bekanntlich sehr viel strahlender am Himmel, und deshalb verbreitet sich ihr Licht radikaler über den blauen Grund. Im unteren Zacken dient eine fünfblättrige blaue Blüte als Zeichen. Ohne seinen Namen zu nennen, gibt sich hier der Erbe des Hauses Anjou zu erkennen; er starb jung (1271-1295); das bedauert Dante; denn unter seiner Herrschaft hätte er vielleicht ein anderes Leben führen können. Vermählt war Karl Martell von Anjou mit Clemenza, einer Tochter Rudolfs von Habsburg, die kurz nach ihm noch im selben Jahr verstorben ist. In Florenz konnte Dante mit dem jugendlichen Fürsten Freundschaft schließen, und deshalb hat er ihm in der Göttlichen Komödie literarisch ein Denkmal gesetzt.

fol. 220v: Paradiso, IX. Gesang: Dante und Beatrice in der dritten Himmelssphäre, jener der Venus, im Gespräch mit Erlösten

Cunizza da Romano (1198-1279) ist die erste Gesprächspartnerin in diesem Gesang; sie hatte Dante in seiner Jugend als Greisin im Hause Cavalcanti erlebt. Sie hat ihren Platz in der Himmelssphäre der Venus, weil sie sich zu ihrem Leben unter dem Zeichen der Liebesgöttin bekennt. Der Dichter Folquet von Marseille folgt; er soll die Gattin des Vicomte von Marseille geliebt und nach deren Tod Zisterziensermönch geworden sein, um zum Abt von Torronet und dann Erzbischof von Toulouse zu werden; in dieser Funktion tat er sich als Verfolger der Katharer hervor; Dante preist ihn dafür. Schließlich tritt Rahab auf, jene Hure aus dem Alten Testament, deren Verrat den Israeliten die Einnahme von Jericho ermöglichte.

fol. 223v: Paradiso, X. Gesang: Dante und Beatrice mit zwölf Heiligen im vierten Himmelskreis, dem der Sonne

Dunkelblau ist der Himmel, schematisch bestirnt und mit schemenhaft in Schwarz angedeuteten Tierkreiszeichen von Stier und Widder in den oberen Ecken besetzt. Die Sonne als runde Goldscheibe hinterfängt die hier groß gegebenen Gestalten. Sie sind fast so plastisch präsent wie die Figuren in *Inferno* und Purgatorio, verraten in ihren harten Falten die Machart der Zeit um 1480, kurzum: Die Miniatur ist noch zu Lebzeiten des Federico da Montefeltro angelegt, in ihren letzten Farbschichten aber erst im 17. Jahrhundert vollendet worden, was man am deutlichsten an den Gesichtern erkennt. Heilige umgeben Dante und Beatrice; sie sind im Reich der Weisheit angesiedelt, für das die Sonne steht. Dantes erste Gruppe von zwölf in diesen Himmelsteil versetzten Heiligen läßt sich von den beiden Dominikanern im Vordergrund, Thomas von Aquin und Albertus Magnus, aus gegen den Uhrzeigersinn im Bilde ablesen; denn dann folgen in einer höchst individuellen Auswahl, die Dantes besondere Interessen verrät: der Kanonist Gratian, Petrus Lombardus, König Salomo, Dionysius Areopagita, Orosius, Boethius, Isidor von Sevilla als Benediktiner, Beda Venerabilis, Richard von Sankt Viktor und Siger von Brabant.

fol. 226v: Paradiso, XI. Gesang: Dante und Beatrice mit denselben zwölf Heiligen, im vierten Himmelskreis, dem der Sonne

Besonders klar läßt sich der Unterschied zwischen den verschiedenen Malkampagnen an dieser Miniatur im Vergleich mit der vorhergehenden ausmachen: Die goldene Scheibe der Sonne, kleiner und mit züngelnden goldenen Strahlen umgeben, ist nach links hin durch Schatten modelliert. Die Figuren erscheinen kleiner und bewegter. Vor allem das Licht in ihren Gewändern wirkt, als wolle sich ihre materielle Präsenz fast auflösen. Es sind dieselben Heiligen, die man von den beiden Dominikanern hinten wieder gegen den Uhrzeigersinn mit kleinen Abweichungen erkennen kann.

fol. 229v: Paradiso, XII. Gesang: Dante und Beatrice mit denselben zwölf Heiligen und einer zweiten Zwölfzahl, im vierten Himmelskreis, dem der Sonne

Enger müßen die zentralen Zwölf nun um Dante und Beatrice zusammenrücken. Der Maler wiederholt die Abfolge aus der Miniatur zum zehnten Gesang, fol. 223v. Doch sind sie nun umgeben von zwölf weiteren: Bonaventura, der seinen Kardinalshut vorn links von der Mitte trägt, Franziskus, Illuminatus von Rieti und Augustinus, Hugo von Sankt Viktor, Petrus Comestor, Petrus Hispanus, der alttestamentliche Prophet Nathan, Johannes Chrysostomus, Anselm von Canterbury, Donatus, Hrabanus Maurus und Joachim von Fiore, die wieder gegen den Uhrzeigersinn gut abzulesen sind.

fol. 232v: Paradiso, XIII. Gesang: Dante und Beatrice in der fünften Himmelssphäre, der des Mars

Eigentlich sollen in diesem Bild der Gesang und der Reigen der 24 Weisheitslehrer beschrieben werden, die sich als 24 Sterne herausstellen. Doch der Maler widmet sich bereits dem Planeten Mars, den er zwar kleiner als die anderen, aber auch als silbernen Stern mit sechzehn Zacken zeigt. Eine Siegespalme und ein Stab dienen im unteren Zacken als Signet. Im Zentrum des Mars strahlt ein goldenes griechisches Kreuz mit abgerundeten Ecken, in dem die Erlösten winzig erscheinen, in waagerechter Anordnung und in Paaren oder Dreiergruppen übereinander, zunächst sind es 21 an der Zahl; von oben kommen Goldstrahlen auf das Kreuz herab. Mit dem Text hat das nicht viel zu tun.

fol. 235v: Paradiso, XIV. Gesang: Dante und Beatrice in der fünften Himmelssphäre, der des Mars

Erst in der Mitte dieses Gesangs ist von der Himmelssphäre des Mars die Rede. Hier erscheinen die Märtyrer und Glaubenskämpfer im Zeichen des Kreuzes, das im Zentrum des Sternbildes in unseren Miniaturen steht. Gegenüber der ersten Darstellung ist das Kreuz kleiner geworden und enthält nur noch zwölf Erlöste; über ihm erstrahlt noch mehr goldenes Licht aus der Höhe.

fol. 238: Paradiso, XV. Gesang: Dante und Beatrice in der fünften Himmelssphäre, der des Mars

Das Kreuz ist so klein wie in der letzten Miniatur. Die Erlösten auf seinen Balken sind in Bewegung geraten; goldene Strahlen gehen nun von den Kreuzungspunkten in alle vier Richtungen aus. Schon dieser Gesang ist von der Erscheinung Cacciaguidas bestimmt, der erst in den nächsten beiden Miniaturen zu sehen sein wird.

fol. 241v: Paradiso, XVI. Gesang: Dante und Beatrice in der fünften Himmelssphäre, der des Mars, allein im Gespräch mit Cacciaguida

Nun sieht der Mars aus wie jeder andere Planet außer Sonne und Mond. Das goldene Kreuz ist nicht mehr eingetragen. Ein weißbärtiger Greis in prächtig im Wind flatternder Gewandung eines behelmten römischen Kriegsmannes tritt mit gebreiteten Armen Beatrice und Dante entgegen. Es ist Dantes Uhrahn Cacciaguida, der mit Alighiera degli Alighieri verheiratet war. In der Göttlichen Komödie ist ihm vom XIV. bis zum XVIII. Gesang das Wort gegeben, damit er von Florenz in der Vergangenheit (Parad. XV, 12 - XVIII, 51) sowie von Dantes Familie (Parad. XIV, 88 - XVI, 154) berichtet und dabei auch von der Bedeutung des Adels spricht, um Dante im siebzehnten Gesang auf die bevorstehende Verbannung einzustimmen (Parad. XVII, 1 - 142).

fol. 244v: Paradiso, XVII. Gesang: Dante und Beatrice in der fünften Himmelssphäre, der des Mars, im Gespräch mit Cacciaguida

Die Miniatur wird in etwas veränderten Proportionen und mit noch schwungvolleren Formen wiederholt. Im Text fragt Dante den Ahnen nach der eigenen Zukunft und erfährt sie von ihm. Dabei ist zu berücksichtigen, daß die in der Göttlichen Komödie geschilderten Ereignisse fiktiv um Ostern des Jahres 1300 spielen, als Dante noch in Florenz lebte, der Dichter sein Werk aber erst niederschrieb, nachdem er schon einige Jahre aus Florenz verbannt war. Die verschiedenen Zeitebenen machen es ihm möglich, das Geschehen so darzustellen, daß er Cacciaguida Prophezeiungen in den Mund legen kann, die bereits mit seinen Widersachern abrechnen.

fol. 247v: Paradiso, XVIII. Gesang: Beatrice und Dante mit dem M, dem Kreuz und dem Adlerkopf, in der sechsten Himmelssphäre, des Jupiter

Jupiter wird nicht größer und nicht so hell wie Venus gegeben; auch er ist ein sechzehnzackiger silberner Stern; ein Blattkranz im untersten Zacken ist sein Zeichen. Der Aufstieg in Jupiters Himmelssphäre beginnt mit Parad. XVIII, 52; ihr Thema ist die Gerechtigkeit, und ihr Zeichen der Adler, der auch für den antiken Gott steht. Dante schildert, wie Geister eine Buchstabenschrift bilden, wie sich daraus ein Adlerkopf entwickelt. Was dann folgt, wird in der Miniatur mißverstanden; denn die Geister formen nun ein M, es müßte gerundet sein, damit sich daraus durch einen Stab in der Mitte die Lilie entwickeln kann. Aus diesem Motiv kommt der Dichter zur Rolle der französischen Krone, sieht sie selbst aber keineswegs so in der Himmelssphäre Jupiters, wie es der Buchmaler will. Er läßt Beatrice und Dante zuschauen, wie die Geister des richtigen Prinzips ein scharfwinkliges M, eine zentral gesetzte Krone sowie darüber einen Adlerkopf bilden.

fol. 250v: Paradiso, XIX. Gesang: Beatrice und Dante unter der großen Form des Adlers, in der sechsten Himmelssphäre, des Jupiter

Zu Beginn des Gesangs wird geschildert, wie das Bild eines Adlers von den Geistern geformt wird; und dazu lehnt er sich in seinem eigenen 10. Vers an den Wortlaut der Apokalypse an (Apc. 8,13). Dieser Adler, zusammengesetzt aus Geistern, im Text aber aus funkelnden Rubinen, repräsentiert die Erlösten in der Himmelssphäre des Jupiter. Dieser Adler spricht dann für sie alle und klagt über die Tatsache, daß von der himmlischen Herrlichkeit der gerechten Fürsten nicht so viel auf Erden geblieben ist, daß man deren Beispiel folgt. Zugleich ergreift der Dichter hier nochmals die Gelegenheit, auf die Fürsten der eigenen Zeit zu sprechen zu kommen.

fol. 253v: Paradiso, XX. Gesang: Beatrice und Dante im Gespräch mit den Geistern, die den Adler bilden, in der sechsten Himmelssphäre, des Jupiter

Nun stehen Beatrice und Dante dem Adler gegenüber, der sich wie zum Gespräch zu ihnen gewendet hat und deshalb im Profil erscheint. Sie sprechen mit den Geistern, die den Adler bilden. Der Adler erläutert ihnen das Adlerauge mit seinem Licht, für das gerechte Herrscher wie David, Trajan, Hiskia von Juda und Kaiser Konstantin stehen. Dabei geht es auch um die Erlösung der Heiden.

fol. 256v: Paradiso, XXI. Gesang: Dante und Beatrice im Gespräch mit Petrus Damianus, in der siebten Himmelssphäre, der des Saturn

Nun gelangen Dante und Beatrice in die Sphäre des letzten Planeten, des Saturn; auch er ist ein silberner Stern mit sechzehn Zacken; ein Ring im untersten Zacken ist sein Zeichen, und nur einmal wird er gezeigt. Saturn ist Gott der Zeit; seine Sphäre ist die der Kontemplation. Vor einem Hintergrund, in dem die kontemplativen Geister eine wundersame Treppe zu einer Wolke auf und ab steigen, und vor Seelen, die zur dieser Wolke emporschweben, sprechen Dante und Beatrice mit dem gelehrten Petrus Damianus (1007-1072). Der Mönch aus Ravenna, der zum Kardinal aufgestiegen war, wirkte zugleich als kontemplativer asketischer Mönch wie als Legat der römischen Kirche. In den Kämpfen der deutschen Kaiser Heinrich III. und Heinrich IV. gegen die Päpste spielte er eine wesentliche Rolle. Für die cluniazensische Reform setzte er sich ein. Dabei stand Petrus Damianus für eine Erneuerung der Kirche aus geistlich-asketischer Kraft. Sein Lebenswerk entspricht weitgehend Dantes Ideal von der Rolle von Kirche und Mönchtum in der Gesellschaft. Die Himmelsleiter, eine seit der Jakobsgeschichte in der Genesis gewohnte und von vielen weiter entwickelte Metapher, hat im Denken von Petrus Damianus besonderes Gewicht.

fol. 259v: Paradiso, XXII. Gesang: Dante im Zeichen der Zwillinge, in der achten Himmelssphäre, der der Fixsterne

Den ganzen Zauber der späten Miniaturen verkörpert diese Miniatur; sie zeigt Beatrice, wie sie Dante im Tierkreiszeichen der Zwillinge von deren zwei Kindergestalten umringt und an den Knien gefaßt sieht. Im Zeichen der Zwillinge stand die Sonne bei Dantes Geburt. Das interessiert den Maler einzig an diesem Gesang, in dem Benedikt von Nursia zu Wort kommt, um den Zustand der Klöster zu geißeln, und in dem Dante auf seinen Weg zurückblickt.

fol. 262v: Paradiso, XXIII. Gesang: Dante und Beatrice gemeinsam mit Petrus, dem Täufer und anderen Heiligen in der achten Himmelssphäre, der der Fixsterne

Beatrice weist hinauf zum Himmel, an dem Dante fassungslos die gleißende Sonne riesenhaft sieht. Auch der Apostelfürst Petrus, Johannes der Täufer und andere Heilige bewundern das Schauspiel des Lichts, das Christi Triumph verkörpert. Von der Anwesenheit der Heiligen ist im Text an dieser Stelle nicht die Rede; die Miniatur greift Motive aus dem Folgenden auf.

fol. 265v: Paradiso, XXIV. Gesang: Dante durch Petrus über den Glauben geprüft, in der achten Himmelssphäre, der der Fixsterne

Auf dem Sternbild der Zwillinge steht nun Dante; das ganze Sternenzelt spannt sich wie ein gewaltiger Globus unter den Füßen der Gestalten, die vor einem in blasses Rosa getauchten Himmel stehen. Beatrice schaut von links, mit geöffneten Händen zum Betrachter. Derweil hört

Dante dem Apostelfürsten Petrus zu, der ihn prüft. Die Fragen kreisen um die Definition und die Quelle des Glaubens und sind wie in einer akademischen Prüfung der Zeit durch Zusatzfragen ergänzt.

fol. 268v: Paradiso, XXV. Gesang: Dante durch Jakobus den Älteren über die Hoffnung geprüft, in der achten Himmelssphäre, der der Fixsterne

Dante, der wieder auf dem Zeichen der Zwillinge steht, wird nun von Jakobus über die Hoffnung geprüft, in Anwesenheit von Petrus, Johannes dem Evangelisten und anderen Aposteln.

fol. 271v: Paradiso, XXVI. Gesang: Dante im Gespräch mit Adam, in der achten Himmelssphäre, der der Fixsterne

Noch gehen die Prüfungen weiter; nun befragt Johannes der Evangelist Dante nach der Liebe. Doch das hat den Buchmaler ebenso wenig interessiert wie die zeitweise Blindheit des Dichters und die Wiedererlangung der Sehkraft, die der Text berichtet. Seine Miniatur greift eine spätere Episode aus dem Gesang auf: Dante stellt dem nackten Adam, dessen Lenden nur mit Feigenblättern umgürtet sind, vier Fragen: nach dem Zeitpunkt und der Zeitdauer, die jener im Irdischen Paradies verbrachte, nach dem Grund für seine Vertreibung und nach der Sprache, die er damals gesprochen hat. Auf die Fragen nach den Zeiten gibt Adam genaue Auskunft, bei der Sprache aber verweist er auf den Wandel im Leben und vergleicht eine vergehende Sprache mit einem Blatt, an dessen Stelle ein neues wächst. Dem Gespräch folgen Petrus, Jakobus und Johannes der Evangelist.

fol. 274v: Paradiso, XXVII. Gesang: Dante und Beatrice beim Aufstieg aller Seligen in der achten Himmelssphäre, der der Fixsterne

Aus dem reichen Geschehen des Gesangs, der auch den Übergang zur nächsten Himmelssphäre berichtet, hat der Maler die Situation am Schluß der Schilderung der Himmelssphäre der festen Sterne gewählt:

Auf dem Firmament stehen Dante, immer noch im Zeichen der Zwillinge, und Beatrice, um die in den Himmel aufsteigenden Geister zu betrachten. Hier erscheinen Dominikus und Franziskus, die anderen sind wohl auch namentlich gemeint, aber nicht zweifelsfrei identifizierbar.

fol. 277v: Paradiso, XXVIII. Gesang: Beatrice und Dante bei der Betrachtung der neun Engelschöre in der neunten Himmelssphäre

Was für den Dichter immer schwerer zu beschreiben ist, führt den Maler zu immer abstrakteren Lösungen. Nun schauen Beatrice und Dante auf in einen violetten Himmel, in dem ein kräftiges rotes Licht leuchtet, das in den konzentrischen Kreisen der Sphären seine feurige Kraft verliert. Wie ein sechsstrahliger Stern strahlen von dort die neun Engelschöre aus; sie sind durch die um 1600 besonders beliebte Form der Engelsdarstellung ausgedrückt: rosafarbene Engelsköpfchen nur, über kurzen goldenen Flügeln.

fol. 280v: Paradiso, XXIX. Gesang: Das Kreisen der neun Engelschöre in der neunten Himmelssphäre

Nun sind Dante und Beatrice nach rechts getreten; von dort aus schauen sie auf zu dem eigenartigen Schauspiel, bei dem die neun Engelschöre das zentrale goldene Licht umkreisen. Dieses Kreisen ist eigentlich im vorhergehenden Gesang beschrieben. Der Buchmaler hat einfach zwei Erscheinungsformen der neun Engelschöre auf zwei Miniaturen verteilt, um damit der Pflicht zu entgehen, etwas kompliziertes aus den höchst theoretischen Erörterungen darstellen zu müßen.

fol. 283v: Paradiso, XXX. Gesang: Der Lichtfluß in der zehnten Himmelssphäre, dem Empyreum

Je weiter sich Beatrice und Dante von sinnlicher Erfahrung auf Erden entfernen, umso hilfloser wird jede Malerei. Nun sind die beiden in der zehnten Himmelssphäre, dem Empyreum, angelangt. Dante, der eben noch geblendet war, neigt sich über den Lichtfluß, der das Firmament beim Zeichen der Zwillinge kreuzt. Der aber erweist sich in der Miniatur wie ein leuchtend gelber Sandweg, von Wiesenstreifen mit goldenen Blumen gesäumt. Dabei nutzt der Maler einen Gedanken des Dichters, der das schwer Greifbare und kaum noch zu Schildernde stetigen Metamorphosen unterwirft. So schildert er den Moment, da sich der Dichter auf dem Grün des Ufers hinkniet, um von dem Lichtstrom zu trinken – und er führt die Hand zum Munde, als enthielte sie Trinkbares.

fol. 286v: Paradiso, XXXI. Gesang: Die Erlösten in der weißen Himmelsrose

Auf dem Rund des Firmaments erblüht die weiße Rose, die in jedem ihrer vielen Blätter einen weißhaarigen Mönch im weißen Habit der Zisterzienser birgt. Im Zentrum der Blüte flankieren Dante und Beatrice den heiligen Bernhard von Clairvaux, den Vater des Zisterzienserordens. Größer als sie ist Petrus, der in der Mitte des äußersten Blütenkranzes betend nach oben schaut zu vierzehn Engeln, die in der Höhe fliegen.

fol. 289v: Paradiso, XXXII. Gesang: Triumph der Jungfrau

Ganz im Sinne einer frühbarocken Vision ist der Triumph der Jungfrau Maria in einer lichterfüllten gelben Mandorla dargestellt, von der aus Strahlen den rosafarbenen Himmel erfassen. Zwei kräftige Engel krönen Maria, Engelsköpfchen umschweben sie. Unten knien Dante, der Erzengel Gabriel und der heilige Bernhard, um die Muttergottes anzubeten, bei der auf Zeichen der Immaculata oder des Apokalyptischen Weibes verzichtet wurde.

fol. 292v: Paradiso, XXXIII. Gesang: Dante und der heilige Bernhard vor dem Mysterium der Trinität

Auf grandiose Weise entfernt sich das letzte Bild des Dante aus Urbino von der Art von Malerei, mit der man vor 1482 begonnen hatte, den Kodex zu illustrieren: Der Fond des Bildes ist ganz ungegenständlich, vom Rosa und Gelb überirdischen Lichtes grell getönt. Auf dem unteren Bildrand knien Dante in einem nun ganz durch Weiß aufgehellten Blau und der Zisterzienser Bernhard von Clairvaux im weißen Habit. Von ihnen schon in weite Ferne entrückt, erscheint links die Muttergottes; sie spricht sie mit der Bewegung ihres rechten Armes an und weist mit der Linken auf das herrlich ornamental begriffene Bild im Himmel. Da zeichnet sich ein Kreis ab, der ganz von Engelsköpfchen besetzt ist. Dessen Zentrum bildet ein kleines Medaillon mit den Gestirnen sowie Mond und Sonne. Es ist auch die Mitte von drei rosafarbenen Medaillons, in denen links Christus als Schmerzensmann, rechts Gottvater und unten die Taube des Heiligen Geistes erscheinen. Aufgrund der Fürsprache der Jungfrau Maria kann Dante das Mysterium der Trinität betrachten und Gott sehen, wie er das Universum bewegt.

Die historische Leistung des Dante aus Urbino

Der *Dante aus Urbino* ist in erster Linie ein Monument einer humanistischen Schreibkunst, die hier in unübertrefflich edler, an der Antike geschulter Schrift auftritt. Der Verzicht auf Rubriken und laufende Seitentitel verlangt vom Leser entweder, daß er sich perfekt in der *Göttlichen Komödie* auskennt oder daß er sich auf Bilder verläßt. Die aber waren erst kurz vor der Überführung in die Apostolische Bibliothek des Vatikans fertig. Doch auch mit den Miniaturen fühlt sich der Leser ein wenig überfordert, weil hundert Nummern einfach schlecht zu merken sind. Deshalb mag sich mancher, der das Buch im Faksimile benutzt, verleitet fühlen, irgendwo unauffällig zu vermerken, wo er sich gerade befindet.

Federico da Montefeltro und sein Sohn Guidobaldo sind nie soweit gekommen; denn sie haben in den dreißig Quinionen nie eine längere Passage gelesen. Erst 1616 ist das Buch gebunden und damit gebrauchsfertig geworden; bis dahin mußte es unter den unvollendeten und ungebundenen Handschriften inventarisiert werden. Federico hat wohl nicht einmal die Arbeiten der Buchmaler, so weit sie fertig waren, genießen können. Seine Nachfolger wußten wenig mit dem *Dante* anzufangen, bis dann der letzte Herzog von Urbino zwischen 1609 und 1617 Geld dafür aufwandte, die Miniaturen vollenden und den Band in gelben Brokat einbinden zu lassen.

Zwischen dem Schreiber und dem Miniator, das beweist Matteo de' Contugis Brief vom 16. Oktober 1478 gab es Kommunikation; doch wenn man anschaut, was als Bildfelder genutzt wurde, spürt man auch einen geraumen Abstand: Guglielmo Giraldi legte die Ausmalung in recht ungewöhnlicher Weise zunächst so üppig an, daß er gegen Buchmalerbrauch größere Restfelder unter dem auslaufenden Text des vorangehenden Gesangs zusätzlich nutzte.

Spätes Hauptwerk war Federico da Montefeltros *Dante* für die drei Hauptbeteiligten: den Schreiber Matteo de' Contugi da Volterra ebenso wie für den Buchmaler Guglielmo Giraldi; ja sogar der späte Illuminist Valerio Mariani erreichte um 1615 mit der Arbeit an diesem Kodex den eigentlichen Höhepunkt seiner Karriere. Sie haben in jenem großen epochalen Kontext, der als Renaissance bezeichnet wird, den klassischen Text aus dem frühen 14. Jahrhundert neu gefaßt, indem sie Buch Gestalt und dem Inhalt mit den Bildern ein Gesicht gaben. Dabei sorgte die an Mantegna und an Reliefkunst geschulte Strenge der oberitalienischen Frührenaissance für überzeugende Bilder von Hölle und Läuterungsberg. Sie nahm mit der hinreißenden Miniatur von fol. 127 Dantes Gespräch mit dem Buchmaler Oderisi da Gubbio zum Streit zwischen den Künsten, zum Paragone, auf erstaunlich präzise Weise Stellung.

Als habe eine glückliche Fügung es so gewollt, lösen sich die letzten Bilder des *Purgatorio* aus Form und Beschränkung der frühen Renaissance. Eine zierliche spätmanieristische Malerei setzt nun ein; und man könnte in poetischer Anwandlung den Wechsel der Kunstepochen mit der Übergabe der Verantwortung in der Dichtung von Vergil als Führer durch die Hölle bis kurz vor der Läuterung im *Purgatorio* an Beatrice gleichsetzen. Beatrices Zartheit verklärt der Dichter in seinen Versen; dem entsprechend erhalten die Figuren von ihrem Auftreten an eine duftige Schwerelosigkeit, die für den Manierismus charakteristisch war und – gleichsam unter Umgehung des Barocks in seiner römischen Version – zum Rokoko zu führen scheint. Im Feuer am Läuterungsberg verschmelzen beide Elemente noch; doch dann herrscht eine Luftigkeit, die der ernsthaften Renaissance-Forschung ein Graus sein mußte.

Angesichts all dieser wunderbaren Phänomene war hier kaum ein Blick auf die fast hundert Zierleisten möglich. Sie verkörpern eine ungemein verfeinerte Kultur mit dem reichen Einsatz von Blattgold, dem unablässigen Spiel mit der Heraldik, ausschließlich des ersten Auftraggebers, Federico da Montefeltros. Wie in Florenz und an anderen Orten üblich orientierte man sich bei dem Flechtwerk aus Weißranken, also den *bianchi girari*, an alter Buchkunst, die man für antik hielt, und geriet dabei an karolingische Handschriften aus irischer Inspiration. Eine Generation nach der Erfindung des Buchdrucks mit beweglichen Lettern kehrte die Handschrift zu Quellen zurück, die man in der Antike vermutete. Der *Dante* für Federico da Montefeltro ist dafür eines der stolzesten Beispiele.

Höllenlandschaften

Anmerkungen zur Topographie des Dantischen Infernos in den Miniaturen des Codex Urbinate Latino 365

Henrik Engel

Neben der differenzierten Farbgebung, dem Detailreichtum und der zugleich pointierten Auswahl zentraler Handlungsmomente zeichnen sich die prachtvollen Inferno-Miniaturen des *Dante aus Urbino* auch dadurch aus, daß sie die einzelnen Etappen der Reise Dantes und Vergils durch die Unterwelt und die Begegnungen der beiden Dichter mit den Verdammten stets in einem größeren räumlichen Zusammenhang präsentieren.

Im Unterschied zu den meisten älteren Illustrationszyklen des 14. und 15. Jahrhunderts, in denen sich die in der *Divina Commedia* geschilderten Ereignisse häufig vor neutral dunklen oder allenfalls dekorativ ornamentierten Hintergründen abspielen (Abb. 4), eröffnet beinahe jedes Inferno-Bild unserer Handschrift aus den Jahren um 1480 einen über die im Vordergrund dargestellte Episode hinausweisenden Ausblick in eine weite, zumeist karge und bisweilen phantastisch-bizarre Hügel- und Felsenlandschaft.[1]

Es stellt sich jedoch die Frage, inwieweit der Ferrareser Miniaturmaler Guglielmo Giraldi und seine Mitarbeiter mit Dantes teilweise überaus präzisen, teilweise aber auch irritierenden oder sogar widersprüchlich anmutenden Angaben zur Topographie oder Architektur der Unterwelt vertraut waren, wie sie diese gedeutet haben und inwiefern ihnen daran gelegen war bzw. gelegen sein konnte, derartige Hinweise in den bei

---

1 Für einen Überblick über die (illuminierten) *Commedia*-Codices des 14. und 15. Jahrhunderts siehe vor allem folgende bewährte Standardwerke: Brieger, Meiss u. Singleton 1969; Roddewig 1984.

aller räumlichen Tiefe eben doch nur ausschnitthaften Einblicken in das Höllengebäude zu berücksichtigen. Ein den Commedia-Text begleitender Kommentar mit gelehrten Erläuterungen zur räumlichen Gestalt des Infernos ist im Dante aus Urbino ebensowenig enthalten wie eine einleitende, der Orientierung dienende Überblicksansicht des gesamten Höllentrichters, wie sie beispielsweise Sandro Botticelli (1444/45-1510) seinen nur wenig später in Florenz geschaffenen Commedia-Zeichnungen vorangestellt hat (Abb. 9). Dies gilt es insofern zu erwähnen, als in den Jahren um 1480 in der Arno-Metropole die ersten ausführlichen Versuche unternommen wurden, Dantes Hölle – nicht zuletzt auf der Grundlage einiger konkreter Meilenangaben für Umfang und Breite der innersten Gräben des achten Höllenkreises – bis in die kleinsten Teilbereiche zu vermessen und zu rekonstruieren, so als habe der Dichter ein über die wenigen ausdrücklich genannten Maße weit hinausgehendes, mathematisch exakt durchstrukturiertes Gesamtkonzept für die Architektur seines Infernos im Sinn gehabt.

Ungeachtet aller naheliegenden Einwände und Zweifel gegenüber einer solchen positivistischen *Commedia*-Exegese haben die Ergebnisse der akribischen Untersuchungen Antonio di Tuccio Manettis (1423-1497) und Cristoforo Landinos (1424-1498) nicht nur nachweislich Botticellis berühmte Höllentrichter-Miniatur beeinflußt; sie haben sich auch gegen die im Verlauf der folgenden fünf Jahrhunderte von zahlreichen Kommentatoren entwickelten Konkurrenzentwürfe weitgehend durchsetzen können und damit die uns heute geläufige Vorstellung von Dantes Inferno maßgeblich mitgeprägt.[2]

---

2 Zur ‚Geschichte der Höllenvermessung' und zum Einfluß der diesbezüglich frühesten Theorien auf Sandro Botticellis Miniatur des Höllentrichters vgl. Donati 1965; Dreyer 1988; Watts 1993 u. 1995; Engel 2000 u. 2006. Zum letzten Stand der Forschung über Botticellis *Commedia*-Illustrationen vgl. Schulze Altcappenberg 2000 und Engel 2006, S. 105 ff.

Zwar ist mit einiger Wahrscheinlichkeit auszuschließen, daß die an der Ausschmückung des Manuskripts *Urb. Lat. 365* beteiligten Künstler die etwa zur selben Zeit in Florenz formulierten Theorien kannten, wobei es angesichts der gewaltigen Dimensionen des Dantischen Höllenkraters ohnehin geradezu absurd wäre, von den Miniaturen eine auch nur im Ansatz ‚maßstabsgetreue' Darstellung der einzelnen Höllenregionen oder der sich dazwischen erstreckenden Abgründe zu erwarten. Gleichwohl drängt sich beim Gedanken an die damals noch junge ‚Wissenschaft der Höllenvermessung' die Frage auf, ob und in welcher Weise die zahlreichen in der *Commedia* enthaltenen topographischen Angaben Eingang in die Unterweltslandschaften der vatikanischen Handschrift gefunden haben.

Der Himmel in der Hölle

Dante beschreibt das Inferno als einen zwischen Erdoberfläche und Erdkern gelegenen trichter- oder kraterförmigen Raum, der von neun stufenartig angeordneten Kreisen bzw. Ringen horizontal gegliedert wird, weshalb sich bereits einige der frühen Kommentatoren des anschaulichen Vergleichs mit einem gigantischen unterirdischen Amphitheater bedient haben.[3] Ein mit der *Divina Commedia* nicht vertrauter Betrachter unserer Miniaturen würde wohl zunächst kaum auf den Gedanken kommen, daß sich die ihm dargebotenen Szenen unterirdisch abspielen sollen; denn anstelle der zu erwartenden steilen Felswände zwischen der jeweiligen Sszene und dem oberen Bildrand bzw. dem darüber gelegen zu imaginierenden, vorangegangenen Kreis erhebt sich im Hintergrund der meisten Inferno-Bilder über dem ‚Horizont' ein Himmel, der in verschiedensten Farben erstrahlt und von nur wenigen Wolken getrübt ist. Dieser Himmel unterscheidet sich zudem nicht wesentlich vom Himmel in den ersten beiden Illustrationen zu den einleitenden Gesängen des Infernos (fol. 1^r und 3^v), die Ereignisse auf der Erde – noch vor dem Abstieg in die Hölle – schildern. Auch der Himmel über dem Purgatorium sieht recht ähnlich aus. Mit Formulierungen wie „aere sanza stelle" (Inf. III, 23), „cieco mondo" (Inf. IV, 13), „luogo d'ogni luce muto" (Inf. V, 28) und „cieco carcere" (Inf. X, 58 f.) beschreibt Dante jedoch wiederholt die bedrohliche Dunkelheit in der

---

[3] Der Begriff „anfiteatro" bzw. „arena" erscheint im Zusammenhang mit Dantes Inferno erstmals in dem zwischen 1324 und 1328 verfaßten *Commedia*-Kommentar des Bolognesers Jacopo della Lana (1290-1365). Dieser beschreibt den Höllentrichter als „[...] distinto per cercoli over per gradi a modo di scala si come l'arena da Verona [...]" (Zitiert nach der Faksimile-Ausgabe eines in der zweiten Hälfte des 14. Jahrhunderts entstandenen, heute in der Stadt- und Universitätsbibliothek in Frankfurt am Main aufbewahrten Dante-Codex: Dante Alighieri, *La Divina Commedia col commento di Jacopo della Lana dal Codice francofortese arci-*β, hrsg. von Friedrich Schmidt-Knatz, Frankfurt am Main 1939, fol. 87^r.)

Hölle. Andererseits weist sein Führer und Beschützer Vergil während der mehrtägigen Reise immer wieder auf die wechselnden Planeten- und Sternenkonstellationen hin und drängt angesichts der rasch verrinnenden Zeit zur Eile. Da Vergil bzw. dessen Seele im Unterschied zu Dante offenbar in der Lage ist, aus der Hölle heraus den Lauf der Sterne zu beobachten, haben einige wenige Kommentatoren des 19. Jahrhunderts die Ansicht vertreten, daß man sich das Inferno wie einen zwar in den Erdball eingebetteten, jedoch am oberen Rand offenen, unter freiem Himmel gelegenen Krater vorzustellen habe, was sich freilich weder mit den erwähnten Hinweisen auf die beängstigende Finsternis noch mit Dantes Schilderung der zentralen Lage Jerusalems über dem Höllentrichter vereinbaren läßt, weshalb sich eine solche Theorie auch nicht halten konnte.[4]

Dessen ungeachtet scheinen die variierenden Himmelsfarben in den Inferno-Miniaturen des *Dante Urbinate* tatsächlich in Hinblick auf die astronomischen und die damit verbundenen zeitlichen Angaben Vergils gewählt worden zu sein, wenngleich eine dementsprechend geordnete Abfolge von Tag und Nacht, Morgen- und Abenddämmerung, wie sie die Hintergründe andeuten könnten, nicht zu erkennen ist. Denn in gewisser Weise sind auch Dantes Äußerungen über die unterirdische Finsternis berücksichtigt worden, insbesondere die bereits kurz nach seinem Eintritt durch das Höllentor erwähnten „aere sanza stelle": Im Unterschied zu jenen Pugatoriums-Szenen, die sich eindeutig während

---

[4] In der kurzen Einleitung einer 1859 in Padua publizierten Schulausgabe der *Divina Commedia* heißt es: „L'Inferno è un anfiteatro a cielo aperto, incavato nel grembo del nostro pianeta. Tutte le descrizioni e le figure della fabrica dell'Inferno lo fanno coperchiato dalla crosta della terra. Ciò è falso, poichè i Poeti veggono sempre il cielo, e le stelle che girano in esso. [...] È bensì vero che quanto si stende più giù, tanto le nebbie e i fumi vanno maggiormente oscurando l'aere. Alcuni incapparono in questo errore. È tanto facile lo sbagliare!" (La Commedia di Dante Alighieri per uso della studiosa gioventù, Padua 1859, 3 Bde., Bd. 1, S. 1.) Vgl. zu dieser Frage im einzelnen Engel 2006, S. 186 ff.

der Nachtstunden abspielen (vgl. fol. 118ʳ, 147ᵛ und 148ʳ), sind in den ‚Himmeln der Hölle' keine Sterne auszumachen.

Mit Blick auf den vermeintlichen Widerspruch zwischen Vergils Beobachtungen zum Sternenlauf und Dantes gleichzeitigem Unvermögen, aus den Tiefen der Hölle heraus den Himmel zu sehen, haben die ferraresischen Buchmaler um Guglielmo Giraldi also eine durchaus überzeugende Kompromißlösung gefunden. Dabei sind die acht goldenen Sterne in der letzten Inferno-Illustration (fol. 95ᵛ) zweifellos Dantes erleichterten Worten beim Verlassen des langen tunnelartigen Ganges zwischen dem Erdmittelpunkt und der Insel des Läuterungsberges geschuldet (Inf. XXXIV, 139): „E quindi uscimmo a riveder le stelle." Allein die neben den Dichtern aus der Erde emporragenden und somit viel zu lang geratenen Beine des im vereisten Erdkern steckenden Luzifers könnten Zweifel daran aufkommen lassen, daß Dante und Vergil bereits die auf der südlichen Hemisphäre gelegene Insel erreicht haben, zumal der Schauplatz des Purgatorium, Ozean, das Ufer der Insel und der darauf getürmte hohe Fegefeuerberg hier noch nicht zu sehen sind und keiner der beiden Dichter aufblickt.

Wären die Sterne nicht am Himmel zu erkennen, ließe sich die Miniatur auch dahingehend deuten, daß sich die Jenseitswanderer noch in der „natural burella" befinden, also in jener dunklen Höhle, die sie nach ihrer Drehung um 180 Grad in Höhe der Hüften Luzifers betreten, bevor sie in Richtung Erdoberfläche aufbrechen. Die extrem verkürzte bzw. unterschlagene Darstellung des langen Weges entspricht jedoch den nur wenigen Versen, die Dante dem beschwerlichen Aufstieg widmet (Inf. XXXIV, 133-139), und damit der üblichen Diskrepanz zwischen Erzählzeit und erzählter Zeit.

Verlauf und Überquerung des Höllenflusses Acheron

Ähnliches gilt auch für die vom Höllenportal gerahmte Miniatur zum dritten Inferno-Gesang (fol. 6v). Nach dem Eintritt in die Unterwelt begegnen die beiden Dichter zunächst den in der Vorhölle hinter einer Fahne herlaufenden Opportunisten, die in geringer Entfernung am rechten Rand zu sehen sind. Hinter diesen warten bereits einige weitere verdammte Seelen auf den gerade anlegenden Fährmann Charon, der sie zum jenseitigen Ufer des ersten Höllenstroms Acheron bringen wird. Über den Verlauf des in der Miniatur auf den ersten Blick eher an einen großen See erinnernden Flusses äußert sich Dante mit keinem Wort. Wir erfahren auch nicht, wie er diesen überquert; denn der Fährmann verweigert dem unerwarteten Höllenbesucher die Überfahrt, da für ihn ein „più lieve legno" bestimmt sei, womit wahrscheinlich auf das Schiff zur Insel des Läuterungsberges angespielt wird, mit dem Dante nach seinem Tod reisen und somit den Höllenqualen entgehen werde. Als ein gewaltiges Beben die Unterwelt erzittern läßt, fällt Dante vor Schreck in Ohnmacht und erwacht erst wieder am jenseitigen Ufer des „gran fiume", unweit des Abgrundes, den die Dichter überwinden müssen, um in den ersten Kreis (Limbus) zu gelangen.

Angesichts der in den tieferen Regionen des Infernos ausdrücklich kreis- bzw. ringförmig entlang der Kraterwände verlaufenden Flüsse Styx (fünfter Höllenkreis), Phlegeton (erster Ring des siebenten Kreises) und Kozytus (neunter Kreis) haben die älteren *Commedia*-Kommentatoren auch den Acheron stets wie einen den Trichter am oberen Rand vollständig umfangenden und somit ebenfalls im Kreis fließenden Strom aufgefaßt. Dieser Deutung hat sich im Übrigen auch Botticelli mit seiner bereits erwähnten Gesamtansicht des Infernos angeschlossen (Abb. 9). Doch während dort mit ein wenig Mühe beide Dichter in Charons Boot zu erkennen sind, hat der Miniator des *Dante Urbinate* vermutlich bewußt – und allem Anschein nach zu Recht – auf die Darstellung ihrer Überfahrt verzichtet.[5]

Zwar kann kein Zweifel daran bestehen, daß mit dem Gewässer der Acheron gemeint ist, der den Krater umrundet. Ein perspektivisch stark verkürzter Einblick in den tiefen Abgrund, der jenseits des ‚inneren' Flußufers zu erwarten wäre, wird dem Betrachter aber nicht gewährt. Vielmehr entsteht der Eindruck, als erhebe sich eine Insel aus einem See oder als werde eine Landzunge von einem mäandernden Fluß umschlossen. Was die vom Wasser gespiegelte Festung betrifft, läge es zunächst nahe, darin das Kastell der antiken Dichter und Philosophen im ersten Höllenkreis (Limbus) erkennen zu wollen. Dies würde bedeuten, daß der Künstler den von Dante mit nur wenigen Worten erwähnten, wegen der enormen Ausmaße des gesamten Höllengebäudes jedoch vermutlich langwierigen Abstieg unterschlagen und damit Vorhölle, Acheron und Limbus auf derselben horizontalen Ebene dargestellt hätte.

---

5 Zum Verlauf des Acherons, zur Frage, ob und in welcher Weise Dante diesen Fluß überquert haben mag und zu den diesbezüglichen Kommentaren und Miniaturen des 14. und frühen 15. Jahrhunderts vgl. im einzelnen Engel 2006, S. 26 ff.

Die Abgründe zwischen den Höllenkreisen

Bei genauerer Betrachtung zeigt sich indes, daß der Miniator sogar noch weitere Höllenbereiche, nämlich ganze fünf Abgründe und vier Kreise, übersprungen hat. Das im ersten Kreis gelegene „nobile castello" (Inf. IV, 106) wird – wie in der zum folgenden Gesang gehörenden Illustration auf fol. 9ʳ gut zu erkennen ist – von einem kleinen Bach und sieben Mauern umfangen. In der Miniatur zu Inf. III (fol. 6v) ist dagegen bereits die wehrhafte Mauer zu sehen, die den stygischen Sumpf des fünften Kreises von dem auf gleicher Höhe gelegenen sechsten Kreis und damit die obere Hölle der Maßlosen von der unteren Hölle der aus Bosheit Handelnden trennt (vgl. fol. 20ʳ). Hiervon zeugen nicht nur die Flammen und die Silhouetten der Dämonen auf den Zinnen, sondern auch die teilweise an Minarette erinnernden Türme (die „meschite" in Inf. VIII, 70).

Während sich also Dantes Schilderung der Ereignisse vom Eintritt in die Vorhölle bis zur Ankunft vor den Toren der Höllenstadt Dis über beinahe sechs Gesänge erstreckt, wurde mit dem Vorausgriff und der ‚Amalgamierung' zweier weit voneinander entfernter Inferno-Regionen offenbar versucht, anstelle einer dem Bilderzyklus vorangestellten ‚topographischen' Ansicht des gesamten Höllentrichters wenigstens einen Überblick über die grobe Einteilung der Dantischen Unterwelt in zwei Hauptregionen – obere und untere Hölle – zu geben.

Da der Dichter die steilen und tiefen Abgründe zwischen den Kreisen zumeist nur kurz erwähnt, sind sie auch in den Miniaturen des *Dante aus Urbino* nur in wenigen Fällen berücksichtigt worden. So wird am rechten unteren Rand der Illustration zum fünften Gesang (fol. 12r) mit einer schmalen Felskante und zwei darunter zu erkennenden Teufeln auf den nächst tieferen Kreis angespielt. Wie bereits angedeutet, wäre es jedoch absurd, von einer solchen Darstellung Proportionalität oder gar ‚Maßstabstreue' zu erwarten. Denn die Tiefe des gesamten Höllenkraters könnte unmöglich dem Erdradius entsprechen (wie von den meisten

Kommentatoren angenommen), wenn alle neun Kreise so nahe beieinander lägen, wie es hier den Anschein hat. Dessen ungeachtet geht aus der Miniatur nicht klar hervor, ob sich die dargestellte Szene noch im ersten oder bereits im zweiten Höllenkreis abspielt, wobei sich auch die entsprechenden *Commedia*-Verse als nicht eindeutig erweisen. So heißt es in Inf. V, 1-6:

„So stiegen von dem ersten Grund wir nieder
Zum zweiten, welcher mindern Raum umgürtet
Doch größern Schmerz, der bis zum Heulen peinigt.
Hier stehet Minos grauenvoll und knirschend;
Er untersucht die Schuld beim Eintritt, richtet,
Und weist hinab nach Zahl der Schweifesschwingen."[6]

Dem Text ist nicht sicher zu entnehmen, wo genau die beiden Dichter dem in der Miniatur links sitzenden Höllenrichter Minos begegnen, obwohl dieser ausdrücklich erst nach dem Abstieg erwähnt wird; denn nur wenige Verse darauf heißt es, daß die Verdammten unmittelbar nach ihrer Verurteilung in die ihnen zugewiesenen Höllenbereiche hinabgestürzt werden (Inf. V, 15: „[...], e poi son giù volte."), wobei man annehmen möchte, daß dies auch für die Sünder des zweiten Kreises gilt, weshalb Minos noch dem ersten Kreis zuzuordnen wäre. Diese Unsicherheit hat den Künstler offenbar erneut zu einer Vermengung zweier Inferno-Regionen veranlaßt. Sollte es sich bei der in den Hügeln unweit des Horizonts zu erkennenden Architektur um das Kastell der antiken Geistesgrößen und damit um einen Rückblick auf die vorangegangenen Ereignisse handeln, würde der teuflische Richter am inneren Rand des ersten Kreises seines Amtes walten. Die am Himmel vom Wind umher-

---

[6] „Così discesi del cerchio primaio / giù nel secondo, che men luogo cinghia, / e tanto più dolor, che punge a guaio. / Stavvi Minòs orribilmente, e ringhia: / essamina le colpe ne l'entrata; / giudica e manda secondo ch'avvinghia."

gewirbelten Seelen der Wollüstigen sprechen dagegen für eine Verortung der Hauptszene im zweiten Kreis. Dieser Widerspruch ließe sich selbst dann nicht auflösen, wenn man bereit wäre, den leicht abschüssigen, aus den entfernten Hügeln in Richtung Vordergrund führenden Weg als Hinweis auf den Abgrund zwischen den ersten beiden Kreisen zu deuten; denn dann würde der verkürzt dargestellte Abgrund am rechten unteren Rand bereits zum dritten Kreis überleiten; das aber ließe sich kaum mit der Miniatur am Ende des Gesangs vereinbaren, in der Dante und Vergil im Gespräch mit dem unglücklichen Liebespaar Paolo Malatesta und Francesca da Rimini, also noch im zweiten Kreis zu sehen sind (fol. 14ᵛ).

Im Vergleich dazu erweist sich die Miniatur zu Inf. VII als weitaus klarer und übersichtlicher (fol. 17v). Abgesehen von den wiederum stark verzerrten Proportionen – auch was das Größenverhältnis zwischen den Dichtern und den Verdammten betrifft[7] – ist der vierte Höllenkreis, in dem die Seelen der Geizigen und Verschwender schwere Gewichte aufeinander zuwälzen müssen, nahezu vollständig dargestellt. Damit wird die an ein Amphitheater erinnernde Trichterform des gesamten Höllengebäudes zumindest angedeutet, denn im Zentrum der Szene wird ein verkürzter Einblick in den tiefen Krater gewährt, den die Illustration zum Vorhöllenbereich noch vermissen ließ (vgl. fol. 6v). Während der Betrachter in diesem Fall gewissermaßen mit dem Rücken zur Trichterwand steht, nimmt er in den drei Miniaturen zum sechsten Höllenkreis die genau entgegengesetzte Position ein.

So ist auf fol. 22v im Hintergrund die Innenseite der kreisförmig verlaufenden Mauer zwischen dem Styx (5. Kreis) und dem Gräberfeld des

---

[7] Hier ließe sich zur Erklärung allenfalls der Umstand anführen, daß die Seelen von Verstorbenen auch in der zeitgenössischen Tafelmalerei – etwa in Darstellungen des Marientodes – in der Regel als sehr kleine Figuren oder sogar erkennbar als Kinder wiedergegeben werden. Konsequenterweise hätte dann aber auch Vergils Seele stets deutlich kleiner dargestellt werden müssen als der ja lebend durch die Hölle reisende Dante.

sechsten Kreises zu sehen, weshalb wir uns den Abgrund zur nächst tieferen Region der Unterwelt diesmal ‚hinter unserem Rücken' vorzustellen haben. Ähnlich verhält es sich in der Illustration zum elften Inferno-Gesang (fol. 28r). Wegen des unerträglichen Gestanks, der aus der unteren Hölle zu ihnen aufsteigt, legen die beiden Jenseitswanderer eine längere Pause ein, die Vergil dazu nutzt, seinem Schützling zu eräutern, nach welchem System die Verdammten den einzelnen Höllenbereichen zugeordnet werden. Vor dem Grab des Papstes Anastasius II. stehend, blicken die Dichter in den Abgrund, dessen oberer Rand sich über die gesamte Breite der Miniatur erstreckt, wobei sich Dante wegen des üblen Geruchs – dargestellt in Form kleiner grauer Rauchschwaden – die Nase zuhält.

Die im Unterschied zu den übrigen Illustrationen auffallende Hervorhebung der steinernen Klippe im Vordergrund läßt sich mit der relativ ausführlichen Schilderung des mit einem Felssturz bei Trient verglichenen Abgrundes zum siebenten Höllenkreis erklären (Inf. XII, 1-45). Während ihres Abstieges dorthin begegnen Dante und Vergil dem Minotaurus, worauf mit der kleinen Figur des Stieres im zentralen Felsmassiv im Hintergrund der folgenden Miniatur angespielt wird (fol. 30ʳ).

Der Weg durch die Wüste des siebten Kreises

Der siebte Höllenkreis setzt sich aus drei einander umschließenden Ringen zusammen: dem Blutstrom Phlegeton, in dem die Tyrannen und Mörder von den am Ufer patrouillierenden Kentauren mit Pfeilen beschossen werden, dem Wald der Selbstmörder und Verschwender sowie der Wüste der Gotteslästerer, Sodomiten und Wucherer. Die konzentrische Anordnung dieser drei Ringe geht deutlich aus den Versen Inf. XIV, 10 f., hervor, in denen es über die Wüste heißt:

„Es kränzet sie die schmerzenreiche Waldung
Ringsum, wie diese der verruchte Graben."[8]

Nachdem die beiden Dichter mit Hilfe des Kentauren Nessus den Phlegeton überquert haben (fol. 30^v, Inf. XII), betreten sie den von Harpyien bevölkerten Selbstmörderwald (fol. 33^r, Inf. XIII). Während mit der Hauptszene vorn Dantes Gespräch mit der in einen Baum eingesperrten Seele Pier della Vignas illustriert wird, sind hinten die von schwarzen Hunden gejagten Verschwender zu erkennen.

Die vier folgenden Miniaturen sind dem innersten und somit engsten der drei Ringe des siebenten Kreises gewidmet (fol. 36^r-43^v, Inf. XIV-XVI). Wegen des heißen Sandes und des Flammenregens kann Dante die Wüste nicht direkt durchqueren, weshalb ihm Vergil rät, sich zunächst möglichst dicht am Rande des Waldes zu halten. Nach einer Weile gelangen sie jedoch zu jener Stelle, an der ein blutroter Bach aus dem Dickicht heraus ihren Weg kreuzt (Inf. XIV, 73-78):

---

8 "La dolorosa selva l'è ghirlanda / intorno, come 'l fosso tristo ad essa."

„'Jetzt folge mir und hab' wohl Acht, die Füsse
Noch nicht in den entbrannten Sand zu setzen,
Am Saum des Waldes immer dicht sie haltend.'
Stillschweigend kamen wir zu jener Stätte,
Wo aus dem Wald hervor ein Bächlein sprudelt,
Des Röthe mir noch jetzt die Haare sträubet."[9]

Bei dem „Bächlein" („picciol fiumicello") handelt es sich um einen Nebenarm des Blutstromes Phlegeton, der den düsteren Wald und die Wüste durchfließt und schließlich in den achten Kreis hinabstürzt. Nach Vergils Erläuterungen über den Ursprung der vier Höllenflüsse im Ida-Gebirge auf der Insel Kreta lassen die Dichter den Wald der Selbstmörder und Verschwender endgültig hinter sich. Auf dem rechten der beiden erhöhten und ausdrücklich mit Deichanlagen verglichenen Uferdämme des Phlegeton-Armes durchqueren sie die Wüste – unbehelligt vom heißen Sand und dem Flammenregen – in Richtung Abgrund. Als der Wald schon nicht mehr zu sehen ist, begegnen sie einer Gruppe von Sodomiten, darunter auch Dantes Lehrer Brunetto Latini, mit dem der Dichter vom Damm aus ein längeres Gespräch führt (fol. 38^v, Inf. XV, 13-124).

Die Miniaturen zur Wüste des siebten Kreises gehören zu den wenigen im *Dante Urbinate*, bei denen sich einige deutliche Abweichungen vom *Commedia*-Text beobachten lassen. Zum einen sind die beiden Dichter abwechselnd rechts und links des vom Blutstrom Phlegeton gespeisten Baches zu sehen, der zudem rot – und nicht dunkelblau – gefärbt sein müßte (vgl. hierzu die Illustration zu Inf. XII auf fol. 30^v). Zum anderen wird zwar mit dem bogenförmig verlaufenden Weg in der Miniatur auf fol. 36^r die ringförmige Gestalt der einzelnen Höllenbereiche ange-

---

9 „'Or mi vien dietro, e guarda che non metti / ancor li piedi ne la rena arsiccia; / ma sempre al bosco tien li piedi stretti.' / Tacendo divenimmo là 've spiccia / fuor de la selva un picciol fiumicello, / lo cui rossore ancor mi raccapriccia."

deutet. Dante und Vergil halten sich – dem Text gemäß – auch relativ nahe am Rande des Waldes. Der Nebenarm des Phlegetons fließt jedoch ebenfalls parallel zum Waldrand anstatt daraus hervorzuquellen und von ihm wegzuführen.

Ferner wird mit der Illustration am Ende von Inf. XVI (fol. 43^v) der Eindruck erweckt, als locke Vergil das Ungeheuer Geryon aus dem in Richtung Abgrund fließenden Bach und nicht aus dem Abgrund selbst, wie es im Text heißt (Inf. XVI, 91 ff.). Darüber hinaus fällt auf, daß der Künstler darauf verzichtet hat, den vermutlich besonders tiefen Abgrund zwischen dem siebten und achten Höllenkreis und den schwindelerregenden Flug der beiden Dichter auf dem Rücken der drachenähnlichen Chimäre darzustellen, was sich angesichts der überaus suggestiven Schilderung in Inf. XVII, 91-136 durchaus angeboten hätte. Statt dessen sehen wir das Monstrum kurz vor dem Abflug auf dem auch hier blau und nicht rot gefärbten Nebenfluß des Phlegetons (fol. 46r). Entgegen dieser Einschätzung wurde jüngst allerdings die These aufgestellt, daß es sich bei den blauen Wellen eigentlich um Wolken handele. Der Miniator habe mit seiner Darstellung Dantes Vergleich der Arm- und Beinewegungen des Ungeheuers Gerion während des Fluges hinab in den achten Kreis mit denen eines Schwimmers (Inf. XVII, 115: „nuotando lenta lenta") aufgreifen und visualisieren wollen.[10]

---

10 Malke 2003, S. 129 f.

Die Betrügergräben „Malebolge"

Die Gestalt des aus zehn konzentrischen Gräben zusammengesetzten achten Höllenkreises („Malebolge") wird zu Beginn des 18. Infernogesangs ausführlich und anschaulich beschrieben:

„Ein Ort ist in der Hölle, Uebelbulgen
Genannt, ganz steinern und von Eisenfarbe,
So wie der Felsenring, der ihn umkreiset.
Grad' in des tückischen Gefildes Mitte
Gähnt breit und tief ein Schacht, dess innern Bau ich
An seiner Stelle künftig melden werde.
Des zirkelförm'gen Umfangs Grund, der zwischen
Dem Schacht nun und dem Fuss des hohen Steinrands
Verbleibt, ist in zehn Thäler eingetheilet;
Ein Bild, dem ähnlich, das, wo viele Gräben
Zum Schutz der Mauer eine Burg umgürten,
Der Ort, wo solche sich befinden, darstellt,
Gewährten jene hier auf dieser Stätte;
Und wie bei solchen Vesten von den Schwellen
Der Thore Brücklein gehn zur äussern Böschung,
So liefen von dem untern Rand des Felsens
Hier Klippen hin, durchschneidend Dämm' und Gräben,
Bis zu dem Schachte, der sie schliesst und aufnimmt."[11]

---

11 "Luogo è in inferno detto Malebolge, / tutto di pietra di color ferrigno, / come la cerchia che dintorno il volge. / Nel dritto mezzo del campo maligno / vaneggia un pozzo assai largo e profondo, / di cui suo loco dicerò l'ordigno. / Quel cinghio che rimane adunque è tondo / tra 'l pozzo e 'l piè de l'alta ripa dura, / e ha distinto

Mit der in einigen der insgesamt 16 Malebolge-Miniaturen des *Dante aus Urbino* zumeist im Hintergrund auszumachenden Rechtskurve der Gräben (fol. 46ᵛ, 49ʳ, 54ᵛ, 57ᵛ und 63ᵛ) wird zwar – ähnlich wie in der ersten Illustration zur Wüste des siebten Kreises (vgl. fol. 36ʳ) – die Ringform sämtlicher Höllenregionen und ihrer Teilbereiche angedeutet. Der räumliche Gesamtzusammenhang, die konzentrische Anordnung der sich in Richtung des zentralen Gigantenbrunnens (fol. 84ʳ) kontinuierlich verengenden und von mehreren Brückensträngen sternförmig überspannten zehn Gräben kommt dagegen nicht zum Ausdruck. Allein in einer der drei Miniaturen zur fünften Bolgia, die dem Betrachter einen deutlich erhöhten Standpunkt bietet, ist im Hintergrund eine weitere, offenbar über den vorangegangenen vierten Graben führende Brücke zu erkennen (fol. 57r).

Darüber hinaus ist es den Buchmalern mit den ebenfalls grundsätzlich ausschnitthaften Einblicken in die einzelnen Gräben nicht gelungen, das leichte Gefälle des gesamten achten Kreises zu veranschaulichen. Da die beiden Dichter den Weg über die Brücken einige Male verlassen, um zu den Verdammten hinabzusteigen, müssen sie, um anschließend zum nächsten Graben bzw. zur nächsten Brücke zu gelangen, auch immer wieder hinaufklettern. Wie Dante in Inf. XXIV, 34-42, erklärt, sei die damit verbundene Anstrengung jedoch insofern erträglich, als der Weg hinauf stets kürzer sei als der Weg hinab, was in den Miniaturen allerdings nicht zum Ausdruck gebracht wurde.

Angesichts des in den Malebolge-Illustrationen nicht erkennbaren Gefälles, der nur vereinzelt angedeuteten Abgründe zwischen den neun Kreisen und nicht zuletzt auch der variantenreichen Darstellung des

---

in dieci valli il fondo. / Quale, dove per guardia de le mura / più e più fossi cingon li castelli, / la parte dove son rende figura, / tale imagine quivi facean quelli; / e come a tai fortezze da' lor sogli / a la ripa di fuor son ponticelli, / così da imo de la roccia scogli / movien che ricidien gli argini e' fossi / infino al pozzo che i tronca e raccogli."

‚Himmels in der Hölle' könnte ein mit dem *Commedia*-Text nicht vertrauter Betrachter der Illustrationen unserer Handschrift zu dem Schluß kommen, daß es sich bei Dantes visionärer Reise um eine zwar lange und durch manche Hürden verzögerte, jedoch nicht unbedingt von zahlreichen beschwerlichen Kletterpartien bestimmte Wanderung durch eine bei aller unwirtlichen Kargheit doch vergleichsweise leicht zu bezwingende Landschaft mit zweifellos sehr unterschiedlichen, aber mehr oder weniger auf derselben horizontalen Ebene gelegenen und zum Teil kaum merklich ineinander übergehenden Bereichen handelt.

Allein in den vier Miniaturen zum neunten Höllenkreis (fol. 87r-93r), deren letzte den im vereisten Erdkern steckenden Luzifer zeigt, vermitteln die den nahen Hintergrund dominierenden Felswände des Gigantenbrunnens einen Eindruck sowohl von der relativen Enge der tiefsten Region des Infernos als auch von den großen Abständen zwischen den einzelnen Ebenen oder Stufen des Dantischen ‚Amphitheaters' der Hölle.

Miniaturen des Dante aus Urbino
und Vergleichsabbildungen

fol. 97: Vergil und Dante vor Cato (Purg. 1)

fol. 1: Vergil, Dante und die drei wilden Tiere (Inf. 1)

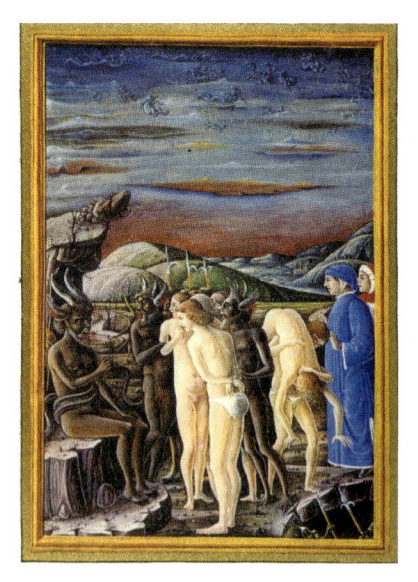

fol. 12: Minos und die Neuankömm-
linge (Inf. 5)

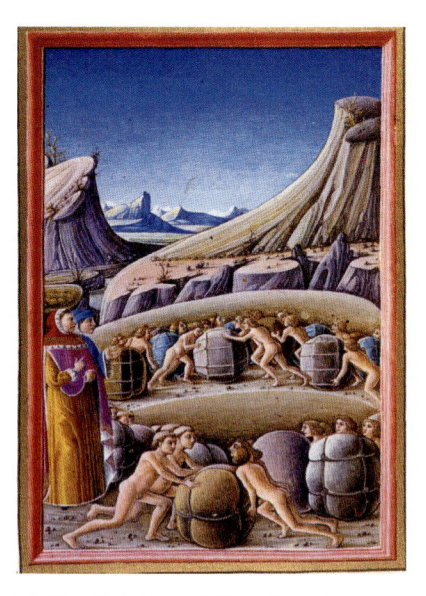

fol. 17v: Geizige und Verschwender
(Inf. 7)

fol. 14v: Gespräch mit Francesca und
Paolo (Inf. 5/6)

fol. 15: Cerberus und die Gefräßigen
(Inf. 6)

fol. 20: Fahrt über den Styx (Inf. 8)

fol. 22v: An den Särgen der Ketzer (Inf. 9)

fol. 28: Vor dem Sarkophag von Anastasius II. (Inf. 11)

fol. 43v: Dante und die Wucherer (Inf. 17)

fol. 46: Geryon trägt Dante und Vergil in den achten Höllenkreis (Inf. 17)

fol. 57: Dante und Vergil in der fünften Bolgia (Inf. 21/22)

fol. 93: Luzifer in der Guidecca (Inf. 34)

fol. 95v: Ausstieg aus der Hölle (Schlussbild zu Inf. 34)

fol. 97: Vergil und Dante vor Cato (Purg. 1)

fol. 117v: Das Tal der Fürsten (Purg. 7)    fol. 118: Erscheinung Lucias (Purg. 8)

fol. 126v: Vor dem Zug mit der Bundeslade (Purg. 10/11)    fol. 127: Vor Trajans Hochmut, Gespräch mit Oderisi (Purg. 11)

fol. 197: Beatrice und Dante im Himmel (Frotispiz zu Par. 1)

fol. 223v: Im Kreis von 12 Heiligen vor der Sonne (Par. 10)

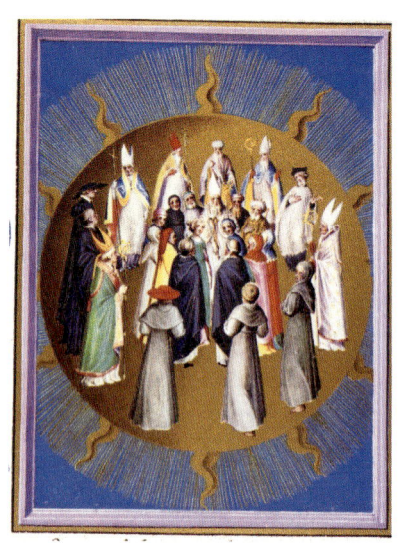

fol. 229v: Im Kreis von 12 Heiligen vor der Sonne (Par. 12)

fol. 172: Vergil, Statius und Dante vor dem Feuerwall (Purg. 26)

fol. 177: Die drei Dichter treffen auf Mathilde von Tuscien (Purg. 28)

Abb. 1 Florentiner Künstler, Eröffnungsseite zum Paradiso, 1337, Codex Trivulziano 1080, fol. 70, Mailand, Biblioteca Trivulziana

Abb. 2 Neapolitaner Künstler, Dante und Vergil im vierten Höllenkreis, Miniatur zu Inf. VII, Ende 14. Jh., Additional 19587, fol. 11, London, British Library

Abb. 3 Priamo della Quercia, Dante und Vergil im neunten Höllenkreis, das Gespräch mit dem Grafen Ugolino, Miniatur zu Inf. XXXIII, 1440er Jahre, Yates Thompson 36, fol. 61, London, Britsh Library

Abb. 4 Emilianischer Künstler, Dante und Vergil am Ufer des Acherons und der Fährmann Charon, Miniatur zu Inf. III, 1330er Jahre, Egerton 943, fol. 7v, London, British Library

Abb. 5 Pisanischer Künstler, Die Fahrt in Charons Boot über den Acheron, Miniatur zu Inf. III, um 1345, Ms. 597, fol. 50, Chantilly, Musée Condé

Abb. 6 Priamo della Quercia, Die Fahrt in Charons Boot über den Acheron, Miniatur zu Inf. III, 1440er Jahre, Yates Thompson 36, fol. 6, London, British Library

Abb. 7   Nardo di Cione, Die Hölle, um 1357, Fresko, Cappella Strozzi, Santa Maria Novella, Florenz

Abb. 8 Bartolomeo di Fruosino, Der Höllentrichter, Florenz 1430, Inferno-Codex, Ms. it. 74, fol. 1v, Paris, Bibliothèque Nationale

Abb. 9 Sandro Botticelli, Der Höllentrichter, Florenz 1490er Jahre, Codex Reg. Lat. 1896, Vatikanstadt, Bibliotheca Apostolica Vaticana

Abb. 10 Guglielmo Giraldi, Johannes, Evangeliar, geschrieben von Matteo de'Contugi, Urb. lat. 310, fol. 175, Rom, Vatikanische Bibliothek

Abb. 11   Guglielmo Giraldi, Flucht des Aenaes, Vergil, Urb. lat. 350, fol. 45v, Rom, Vatikanische Bibliothek

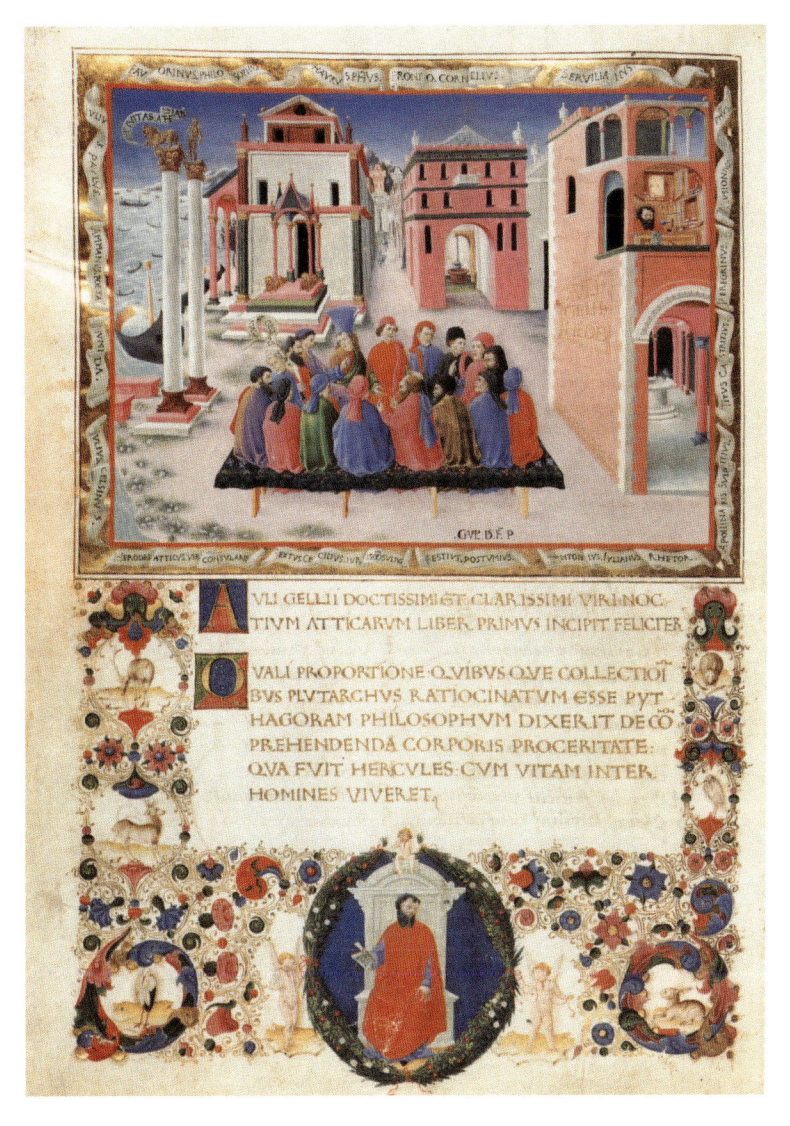

Abb. 12 Guglielmo Giraldi, Attische Nächte nach Aulus Gellius, ms. S.P. 10/28, fol. 90v, Mailand, Ambrosiana

Abb. 13 Giulio Clovio, Verkündigung, Farnese-Stundenbuch, M 69, fol. 4v, New York, Pierpont Morgan Library

Abb. 14 Giulio Clovio, Jesaias und König Ochozias, Farnese-Stundenbuch, M 69, fol. 5, New York, Pierpont Morgan Library

Abb. 15 Valerio Mariani, Die Tugenden zum letzten Gesang des Purgatorio, Urb. lat. 1763, fol. 16v, Rom, Vatikanische Bibliothek

Abb. 16 Valerio Mariani, Die Tugenden zum letzten Gesang des Purgatorio, Urb. lat. 365, fol. 192, Rom, Vatikanische Bibliothek

Abb. 17 Valerio Mariani, Dante und Beatrice vor dem Mond, Urb. lat. 1763, Rom, Vatikanische Bibliothek

Abb. 18 Valerio Mariani, Dante und Beatrice vor dem Mond, Urb. lat. 365, fol. 200, Rom, Vatikanische Bibliothek

Abb. 19 Valerio Mariani, Dante und Beatrice mit zwölf Heiligen, Urb. lat. 1763, Rom, Vatikanische Bibliothek

Abb. 20 Valerio Mariani, Dante und Beatrice mit zwölf Heiligen, Urb. lat. 365, fol. 226v, Rom, Vatikanische Bibliothek

Abb. 21 Valerio Mariani und Simonzio Lupi, Bildnis des Herzogs Francesco Maria I. für die Vita, Urb. lat. 1764, fol 1v, Rom, Vatikanische Bibliothek

Abb. 22 Valerio Mariani und Simonzio Lupi, Titel der Vita, Urb. lat. 1764, fol 2, Rom, Vatikanische Bibliothek

Abb. 23   Meister von 1482, Maino de Maineri zum Dialog von Sonne und Mond, grutuuses Dialogue des creaturés, fol. 7, ehem. Antiquariat Tenschert, Ramsen

Zusammenfassung in der Art eines Katalogeintrags

Dante Alighieri, *La Divina Commedia*
Urbino und Ferrara.
Schreiberarbeit vor dem 16. Oktober 1478 vollendet, Illuminierung 1482 abgebrochen, vielleicht um 1550 wieder aufgenommen und um 1610 vollendet; 1616 zum ersten Mal gebunden.
Vom Schreiber Matteo de' Contugi aus Volterra in einer lateinischen Schlußschrift auf fol. 295 signiert: „Explicit Comedia Dantis/ Alagherii florentini// Manu Matthaei de contugiis/ de uulterris et caetera."
Mit Initialen und Miniaturen geschmückt von Guglielmo Giraldi und seiner Werkstatt; der sekundäre Buchschmuck partiell unfertig, teilweise von Valerio Mariani vollendet.
Die Frontispizien zu *Inferno* und *Purgatorio* von zwei unterschiedlichen Malern, vermutlich Guglielmo Giraldi und dessen Neffen Alessandro Leoni. Die Bebilderung beim Tod des Auftraggebers (30. September 1482) nach der Miniatur zum XXV. Gesang des *Purgatorio* unvollendet liegen geblieben, wobei das Schlußbild zum XXVII. Gesang (fol. 176^{bis}v) und jenes zum X. Gesang des *Paradiso* (fol. 223v) schon gemalt waren; letzteres vermutlich von Franco dei Russi.
In Lage 18 waren die Miniaturen zum XXVI. und XXVII. Gesang unterschiedlich weit gediehen; die zum XVIII. Gesang (fol. 177) mußte ebenso wie die Bilder zum XXIX.-XXXII. Gesang neu entworfen werden. Das geschah entweder durch Giulio Clovio um 1550 oder gemeinsam mit dem Rest um 1610; doch nur für die Bilder vom letzten Gesang des *Purgatorio* an sind in Urb. lat. 1763 dreißig Zeichnungen von Valerio Mariani erhalten, die mit Malanweisungen versehen wurden. Die Tatsache, daß die Entwürfe im großen Konvolut fehlen, läßt zumindest auf zwei getrennte Ansätze für die Vollendung der Bebilderung schließen.
Giulio Clovio kommt ins Spiel beim Frontispiz zum *Paradiso* (fol. 197): Vielleicht stammen Konzeption und Rahmung wie die Vorzeichnung und der Himmel in der Miniatur von ihm; Valerio Mariani hätte dann nur noch die Figuren von Beatrice und Dante hineingemalt und die Gesichter der Putten seinem Stil angeglichen.
Für Federico da Montefeltro (1420-1482), der sich als Herzog von Urbino, Ritter des Hosenbandordens und Gonfaloniere des Papstes feiern lässt, sind Text und früher Dekor entstanden. Der Herzog wird auf fol. 1 in Goldschrift bezeichnet als DI(VUS) FIDERICUS (sic) URBINI DUX ILLUSTRISSIMUS BELLI FULGUR ET PACIS ET P(ATRIAE) PIUS PATER. (mithin als: Göttlicher Friedrich, von Urbino Herzog, hochberühmt,

des Krieges Blitz und des Friedens und des Vaterlandes frommer Vater).

In einem Inventar aus der Regierungszeit des Herzogs Guidobaldo I. wird von 30 Quinionen gesprochen, die ungebunden und unvollendet liegen geblieben sind. 1616 erscheint der *Dante* zum ersten Mal als gebundenes Buch, in gelbem Brokat. 1508 ist der *Dante* mit der gesamten Bibliothek Federico da Montefeltros an die della Rovere, 1631 an den Papst (damals Urban VIII. Barberini) gefallen; erst 1658/59 wurden die Bücher von Papst Alexander VII. Chigi nach Rom überführt.

Geschrieben zu 30 langen Zeilen, also 10 Terzinen pro Seite, in schwarzer Tinte, in Antiqua, jede Terzine mit einer farbig nicht hervorgehobenen Versalie, keine Rubriken; auch die Schlußschrift in der Texttinte. Drei Prachtseiten zu Beginn der Cantiche mit vierseitiger Bordüre, Wappen und heraldischen Zeichen des Federico da Montefeltro. Die übrigen 97 Gesänge mit großen Zierbuchstaben in goldgerahmten Leisten, die jeweils ein wenig über die Höhe der Textkolumne hinausgreifen. Fast jedes Element dieser Art mit heraldischen Zeichen Federico da Montefeltros; an keiner Stelle ein Hinweis auf die Nachfolger des ersten Herzogs von Urbino.

Im Randdekor eine große Bandbreite gestalterischer Möglichkeiten, die vielleicht auf mehrere Hände schließen lassen, zum Teil lagenweise getrennt: Im Wesentlichen unterschied man Weißranken (bianchi girari) und Kadelaberformen mit weißem Akanthus; die Weißranken entweder in gezackten Konturen, vielleicht von der Hand des Franco dei Russi, oder in glatten Zierstreifen. Die zwei ersten Frontispizien sowie der fast gesamte Initialschmuck in der Zeit vor 1482 angelegt und weitgehend ausgemalt; im *Paradiso* aber zuweilen im Figürlichen, zuweilen auch im Buchstabenfeld erst um 1615 vollendet, an einigen Stellen immer noch partiell unvollendet (so fol. 180). Das Frontispiz zum *Paradiso* möglicherweise aus einer Zwischenstufe:

Jeder Gesang (*Canto*) mit einer Miniatur, meist über drei Terzinen, also neun Zeilen; dabei können Bild und Initiale getrennt werden, so dass sich am unregelmäßigen Textende des vorausgehenden Gesangs auch andere Maße, von etwa 14 bis 25 Zeilen Höhe ergeben können. Dazu kommen im *Inferno* und *Purgatorio* insgesamt 20 zusätzliche Bilder in Resträumen unter dem Textende, oft in bewusster Gegenüberstellung zum Bild über dem folgenden Incipit.

296 Blatt Pergament, in Folio-Format (378 x 241 mm).

Foliiert in schwarzer Tinte des 17. Jahrhunderts, mit arabischen Zahlen 1-296, dabei Foliierfehler mit 176bis. Gebunden in Lagen zu zehn Blatt. Von der perfekten Bemessung des Textes zeugt die Tatsache, dass jeder einzelnen *Cantica* zehn solche

Lagen zugewiesen werden können; allerdings stehen die optischen Zäsuren vor dem Beginn des *Purgatorio* und des *Paradiso*, die durch leere Blätter (fol. 96 und 195/196) markiert sind, nicht am Ende unregelmäßiger Lagen, sondern inmitten der Lagen 10 und 20; hinzu kommt mit dem leeren fol. 196 ein eingeschobenes Blatt der um dieses ergänzten Lage 10. Sonst ist nur die Endlage 30 unregelmäßig: ein Ternio mit sechs Blatt.

Karmesinroter Einband über Holzdeckeln aus der Zeit von Papst Clemens XI. Albani (1700-1721), mit vergoldeten Leisten aus Metall und den Wappen des Papstes.

Die wichtigste Literatur

Stornajuolo, Cod. Urbinates latini I, mit lateinischer Beschreibung der Miniaturen und III (zu Urb. lat. 1763).
Cozza-Luzi 1894.
Franciosi 1896, S. 119-130; F. Hermann 1900, S. 341-347, H. J. Hermann 1900, S. 178f. Stornajuolo 1913, passim.
Salmi 1932, S. 338; Fava 1952, S. 76; Salmi 1956, S. 60; Bonicatti 1957, S. 195-210; Bonicatti 1958, S. 264-269; Salmi 1961, S. 46.
Michelini Tocci 1965.
Brieger, Meiss und Singleton 1969, S. 44, 48,90, 113, 331 f..
Alexander 1977, S. 25, 32, 84-91.
Maria G. Ciardi Dupré dal Poggetto in Ausst.kat. Urbino 1992, S. 235.
Hermens 1993.
Hermann, mit Anm. von Federica Toniolo, 1994, S. 112 und 142, Anm. 121.
Mariani Canova 1995, S. 126-146; ebenda Katalog Nr. 19 (Federica Toniolo), S. 188-193.
Peruzzi 2004, passim.

Der Kodex war ausgestellt in: *Miniature del Rinascimento*, Rom 1950, Nr. 42, S. 36; *Quinto Centenario della Biblioteca Vaticano*, Rom 1975, Nr. 186, S. 72; *The Painted Page*, London 1994, Nr. 58, S. 131-133; *Sandro Botticelli*, Berlin 2000 (Schulze-Altcappenberg), Appendix, Nr. 4, S. 349; Urbino 2008.

Bibliographie

Faksimile-Ausgaben von Commedia-Handschriften und Quellenschriften

Commedia-Faksimile 1921 a:
Augusto Balsamo und Giulio Bertoni, *Dante Alighieri, La Divina Commedia. Facsimile del Codice Landiano (1336)*. Florenz 1921

Commedia-Faksimile 1921 b:
Luigi Rocca, *Il Codice Trivulziano 1080 della Divina Commedia.*, 2 Bde., Mailand 1921

Commedia-Faksimile 1939:
Friedrich (Fritz) Schmidt-Knatz, *Dante Alighieri, La Commedia col commento di Jacopo della Lana dal Codice Francoforte*, Frankfurt am Main 1939

Commedia-Faksimile 1965 a:
Hans Haupt (Hrsg.), *Dante Alighieri, Divina Commedia. Kommentierte Faksimile-Ausgabe des Codex Altonensis*, mit Beiträgen von Hans Haupt, Hans Ludwig Scheel und Bernhard Degenhart, 2 Bde., Berlin 1965

Commedia-Faksimile 1965 b:
Luigi Michelini Tocci, Mario Salmi und Giorgio Petrocchi, *Il Dante Urbinate della Biblioteca Vaticana (Codice Urbinate Latino 365)*, 2 Bde., Biblioteca Apostolica Vaticana 1965

Commedia-Faksimile 1986:
Peter Dreyer, *Dantes Divina Commedia mit den Illustrationen von Sandro Botticelli. Vollständige Faksimile-Ausgabe von Codex Reg. Lat. 1896 (in der Bibliotheca Apostolica Vaticana) und Codex Ham. 201 (Cim. 33) (im Kupferstichkabinett der Staatlichen Museen Preussischer Kulturbesitz Berlin und Kupferstichkabinett der Staatlichen Museen zu Berlin, DDR)*, 2 Bde., Zürich 1986

Commedia-Faksimile 2006
Milvia Bollati, *La Divina Commedia, Di Alfonso d'Aragona Re di Napoli, Yates Thompson Ms 36 in the British Library in London*, Modena 2006

Francesco da Buti, *Commento di Francesco da Buti sopra la Divina Commedia di Dante Alighieri*, hrsg. von Crescentino Giannini, 3 Bde., Pisa 1858

Giovanni Boccaccio, *Esposizioni sopra la Commedia di Dante*, hrsg. von Giorgio Padoan, 2 Bde. Mailand 1994

Ausstellungskataloge nach Ort und Jahr

Dantes Göttliche Komödie. Drucke und Illustrationen in sechs Jahrhunderten, hrsg. von Lutz S. Malke, Berlin 2000
Sandro Botticelli. Der Bilderzyklus zu Dantes Göttlicher Komödie, hrsg. von Hein-Th. Schulze Altcappenberg, Berlin 2000
Geschichten auf Gold. Bilderzählungen in der frühen italienischen Malerei, hrsg. von Stefan Weppelmann, Berlin 2005
La Miniatura a Ferrara. Dal tempo di Cosmè Tura all'eredità di Ercole de' Roberti, hrsg. von Federica Toniolo, Ferrara 1998
Biblioteca Apostolica Vaticana, Liturgie und Andacht im Mittelalter, hrsg. von Joachim M. Plotzek, Köln 1992
The Splendours of the Gonzaga, hrsg. v. David Chambers und Jane Martineau, London 1981
The Painted Page, Italian Renaissance book illumination 1450 – 1550, hrsg. von Jonathan J.G. Alexander, London 1994
Mantegna e Padova. 1445 – 1460, hrsg. v. Davide Banzato, Alberta De Nicolò Salmazo und Anna Maria Spiazzi, Mailand 2006
Mostra dei codici gonzagheschi. La biblioteca dei Gonzaga da Luigi I ad Isabella, Mantua 1966
Mantegna e Padova, 1445 – 1460, hrsg. v. Davide Banzato, Mailand 2006
Dix siècles d'enluminure italienne, VIe - XVIe siècles, hrsg. von François Avril mit Yolanta Załuska und Marie-Thérèse Gousset, Paris 1984
Omaggio ai della Rovere, hrsg. Paolo dal Pogetto, Pesaro 1981
Miniature del Rinascimento, Rom 1950
Quinto Centenario della Biblioteca Vaticano, Rom 1975
Piero e Urbino, Piero e le corti rinascimentali, hrsg. von Paolo dal Poggetto, Urbino 1992
La biblioteca di Federico, hrsg. Marcella Peruzzi, Urbino 2008

Forschungsliteratur und Nachschlagewerke

Alexander, Jonathan J.G., *Italian Renaissance illuminations*, New York 1977, dt. *Buchmalerei der italienischen Renaissance im 15. Jahrhundert*, München 1977
Ders., *Medieval Illuminators and Their Methods of Work*, New Haven 1992

Ancona, Paolo d', *La Miniature italienne du Xe au XVIe siècle*, Paris, Brüssel 1925

Barth, Ferdinand, *Dante Alighieri. Die göttliche Komödie*, Darmstadt 2003Bassermann, Alfred, *Dantes Spuren in Italien, Wanderungen und Untersuchungen*, Heidelberg 1897

Bauer-Eberhardt, Ulrike, Zur ferraresischen Buchmalerei unter Borso d'Este, Taddeo Crivelli, Giorgio d'Alemagna, Leonardo Bellini und Franco dei Russi, in: *Pantheon*, 55, 1997, S. 32-45

Bellomo, Saverio, *Dizionario dei commentatori danteschi: l'esegesi della Commedia da Iacopo Alighieri a Nidobeato*, Florenz 2004

Benedictis, Cristina De, La fortuna della Divina Commedia nella miniatura senese, in: *Studi di storia dell'arte*, 9, 1997, S. 49-68

Bessone-Aureli, Antonietta Maria, *Vita di Don Giulio Clovio, miniatore, da Giorgio Vasari, Con una introd. note e bibliografia di Antonietta Maria Bessone-Aureli*, Florenz 1915.

Bonicatti, Maurizio, Contributo al Giraldi, in: *Commentari*, VIII, 1957, S. 195-210
Ders., Nuovo contributo a Bartolomeo della Gatta e a Guglielmo Giraldi, in: *Commentari* IX, 1958, S. 260-269
Ders., Note di storia della critica sulla "Commedia" e la cultura figurativa del Trecento, in: *Arte veneta*, 29, 1975 (1976), S. 93-96
Boskovits, Miklos, Ferrarese Painting about 1450: Some new Arguments, in: *Burlington Magazine* 120, 1978, S. 370-385.
Brieger, Peter, Millard Meiss und Charles Southward Singleton, *Illuminated Manuscripts of the Divine Comedy*, 2 Bde, Princeton, New Jersey 1969

Buzzegoli, Ezio, R. Cardaropoli, D. Kunzelman, P. Moioli, L. Montalbano, P. Piccolo, C. Seccaroni, Valerio Mariani da Pesaro, il trattato "Della miniatura", Primi raffronti con le analisi e le opere, in: *OPD Restauro Rivista dell'Opificio delle Pietre Dure e Laboratori di Restauro di Firenze*, Florenz 2000, S. 248-256

Colomb de Batines, Paul, , *Bibliografia dantesca ossia Catalogo delle edizioni, traduzioni, codici, manoscritti e comenti della Divina commedia e delle opere minori di Dante, seguito dalla serie de' biografi di lui*, Bd. 2, Bologna 1846

Cozza-Luzzi, Giuseppe, *Il Paradiso Dantesco nei quadri miniati e nei bozzetti di Giulio Clovio, pubblicati sugli originali della Biblioteca Vaticana*, Rom 1894

Degenhart, Bernhard, und Annegrit Schmitt, *Corpus der italienischen Zeichnungen, 1300-1450*, Berlin 1968 ff.

Dionisotti, Carlo, Dante nel quattrocento, in: *Atti del convegno internazionale di studi danteschi*, Florenz 1965, S. 333-378

Donati, Lamberto, *Il Manetti e le figure della Divina Commedia*, in: *La Bibliofilia*, 67, 1965, S. 273-296

Dreyer, Peter, Raggio Sensale, Giuliano da Sangallo und Sandro Botticelli – Der Höllentrichter, in: *Jahrbuch der Berliner Museen*, 29/30, 1988, S. 179-196
Ders. siehe auch Commedia-Faksimile 1986

Elwert, Wilhelm Theodor, Dantedeutung und Danteillustration. Zur Typologie der Danteillustration, in: *Deutsches Dante-Jahrbuch*, 44/45, 1967, S. 34-58

Engel, Henrik, *Der Ort der Handlung: Das Inferno in graphischen Schemata*, in: Ausst.-Kat. Berlin (Malke) 2000, S. 243-272
Ders., *Dantes Inferno. Zur Geschichte der Höllenvermessung und des Höllentrichtermotivs*, München und Berlin 2006

Fava, Domenico, *Tesori delle Biblioteche d'Italia, Emilia e Romagna*, Mailand 1932
Ders., La miniatura ferrarese e i suoi capolavori, in: *Studi bibliografici in onore di Carlo Lucchesi*, Florenz 1952, S. 53-89

Franceschini, Gino, *Figure del Rinascimento urbinate*, Urbino 1959
Ders., *I Montefeltro*, Varese 1970

Franciosi, Giovanni, *Il Dante Vaticano e l'Urbinate*, Città di Castello 1896

Garzelli, Annarosa, *La Bibbia di Federico da Montefeltro. Un'officina libraria fiorentina 1476-1478*, Rom 1977
Dies., *Miniatura fiorentina del Rinascimento, 1440 – 1525, un primo censimento, a cura di Annarosa Garzelli*, Florenz 1985

Gronau, Hans Dietrich, *Andrea Orcagna und Nardo di Cione. Eine stilgeschichtliche Untersuchung*, Berlin 1937

Günter, Roland, *Stadt- und frühe Hofkultur in der Renaissance. Federico da Montefeltro von Urbino, Luciano Laurana, Francesco di Giorgio Martini. Zusammenhänge zwischen Politik und Ästhetik*, Essen 2003

Hermens, Erma, *Valerio Mariani da Pesaro, a 17th century Italian miniaturist and his treatise*, In: *Miniatura*, 3/4.1990/91 (1993), S. 93-102
Dies., Valerio Mariani's Treatise on Miniature Painting. A Comparison between Practice and Theory, in: *technologia artis* 3, 2008
Hermann, F., Le miniature ferraresi della Biblioteca Vaticana, in: *L'Arte* III, 1900, S. 341-373.
Hermann, Herrmann Julius, *Zur Geschichte der Miniaturmalerei am Hofe der Este in Ferrara, Stilkritische Studien*, In: *Jahrbuch der Kunsthistorischen Sammlungen des allerhöchsten Kaiserhauses*, XXI, 1900, S. 117-271, neu erschienen als *La miniatura estense*, übers. von G. Valenzano mit Anm. von Federica Toniolo, Modena 1994

Michaela Herrmann, *Utopie als Modell. Zu den Idealstadt-Bildern in Urbino, Baltimore und Berlin*, in: Bernd Evers (Hrsg.), *Architekturmodelle der Renaissance. Die Harmonie des Bauens von Alberti bis Michelangelo*, Ausst.-Kat. München u. New York 1995, S. 56-73.

Höfler, Janez, *Der Palazzo Ducale in Urbino unter den Montefeltro (1376-1508). Neue Forschungen zur Bau- und Ausstattungsgeschichte*, Regensburg 2004

Kreytenberg, Gert, L'enfer d'Orcagna. La premiere peinture monumentale d'après les chants de Dante, in: *Gazette des Beaux-Arts*, 114, 1989, S. 243-262

Kerstin Kühnast, *Studien zum Studiolo in Urbino*, Köln 1987

Lauts, Jan, und Irmlind Luise Herzner, *Federico da Montefeltro, Herzog von Urbino. Kriegsherr, Friedensfürst und Förderer der Künste*, München u. Berlin 2001

Levi d'Ancona, Mirella, Contributi al problema di Franco dei Russi, in: *Commentari*, 11, 1960, S. 33-45

Lutz S. Malke, Zur Entwicklung der Commedia-Illustration, in: *Deutsches Dante-Jahrbuch*, 78, 2003, S. 123-151

Marchi. Alessandro, und Maria Rosaria Valazzi, *Il Rinascimento a Urbino. Fra' Carnevale e gli artisti del Palazzo di Federico*, Mailand 2005

Mare, Albinia C. de la Mare, *The Handwriting of Italian Humanists*, Oxford 1973

Mariani Canova, Giordana, *Guglielmo Giraldi, miniatore estense*, Modena 1995
Dies., *La miniatura a Padova nel tempo di Andrea Mantegna*, in: *Ausst.-kat.* Mantua 2006, S. 83-89

Meiss, Millard, The Yates Thompson Dante and Priamo della Quercia, in: *The Burlington Magazine*, 106, 1964, S. 403-412.

Meloni Trkulja, Silvia, I Miniatori di Francesco Maria II della Rovere, in: *Omaggio ai della Rovere*, hrsg. Paolo dal Pogetto, Pesaro 1981, S. 34-38

Michelini Tocci, Luigi, mit Beiträgen von Mario Salmi und G. Petrocchi, *Il Dante urbinate della Biblioteca Vaticana, codice urbinate latino 365, nel settimo centenario della nascità di Dante*, Città del Vaticano 1965

Nassar, Eugene Paul, *Illustrations to Dantes Inferno*, London 1994

Opitz, Marion, *Monumentale Höllendarstellungen im Trecento in der Toskana*, Frankfurt am Main 1998

Parronchi, Alessandro, Il Botticelli, la Commedia e la cupola di Santa Maria del Fiore, in: ders., *Botticelli fra Dante e Petrarca*, Florenz 1985, S. 7-52

Pecoraro, Paolo, *Le stelle di Dante. Saggio d'interpretazione di riferimenti astronomici e cosmografici della Divina Commedia*, Rom 1987

Pellegrin, Elisabeth, *Les manuscrits classiques latins de la Bibliothèque Vaticane*, Catalogue établi par Elisabeth Pellegrin, Bd. I, Paris 1975.

Peruzzi, Marcella, *Cultura, potere, immagine. La biblioteca di Federico da Montefeltro*, Urbino 2004

Petrocchi, Giorgio, *Dante Alighieri, La Commedia seconco l'antica vulgata, Edizione Nazionale a cura della Società Dantesca Italiana*, Mailand 1966-1967

Pitts, Frances Lee, *Nardo di Cione and the Strozzi Chapel frescoes: Iconographic Problems in Mid-Trecento Florentine Painting*, Ann Arbor 1982

Poeschke, Joachim, *Wandmalerei der Giottozeit. 1280-1400*, München 2003

Poggetto, Paolo Dal (Hrsg.), *Ricerche e studi sui 'Signori del Montefeltro' di Piero della Francesca e sulla 'Città ideale'*, Urbino 2001
Ders., *La Galleria Nazionale delle Marche e le altre Collezioni nel Palazzo Ducale di Urbino*, Rom 2003

Pope-Hennessy, John, *A Sienese Codex of the Divine Comedy*, Oxford und London 1947

Riess, Jonathan B., *The Renaissance Antichrist. Luca Signorelli's Orvieto frescoes*, Princeton, New Jersey 1995

Roddewig, Marcella, *Dante Alighieri. Die Göttliche Komödie. Vergleichende Bestandsaufnahme der Commedia-Handschriften (Hiersemanns bibliographische Handbücher, Bd. 4)*, Stuttgart 1984

Roeck, Bernd, und Andreas Tönnesmann, *Die Nase Italiens. Federico da Montefeltro, Herzog von Urbino*, Berlin 2005

Rosenberg, Charles M., The Bible of Borso d'Este. Inspiration and Use, In: Cultura figurativa ferrarese tra XVe XVI secolo, in: *Scritti in Memoria di G. Bargellesi*, Venedig 1981, S. 55-73

Rusconi, Roberto (Hrsg.), *Dantes Göttliche Komödie in sieben Jahrhunderten, geschrieben, gedruckt, illustriert*, Frankfurt am Main 1988

Salmi, Mario, *I manoscritti miniati della Biblioteca estense*, Florenz 1950
Ders., *La miniatura italiana*, Mailand 1956; dt. Recklinghausen 1957.
Ders., *Pittura e miniatura a Ferrara nel primo rinascimento*, Mailand 1961.

Sandkühler, Bruno, *Die frühen Dantekommentare und ihr Verhältnis zur mittelalterlichen Kommentartradition*, München 1967

Schewski, Julia, *Die Divina Commedia in der Buchmalerei. Botticelli und die illustrierten Handschriften des 14. und 15. Jahrhunderts*, in: Ausst.-Kat. Berlin 2000 (Schulze Altcappenberg), S. 312-317

Schmidt Knatz, Friedrich, *Dantes Commedia mit dem Kommentar Jacopo della Lanas. Miniaturhandschrift der Frankfurter Stadtbibliothek*, Frankfurt am Main 1924

Schubring, Paul, *Illustrationen zu Dantes Göttlicher Komödie. Italien 14. bis 16. Jahrhundert*, Zürich 1931

Schulze Altcappenberg, Hein-Th., *Sandro Botticelli. Der Bilderzyklus zu Dantes Göttlicher Komödie*, Berlin 2000

Stolte, Almut, *Frühe Miniaturen zu Dantes „Divina Commedia". Der Codex Egerton 943 der British Library*, Münster 1998

Stornajolo, Cosimo, *I ritratti e le gesta dei duchi d'Urbino nelle miniature dei codici vaticano-urbinati*, Rom 1913

Taylor, Charles H., und Patricia Finley, *Images of the Journey in Dante's Divine Comedy. An illustrated and interpretive guide to the poet's sacred vision*, New Haven und London 1997

Toscano, Gennaro, *Bartolomeo di Sanvito e Gaspare da Padova, familiares et continui commensales di Francesco Gonzaga*, Ausst.-Kat. Mantua 2006, S. 103-111

Volkmann, Ludwig, *Iconografia Dantesca. Die bildlichen Darstellungen zur göttlichen Komödie*, Leipzig 1897

Watts, Barbara Jane, *Studies in Sandro Botticelli's drawings for Dante's Inferno*, Ann Arbor, Michigan 1993
Dies., Sandro Botticelli's Drawings for Dante's Inferno: Narrative structure, topography, and manuscript design, in: *Artibus et historiae*, 32 (XVI), 1995, S. 163-201

Caroline Zöhl, *Jean Pichore. Buchmaler, Graphiker und Verleger in Paris um 1500*, Turnhout 2004